The Impossible Exile: Stefan Zweig at the End of the World by George Prochnik
Original English Language edition copyright © 2014 George Prochnik
This edition published by agreement with Other Press. Arranged through Peony Literary Agency Limited.
Simplified Chinese edition published 2023 by SDX Joint Publishing Co., Ltd., Beijing.
All Rights Reserved.

The Impossible Exile
Stefan Zweig at the end of
the world

不知归处

茨威格的流亡人生

[美]乔治·普罗尼克 著

刘芳 译

生活·讀書·新知 三联书店

Simplified Chinese Copyright © 2023 by SDX Joint Publishing Company.
All Rights Reserved.
本作品简体中文版权由生活·读书·新知三联书店所有。
未经许可，不得翻印。

图书在版编目（CIP）数据

不知归处：茨威格的流亡人生／（美）乔治·普罗尼克著；刘芳译．—北京：生活·读书·新知三联书店，2023.4
ISBN 978－7－108－07521－5

Ⅰ.①不… Ⅱ.①乔… ②刘… Ⅲ.①茨威格（Zweig, Stefan 1881-1942）－传记 Ⅳ.① K835.215.6

中国版本图书馆 CIP 数据核字（2023）第 035418 号

策划编辑	徐国强
责任编辑	陈富余
装帧设计	康　健
责任校对	常高峰
责任印制	卢　岳
出版发行	生活·讀書·新知 三联书店
	（北京市东城区美术馆东街 22 号 100010）
网　　址	www.sdxjpc.com
图　　字	01-2020-5593
经　　销	新华书店
印　　刷	北京隆昌伟业印刷有限公司
版　　次	2023 年 4 月北京第 1 版
	2023 年 4 月北京第 1 次印刷
开　　本	880 毫米 × 1230 毫米　1/32　印张 12
字　　数	267 千字　图 21 幅
印　　数	0,001－8,000 册
定　　价	79.00 元

（印装查询：01064002715；邮购查询：01084010542）

纪念伊迪丝·彼得希尔卡和约纳斯·普罗尼克

茨威格在纽约的公交车上,1941 年(摄影:Kurt Severin,图片提供:David H. Lowenherz)

人类始终存在无法摆脱的弊病,那就是完全缺乏想象力。
——斯蒂芬·茨威格 1939 年秋天的日记

目 录

前　言 ………………………………………………………… 1
第一章　从奥德修斯到俄狄浦斯 ……………………………… 1
第二章　乞丐与桥 …………………………………………… 24
第三章　爱书之人 …………………………………………… 51
第四章　出走的本源 ………………………………………… 83
第五章　重聚 ………………………………………………… 106
第六章　到咖啡馆去！ ……………………………………… 127
第七章　全球轮盘 …………………………………………… 155
第八章　教育之债 …………………………………………… 181
第九章　告别美国 …………………………………………… 206
第十章　战时花园 …………………………………………… 221
第十一章　田园牧歌式的流亡 ……………………………… 245
第十二章　避难所 …………………………………………… 266
后　记 ………………………………………………………… 297
致　谢 ………………………………………………………… 313
注　解 ………………………………………………………… 316
评　论 ………………………………………………………… 347

前　言

1941年11月某天临近中午时，斯蒂芬·茨威格从一张窄窄的铁床上醒来，另一张铁床上睡着他的妻子洛特（Lotte）。他从玻璃杯里取出假牙，穿上皱巴巴的长裤和衬衫。一群马从他寓所旁的石路上囊囊地走过，栖在树冠上的鸟儿们尖声叫着，几只虫子悄悄爬过他的皮肤。这位世界上首屈一指的文学名人、人道主义者，同西格蒙德·弗洛伊德、阿尔伯特·爱因斯坦、托马斯·曼、赫尔曼·黑塞及阿尔图罗·托斯卡尼尼均是挚友，来自维也纳，习惯用紫墨水写作，总是穿燕尾服出游，还没过60岁生日。

点燃今天的第一支雪茄，他走出散发着霉味的小木屋，沿绣球花杂生的陡峭台阶而下，穿过马路，走进优雅咖啡馆（Café Elegante）。在那里，他坐在一群黑皮肤的骡夫中间，花了半便士享用美味的咖啡，和同他合得来的老板练习葡萄牙语。这并非易事，因为他的西班牙语总是跳出来碍事。之后，他又重新登上那些台阶，在兼作客厅的游廊里坐着工作好几个小时，时不时抬起头，越过棕榈树翠绿色的扇形叶子望向壮美的马尔山脉。比他小27岁，曾做过他秘书的洛特，就在不远处校正他那部关于国际象棋的短篇小说，女仆正在室内努力对付冒烟的炉子。

在用过鸡肉、米饭和豆子做成的"原始"的午餐后,茨威格和洛特按照一本国际象棋大师的棋谱下了一局。棋局结束之后,他们进行了一次漫长的散步。此时他们居住在里约热内卢上方山中的一个名叫彼得罗波利斯(Petrópolis)的小镇。他们沿着小镇主街漫步,然后转向一条古老的小径,来到一处风景如画的丛林,在欣赏了遍地的野花和潺潺流水后,又回到小木屋继续工作,写信回信。茨威格当时正阅读从地下室发现的一本蒙尘的蒙田著作,并认真做了笔记(他写道:"在使我们……和平、独立、天赋的权利,被一小撮偏激分子和意识形态的狂热牺牲掉的那样一些历史时代里,对一个不愿为这样的时代而丧失自己人性的人来说,一切一切的问题都归结为一个唯一的问题,那就是:我怎样保持住我自己的自由?"[1]),继而入睡。如此这般,日复一日,月复一月。

　　但在今天,这种令人绝难相信的处境击败了他。在写给洛特家人的一封信里,茨威格表达了自己的惊异:"我不敢相信,在60岁这年,我会身处巴西一个小山村,身边围绕的只有一个光脚的黑人女仆,同往日生活中的那些书籍、音乐会、朋友和交谈相隔万里。"他留在奥地利的所有财产,位于捷克斯洛伐克的家族纺织行业的股份,在1934年第一次流亡时设法带到英国的部分家产,他早已权当尽数丢失了。他穷尽一生,费尽心血收集的大批名人手稿和音乐曲谱散落在世界各地。在写给居住在伦敦的嫂子的信中,他再次强调:"我最迫切的愿望是,你能让所有我们留下的东西物尽其

---

[1] [奥]斯蒂芬·茨威格:《蒙田》,舒昌善译,生活·读书·新知三联书店,2018。——编注(本书注释均为编注)

用……这就算帮了我大忙。对那些今生无缘再见的东西,我也会少些遗憾。"

但这里也有一些特别的事情,尽管迄今为止他们远离了构成往昔生活的所有要素,茨威格声称,"在这里我们感到非常快乐"。这里风景异常优美,当地人民淳朴可爱,物价很低,而且生活多姿多彩。他和洛特在积攒必要的力量去面对艰难的世道——"唉,我们还需要更多的力量。"他写道。只要想到被无法言说的苦难吞没的家园,他们的快乐就会被破坏。关于纳粹占领区日常生活的新闻,甚至比军事情况的报道更让人沮丧。茨威格担心他在巴西陶醉于和平与繁荣时,世界上其他地方成千上万的人正在挨饿。巴西对欧洲爆发的自我毁灭的战争免疫,这在其当权者中引发了一种新的国家主义,他们开始幻想扮演更重要的角色去左右战局。幸好善良的巴西人民一直未变。"我们希望能给你寄一些当地非常便宜的巧克力或咖啡和糖,"他写道,"但一直找不到机会。"

隐居在郁郁葱葱的彼得罗波利斯的茨威格写道,欧洲如今的困境是远超巴西当地人想象的,就像中国之前的困境对他这样的欧洲人来说无法理解一样,既认为不可能,又一直放不下。为什么这个享誉世界文坛的作家,这个为自己的文学成就骄傲,更为能够团结起欧洲文学界和艺术界而自豪的人会蛰居在贡萨尔维斯·迪亚斯街34号,过着他自称为修士般的生活?但也正是这种距离,这种茨威格向他的出版商描述为"完全与世隔绝"的巴西避难时光,使他保持了自由。在这段时间里,他完成了自传《昨日的世界》[1](*The*

---

[1] 本书引用的《昨日的世界》译本为生活·读书·新知三联书店2018年版,舒昌善译。

贡萨尔维斯·迪亚斯街34号,彼得罗波利斯,茨威格曾居住于此(图片来源:Arquivo Casa Stefan Zweig,图片提供:Alberto Dines)

World of Yesterday)并"从头到尾修订"了之前的创作。彼得罗波利斯的乡村生活"似乎将奥地利翻译为一种热带的语言",他对一位流亡同胞如是说。对茨威格而言,维也纳在黑暗中愈行愈远,但这座城市作为一个艺术乌托邦的虚构角色却愈来愈清晰。在这个意义上,他和他的老朋友约瑟夫·罗斯(Joseph Roth)有些相似。有人曾这样描述罗斯:"随着奥地利版图的不断缩小,他的奥地利爱国主义愈加强烈,这一情绪在其家乡沦陷后达到顶峰。"

驴队驮着香蕉从下面的道路经过,女仆在隔壁厨房里轻声唱歌,茨威格忍不住开始回顾自己一生中最精彩的时光。他最珍视的是1888年老城堡剧院(Burgtheater)被拆毁之前,维也纳人最后一次齐聚这座宏伟建筑时的场景，因为这证明了他生活的社会环境对审美有多么热忱。最后一场演出的帷幕刚刚落下，茨威格写道，悲伤的观众纷纷涌上舞台，只为能捡到一块舞台地板的碎片——"他们喜爱的艺术家们曾在这块地板上演出过"。多年之后，在维也纳环城大道附近许多资产阶级装饰华丽的家里，那些碎片"被保存在精致的小盒子里，就像神圣的十字架的碎片被保存在教堂里一样"。茨威格总结道，这完全是维也纳各阶层参与的"对戏剧艺术的狂热"。此外，这种强烈的痴迷——不只欣赏，还有吹捧——也促使艺术家在创造性方面达到新的高度，他宣称，"艺术总是在其成为一件全民族生活大事的地方达到顶峰"。他从纸张上抬起头，满目皆是墨绿和金黄色的棕榈，是翠绿中掩映的山峦，是广袤的空荡荡的天空。他生命中的那些人都去了哪里，他惊讶地想。茨威格是个精于世故的人，他原以为他已听过世间所有的声音，却从未听到过如他的新家这般的寂静。

世上有一种天才，他们的独树一帜吸引着人们去探究在这些天赋异禀或邪恶之后的秘密。同时，世上还有另一种备受瞩目的人，他们虽然不是天才，却像是强效的透视镜，折射出历史上的重大时刻。

斯蒂芬·茨威格，这个富有的奥地利公民，焦虑的流亡犹太人，了不起的多产作家，不知疲倦的全欧人道主义倡导者，社交达人，无懈可击的东道主，高贵的和平主义者，平民主义的捍卫者，神经质的感觉论者，爱狗厌猫人士，书籍收藏家，总是穿鳄鱼皮皮鞋的人，衣着华丽、神情抑郁的咖啡狂热分子，世上孤独的心灵同情者，偶尔沉迷女色、时不时与男子眉目传情之人，疑似暴露狂，被定罪的谎言家,权贵的阿谀者,弱势群体的捍卫者,随着衰老开始变得怯懦,在死亡面前又成了一个坚定的禁欲主义者——斯蒂芬·茨威格身上兼具了人类社会中诱人和堕落的魅力。

时至今日,茨威格的作品在欧洲依旧拥有生命力。他的中篇小说在法国经常再版,而且总是登上畅销书榜单,他的作品遍及商店的橱窗和机场的传送带。茨威格在意大利和西班牙同样受欢迎,在德国和奥地利也有大批的崇拜者。但是在英语国家里,尤其是美国,茨威格的作品在几年前却几乎绝迹。在我长大并开始接触文学的岁月中,我从没见过任何一部茨威格的著作,我的朋友中也几乎没有人听过他的名字。当我了解到20世纪40年代北美的学者是如何狂热地研读茨威格之后,他的作品如今这种大面积的绝迹令我非常困惑。究竟是什么原因导致茨威格如此迅速地淡出了公众的视野呢?

茨威格几乎所有的故事都在揭示战前欧洲人的精神文化生活,但他的流亡生涯让人了解到,在这种文化被翻译成新世界的风格时,是具有煽动性的。茨威格的人生阐释了在危机四伏之时艺术家的责任感这一永恒不变的命题:忠于灵感还是忠于人文关怀,政治在艺术中扮演的角色,以及艺术所发挥的教育作用。他的生平引出了人类的归属这一问题——是我们对家庭和民族的责任,还是理想的世界主义。他在写作中描绘过的形形色色的生命,他在萨尔茨堡家中"露台避难所"斑驳的树荫下曾与许多欧洲的人道主义者和艺术家交谈,这一切都使茨威格成为那个危机四伏的年代里不可或缺的催化剂和重要的桥梁。在自传《昨日的世界》的题词中,他写道:"我们命该遇到这样的时代。"这句引自莎士比亚的话,在茨威格跌宕起伏的人生中有着不同的诠释。

茨威格意识到，他自己从荣耀到困窘的陷落只是欧洲所处的巨大困境的一斑。他在《昨日的世界》的序言中曾这样宣称："从未有过像我们这样一代人的道德会从如此高的精神文明堕落到如此低下的地步。"但即使是这种共通的悲剧也无法缓解此般堕落对他造成的冲击。自他被从欧洲文艺界的"奥林匹斯"驱逐至后来凄惨流浪的几年中，他从未停止过诧异和震惊。"由于我脱离了所有的根系，甚至脱离了滋养这些根系的土地——所以像我这样的人在任何时代都真的非常少见。"他这种时不时源自"庄严不复"想象的呼号，总带有些殉难者的意味。

1941年夏，在由美国奔赴巴西的前几天，茨威格写下了这些序言。当时他住在纽约州的奥西宁（Ossining），他正是在这里完成了自传的初稿。如果说他在彼得罗波利斯的家是偏僻、荒凉的，那么这所位于哈得孙河镇，距新新监狱（Sing Sing）一英里（约合1.6千米）之遥的住宅则是窘迫和孤独的。洛特在给远在英国的家人的信中这样写道："在奥西宁根本没有什么事情可做，也没有什么美丽的风光可以去欣赏。"事实上，当地唯一据说著名的地方就是新新监狱，洛特写道，"但每个人都试图忘掉这点"。茨威格的朋友朱尔·罗曼（Jules Romains），欧洲笔会的主席，曾对这个他称为"阴森的郊区"的住宅提出过质疑，他担心这样的住宅可能会令茨威格更加消沉。

在7月的一个下午，茨威格第一任妻子与前夫的女儿苏斯·温特尼茨（Suse Winternitz）在拉马波路（Ramapo Road）7号住宅的草坪上为他拍了一系列照片。他坐在一把藤椅上，同平时一样，衣着整洁，一丝不苟：柔软的浅色长裤、白色的衬衫和波尔卡圆点的领结。虽然已经59岁，但他修剪整洁的胡须和从额头向后梳的头发依旧漆黑，双眼深邃，只有眼角的鱼尾纹和严重的眼袋显露出他的实际年龄。他身子前倾，翘着右腿，可能正倾向对话者。在那天拍摄的照片之中，茨威格在其中一张里姿态紧绷，表明他刚刚听到什么感兴趣的事情。另一张里，气氛放松下来，但他看起来却仿佛是世界上最悲伤的人。在这两张照片中，他的目光都透露出一种凝重。人们经常赞赏茨威格像鸟一般优雅的社交礼仪，但在这些照片之中，鸟儿却一头撞到它误以为是天空的玻璃上。

在自传中，他察觉到"在我的昨日和今天之间，在我的青云直上和式微衰落之间是如此不同，以致我有时仿佛感到我一生所度过的生活并不仅仅是一种，而是完全不同的好几种"。他被迫"像罪犯一样"逃离了"国际化大都市"维也纳，他在那里长大成人，备受青睐，汲取文化养料，成为咖啡馆聚会的贵宾。茨威格在流亡美国期间经历的戏剧般的绝境，对每个见过他的人来说，都是显而易见并触目惊心的。1941年7月阳光灿烂的一天，克劳斯·曼（Klaus Mann）在纽约第五大道遇见了他。一直仰慕茨威格的曼发现这个曾被他称为"不知疲倦发挥天赋的人"看起来与往常迥异——不修边幅且神情恍惚。茨威格在黑暗的思绪中迷失得如此之深，以致他根本没注意到曼的接近。直到被打招呼的时候，茨威格才"像一个听到自己名字的梦游者"一样惊醒过来，突然变回人们熟悉的那个优雅的世界主义者。尽管如此，曼仍然无法忘却第一眼看到茨威格时他那荒凉的眼神。几周后，流亡的剧作家卡尔·楚克迈耶（Carl

Zuckmayer）和茨威格一起用了晚餐。茨威格问他，继续像个影子一样活着，到底还有什么意义。"我们都只是幽灵——或记忆而已。"茨威格总结道。

最重要的是，茨威格明白流亡从不会是一个静止的状态，而是一个过程。"你才刚开始流亡生活，"他在1940年曾对安德烈·莫洛亚（André Maurois）这样说，"你会看到世界是如何一点点地抗拒这种流亡的。"那时，茨威格已经在欧洲来回游历了很长时间。他向一个朋友概括自己当时的处境："前作家，现为签证专家。"他们从1940年3月到1941年8月底离开奥西宁为止，带有日期、印章、签字和丁写号码的领事图章，还有入境信息极其详细的登记记录和有效期，都被记录在茨威格的英国护照上。满满19页既稠密又神秘的记录，仿佛是《天方夜谭》（*The Arabian Nights*）里刻着玄妙咒语的护身符。

怎样才算得上好的流亡？流亡者的生存概率是由其内心的刚毅程度、思想的开放程度以及外界的支持组成的方程式决定的吗？为什么托马斯·曼、卡尔·楚克迈耶以及茨威格的指挥家朋友布鲁诺·瓦尔特（Bruno Walter）可以在美国大放异彩，而茨威格、贝托尔特·布莱希特（Bertolt Brecht）和剧作家恩斯特·托勒尔（Ernst Toller）却在新大陆的各种遭遇面前选择了退缩？戈培尔（Goebbels）曾经嘲笑这些流亡的作家，把他们称为"行尸走肉"。这轻蔑的称呼一针见血地点明了流亡者心中巨大的恐惧，茨威格就曾被这种恐惧折磨：这种将驱逐、分离视为永别的恐惧。这对欧洲社会来说全然的恐惧，在新世界的海岸边又再次出现。

"二战"期间，移居国外的艺术家和学者数量庞大得惊人，有历史学家把此种情形同拜占庭帝国陨落后希腊学者的逃离相提并论。茨威格的美国历程，通过这个新世界各地的酒店一连串的房间，从一个不名之地到另一个不名之地间成百上千的车站，折射出20世纪40年代欧洲支离破碎的思想的停滞。所有的大堂和咖啡馆里都挤满了流亡者，他们穿着宽松的裤子和笨重的大衣，彼此用母语低声抱怨。在从那个地狱般的政府机构弄到证件、工作及工作证明前，他们就居留在偏离市中心的社区的长椅上，在那里，早期流亡者的遗留物，甚至一家商店、一栋建筑物的残骸都会唤起他们对家的怀念。

布鲁诺·瓦尔特将快乐流亡的秘诀归为铭记"这里"和"那里"的区别。作为受挫的流亡者的典型，茨威格的流亡历程堪称毁灭性的——或可称为"罗得妻子综合征"[1]。他过度解读了故乡和当下环境的差异，并且总是忍不住回望过去。他在拉马波路7号撰写的回忆录写道，如今他们"像半个瞎子似的在恐怖的深渊中摸索"，"不断仰望"那业已失去的大陆上的"曾经照耀过我童年的昔日星辰"。

在我们这个文化价值永远错位、颠倒的时代，茨威格亲历了世界在他面前一点点变陌生的过程——他丧失了故土、母语、文化的参照、朋友、书籍、使命感和希望。他的经历不仅令人感伤，还神秘晦涩。这不禁使人想起托马斯·曼的兄弟亨利希·曼（Heinrich Mann）的一句话："被征服者是最先体会到历史蕴藏了什么的人。"

---

[1] 罗得为《圣经》中的人物，《创世记》中说，所多玛城即将毁灭，上帝派天使将罗得一家带出城去，并告知他们不许回头。在逃离途中，罗得之妻回头看了一眼，因此变成了一根盐柱。

在 6 月的一天，我沿哈得孙河逆流而上，想去看看茨威格流亡美国期间的那所住宅，他在那里有时一个星期就能写上 70 多页自传。我想去看看那里还留下了什么，是否还有什么可以昭示他的存在，当他从窗口眺望时会看到什么样的风光。我努力想象他从老宾州车站（Penn Station）那座不朽的建筑搭乘火车北上的情景。当时大批戴软呢帽的商人蜂拥而至，在举国备战的时期带来了无数卡其色坡跟鞋和白色水兵帽。

茨威格多少次乘坐火车，路经银灰色的高楼大厦，到达曼哈顿另一头满是绿色石头的河边。而维也纳要温柔许多，公园散落在城市之中，拥有历史悠久的葡萄园的维也纳森林（Wienerwald）将城市三面浪漫的风光连在一起。对痴迷于探究个体至高无上的自由的作家来说，回家之路上新新监狱的高墙，配有探照灯的瞭望塔，会对他产生怎样的影响呢？

我从停车场走上一段很长的斜坡，经过光秃秃的教堂和破旧的商场，穿过一个棒球场内场，来到拉马波路。一小段十字路口在茨威格搬来之前刚刚建成，茨威格住的房子要比周围的古老一些。他写《昨日的世界》时住的房子已经被从之前的果园或屠宰场中迁到了山坡上。房子原来所在的坡上，现在散布着一些新种植的低矮灌木，还有一棵深红色的日本枫树。只有位于前门和车道间一棵茂密的老橡树看起来像是经历了 1941 年的酷夏，它的根紧扣着不平坦的地面，远远看去就像一堆缠绕的蛇。

正门上小拱门的白色木质圆柱的油漆已然剥落，而且通往前门人行道的木板也不见了。我绕着房子走来走去，透过一扇蒙尘的玻璃窗看向发暗的室内。首先映入眼帘的是一棵枯萎的吊兰，在一个仿制的黄绿色蒂芙尼台灯下是一个白色的篮子，里面塑料的三色堇做成的彩虹已经没了颜色。侧门旁一块金色的牌子上写着"小心居住者"。纱门的玻璃上粘着一枚贴花，上面用华丽的哥特体写着"内有恶龙"。

我敲了敲门，然后等了又等。在我准备离开的时候，里面的门打开了，出来一个体格魁梧、头又小又圆的女人。她戴着巨大的塑料眼镜，赤褐色的卷发在根部变成了淡黄色，宽松的T恤上印着一个红色的词，"DEVILS"（恶魔）。

她狐疑地打量着我，并没有打开纱门。我告诉了她我的名字，询问她是否知道一个名叫斯蒂芬·茨威格的著名欧洲作家曾经住在这所房子里。她打断了我："是的，我当然知道。十年前有个写书的女人对我说过同样的话。她希望我让她进来。我告诉她我不知道这个人写作时坐在哪儿。我不知道他是坐在楼上还是楼下，游廊还是地下室。谁会知道这些呢！我不知道他从哪扇窗户向外望，也不知道从他工作的地方望出去会看到什么。我不知道他吃什么，也不知道他穿什么衣服。无论他曾经坐在哪儿，他的椅子都早就不见了，还有他的桌子。我没有他的笔，也没见过他的打字机。就连前面的草坪也早就不一样了，因为一场关于房产边界线的荒谬的索赔，要我出钱砍掉那些不属于我的树。我给市政府写了信，我说尽管放马过来，试试让我负责。我有原始合同的复印件证明……"

她又说了一阵子，我不时地点着头，目光落到她身后栅栏那里一排又高又漂亮的老树上，那些树影下的草地可能就是茨威格坐在藤椅上拍照的地方。

在离开英国前所写的一篇感人的随笔中，茨威格推测英国人在面对世界大战时之所以如此冷静,与其说是因为他们的礼仪修养或教育背景,还不如说是一种全民性的对园艺的热情。他写道,相较于其他,"是人类本性不懈的联合传达出的沉着、前所未见的力量,促使每个个体形成一种一对一式的永远的联合"。可怜的茨威格,在自身狂热的精神逐渐幻灭时,还在思考英国人的冷静之谜。

忽然之间,那个女人结束了她对法律的抱怨,转而说起自上一个不幸的茨威格寻找者离开后,她亲自去图书馆查了这个冒失的闯入者研究的作家的事情。

啊,我想,在有关茨威格美国生活的更多证据消失之前,我的这次访问可谓非常及时了。"你发现了什么?"我问。

"嗯,当斯蒂芬·茨威格先生住在欧洲时,你猜猜谁恰巧住在同一条街的那头?"

我摇头。

"是一个油漆工,名叫阿道夫·希特勒。天哪,我多希望茨威格先生当时能把他从梯子上打下来啊。"

我的父亲在 1938 年从希特勒统治的维也纳逃了出来,这多亏了我的祖父。祖父当时是一位非常成功的医生,他之前的一个病人在纳粹军中身处高位。在次日凌晨盖世太保(Gestapo)要逮捕我们全家之前,他冒险向祖父通风报信。全家躲到了非犹太人朋友的家中,并成功地在几日后登上了开往瑞士的火车。时至今日,我的父亲——一个狂热的电子产品迷——在想到他的全家幸免于在边境被捕全赖于当时没有电脑时,总忍不住轻笑出声。如果他们的名字被列入名单之中,那些纳粹为了钱和贵重物品,也会对他们进行全身搜查。那样的话,他们就永远不可能从奥地利离开了。

父亲一家先是到了苏黎世。由于我的祖父母无计维生,我的父亲和他的兄弟就被送到了阿尔卑斯山麓下的一家天主教孤儿院。我父亲对这段时光最深的印象是被迫在半夜起床,从孤儿院走一段非常危险陡峭的路到最近的村庄,为酗酒的领头修女买酒喝。在某次严重的事故之后,他和他的兄弟设法从孤儿院逃回了我的祖父母身边。那时,他们的瑞士签证即将到期,瑞士当局已准备将一家人遣返奥地利,我的祖父想办法和一个他以前旅游时偶然救治过的美国人建立了联系。这个人没有忘记他,并答应为他们的偿付能力做书面担保,以便他们能获得前往美国的签证。如果没有这个不知名的得州人的热心帮助,所有的家庭成员肯定会被送往集中营的。但好景不长——家里人的钱被偷了,身份证件和车票也消失无踪。尽管如此,他们还是从苏黎世到了热那亚。在热那亚,通过帮忙隐藏财产的意大利亲友,他们订到了开往纽约的雷克斯号(SS Rex)客轮的船票。

正如这场战争中其他难民——应该说任何灾难和冲突的受害者——的故事一样,这个故事中充满了"如果不是因为""差一点儿"和"在最后关头"的时刻。之所以被反复提及,是因为它最终有一个较好的结局,带着这些回忆的流亡者抵达了他们的避风港——那个公认的期许之地。就我的家族而言,故事大概是这样结束的:"经过了所有那些千钧一发的时刻,结果你看,感谢上帝,他们终于来到了美国。虽然最初的光景非常艰难,他们租住在纽约一座破旧的廉价公寓中,但最终还是想方设法来到了波士顿。在那里，你祖父得以重新开始行医，并将他的儿子们送进了波士顿拉丁学校和哈佛。这就是结局。"

我花了非常长的时间才真正了解到，整个家族在悲惨的流亡过程中遭受了多少不可弥补的损失。如果说欧洲三分之一的犹太人在希特勒的迫害下得以存活，那么在这些成功逃离的人之中只有很少一部分保留了他们之前的身份和完整的人性。茨威格的流亡岁月吸引了我，部分原因在于它以一种生动的画面呈现了难民逃离残酷血腥国家的典型经历。他的故事还说明了人们重获自由并不能解决流亡造成的困境。

在依靠社会救济支撑了几年之后，当时我已经上了年纪的祖父终于掌握了足够的英语，并通过了医生资格考试，可以在美国注册行医了，但他在美国的收入始终只是勉强糊口而已。比物质方面的损失更令人痛心的是，这种物质困境破坏了家人之间的关系。

我的祖母有一个表妹，我们叫她爱丽丝（Alice）奶奶。她也从维也纳逃了出来，后来成为曼哈顿地区一个了不起的精神科医师。他人一生平凡普通，爱丽丝奶奶却是个有故事的人。她信誓旦旦地说她曾多年受雇于墨索里尼的一个后代，帮助制定重新安置欧洲犹太人的计划，他们可能想将所有的犹太人迁到乌干达。据她所说，她在古巴革命时期还结交过海明威和他那帮朋友。海明威迫切地想和她上床，她拒绝透露自己是否妥协。在巴蒂斯塔（Batista）政权垮台时，海明威把她送到机场，强迫她登上了最后一架离岛的飞机。她最自豪的事情是以一己之力令布痕瓦尔德（Buchenwald）的警卫释放了她的丈夫。但不久之后他们就离婚了——多年后又复婚。我曾偶然见过他一次，那是个有点寒酸的人，下巴很宽。当时爱丽丝奶奶带我去看《威尼斯商人》(*The Merchant of Venice*)的日场演出，他就略带奉承地等在比蒙特剧院（Beaumont Theater）的大厅里。爱丽丝奶奶从他身边走过时并没开口，但随即——在我们经过时——用一个神秘动人的手势把手伸向身后捏了他一下。几年之后，她才向我们说明那个被冷落的男人的身份，眼中闪烁着危险的光，但当时他们已经再次分开了。

我的祖父母居住在维也纳的贝尔维德花园（Belvedere Gardens）附近一间很大的公寓时，同爱丽丝奶奶的关系就很好。她经常乘坐他们黑色的欧宝奥林匹亚车，同他们一起参加一个又一个的文化展。她在他们的家里用餐，还到过他们夏日在阿尔卑斯山中租住的庄园。爱丽丝奶奶在提及我的父亲时，嘴角总会浮现一个宠爱而和善的笑，还带些屈尊纡贵的味道。"可怜的马丁，他小时候备受冷落。"然后她又叹气，"人们总认为父母吵架会对孩子造成可怕的伤害，但相信我，过分相爱的父母对孩子造成的影响更糟糕。你的祖父母非常相爱，因此马丁在很小的时候就受到了冷落。"

当然，我父亲身为当事人，能对他父母间的关系进行更全面的评价。他们之间20多年的亲密感情，到美国后产生了裂痕。他们开始频繁地争吵，场面总是很可怕，青春期的我某天就见识了这些争吵造成的伤害。我父亲当时正郁闷地盯着电视机上某个无聊的节目，突然对我说，"人们总是抱怨'太可怕了，现在一家人坐在餐桌旁吃晚饭时全都盯着电视，连话都不对彼此说'。其实，我告诉你，在晚饭时坐在一起聊天也没什么意义。天哪，我父母争吵得那么厉害。"他把手放在额头上，"当时我多希望家里能有台电视机啊。"

他们争吵的由头各种各样，但都在意料之中，永远围绕着钱。

在某个时期,还可能涉及婚外情。但他们婚姻中各种冲突的真正原因,是身处一个陌生的国度给他们的社交生活造成的激烈而彻底的失衡。人们一般认为流亡的困境主要表现在同外部世界业已变形的关系上,每日的例行公事也变得陌生起来——充满了各种困难。但在自己的祖国形成的家庭关系的隔阂同样也会非常严酷。就我祖父母来说,有时还因为权力的逆转。我的祖母是个极有天分的钢琴家,经常出入各种社会场合的她,在维也纳社交界的魅力比身为医生的祖父还要大。然而,这个医生的挚爱,这个交友广泛、邀约不断的人现在却只能和两个儿子一起被困在陌生的家中:在四十岁生日前遭到双重流放。与此同时,我的祖父虽然比她大十岁,但由于对工作的迫切需要,不得不飞快地学习英语,被迫步入社会,勉强维持了一种活跃的社交生活。(传统的奥地利-德国主妇总是不堪其扰地忙于各种家务事,因此权力的逆转很多时候是另外一种。一个流亡者就观察到,"只有到了美国,许多的欧洲女性才见识到另一种生活方式,因此,她们之中的很多人都处于一种典型的美式狂欢中"。)

　　有时,这种之前的生活方式会发生如上的逆转,有时原本的这种方式则会加强,令人更加迷惘。我相信,茨威格和洛特面对的应该是后面的情况。自流落到陌生的巴西山中小镇后,他们猛然发现,他们婚姻之外的世界越来越令人费解。洛特在给英国的哥哥曼弗雷德(Manfred)和嫂子汉娜(Hanna)的信中反复提及她无力缓解茨威格的绝望。在茨威格最后一次离开纽约前,洛特曾对一个朋友说,她现在除了强迫茨威格无论去哪里都把她带在身边外,根本束手无策,她的语调中满是《圣经》中《路得记》般的阴暗。

被迫放弃了那么多东西，人们很容易认为流亡只是意味着放弃之前的身份。然而，这些故事并非完全关于放弃。流亡者在被迫奔赴新世界的过程中，也一直在无意识地散播着往昔生活的气息，正如从扇动的翅膀上掉落的粉末一样——就茨威格而言，是德奥合并前维也纳的壮丽和阴暗，是灿烂的黑色的光。我祖母在20世纪20年代的一张照片同1941年身处奥西宁的消沉的茨威格形成鲜明的对比。她刚刚成年时，茨威格的声名已如日中天，整个奥地利仍处于文化高峰的余韵之中。在这张照片里，她身着时髦的黑裙，腰部有一枚椭圆形的金饰针，头上一顶优雅的钟形帽。她的双手放在臀部，手指朝下，跷着二郎腿，高跟鞋上点缀着醒目的羽毛，一长串珍珠项链落在她白色的衬衣上。她对着镜头笑得极其活泼自信。当我看到照片里她这种热情的无所畏惧的笑容时，我总会想起每当她来到我们在弗吉尼亚（Virginia）北部郊区的家中时的那种失衡感——她给我和我的兄弟们大大的湿热的吻，她大笑的样子，她在家中弹奏的交响曲，她在游泳池中快速扭动时显得非常大的琥珀色的眼睛和胸脯，她总是非常慷慨地给我们糖吃，对自以为不上档次的东西根本不屑一顾。她在费尔法克斯（Fairfax）时简直就是一个犹太版的格列佛（Gulliver）。我从她的身上学到了在探索更广阔的外部世界时必须承受的挑战，她流露出的对文化启蒙的热情——她在之前的社交圈子里有很多同道中人——最终激起了我自己的想象力。

年轻的马克斯·布洛德（Max Brod）从小小的布拉格（Prague）踏进茨威格在维也纳的单身公寓时就感受到了这种刺激。他看到了无数的外文书籍，茨威格请他喝的酒令他感觉到自己正在领略

上中:我的祖父和祖母,揽着我的叔叔乔治和我的父亲马丁。左上:我祖母最喜欢的表妹,可能是爱丽丝·彼得斯,也可能是塞尔玛·彼得希尔卡(和中间偏右照片里的是同一个人)。其他大部分照片都是我的祖母。左下:我祖父的双亲,摄于维也纳的一个照相馆。右下:我的叔叔乔治(照片由 Tynan Kogane 排版)

"原汁原味的都市优雅",其他人则注意到茨威格身上那种精致格调的魅力在开始流亡后反而持续扩散开来。至于他在伦敦哈莱姆街(Hallam Street)租住的"漂亮的房间"夜里的情况,则令到访者震惊不已。正如茨威格一位维也纳的旧识所说:"连续好几个小时,作家们轮流大声朗读自己的作品,并礼貌而恭敬地聆听。"这样的场景概括了很多流亡者"夹缝中的生活"。在早期的流亡中,知识分子和艺术家们被迫蹒跚于"自命不凡与高贵和一种波希米亚风"之间——被困于流离失所的同胞和古怪的当地人之间。茨威格在这段时间经常在伦敦的大街小巷游荡,试图去寻找纪念那些早期流亡者——其中就有马克思、列宁和孙中山——的牌匾,来确保自己仍为世界精英公民中的一员,他试图让自己相信皮卡迪利广场(Piccadilly Circus)周边的路灯照亮的就是世界的中心。

  我父亲的家族和茨威格的不属于同一社会阶级。我母亲的父母是从捷克斯洛伐克迁到维也纳的,祖父的父母来自利沃夫(L'viv),他们都是不久前才成了东犹太人(Ostjuden)的。但茨威格本人对他父母的世界中占支配地位的矫揉造作的阶级意识一贯是嗤之以鼻的,他总是嘲讽地提起父母在他和他的兄弟小时候灌输的只有这样的人才是"高雅"的人而其他的则绝对不是的观点。"他们对每个朋友都要追究一番,看看这个朋友是否出身于'上流'家庭,甚至对这个朋友的每一个家庭成员和亲戚的出身以及财产状况都要详细调查。"他回忆说。但茨威格又冷静地指出,50年或最多一个世纪之前,所有这些犹太家族都来自于同一个犹太人地区。

  随着年龄的增长,茨威格对这种行径也越来越宽容。尽管他已意识到这种行为与其说是为了赢取地位,不如说更像是那些伟大的犹太人努力想在"文明世界中更进一步"的征兆——这一定律实际上适用于每个社会经济阶层的犹太人。一个"上流"家族——他发现——最终被定义为摆脱了犹太人区那种狭隘、小气生活的刻板印象,通常是因为他们适应了"另一种文化","一种兼容并蓄的普世文化"。从这个角度来说,我的祖父从他父母偏远的村庄中不远万里长途跋涉的行为就是一个范例。照片中我祖母那种自信来之不易,但这种自信的表情在几年后却轻易地从她脸上抹去了。茨威格注意到,这只是另一种"犹太人永恒悖论的命运",他们正如被困在物质领域的祖先那样,现在一股脑"逃向了精神世界",但结果是一样的损失惨重。谁能预见纳粹将禁止犹太人从事"脑力方面的职业",比如医生和律师?茨威格想知道为什么这种对精神生活的投资后来却触怒了大众,正如先前专注于商业活动的那些犹太人一样?

当我开始阅读茨威格的作品,研究他的生平后,我发现他的故事让我离祖父祖母更近了,这使我更加乐此不疲,甚至多年之后也是如此。就算终结他们流亡的机会已经一去不返,或许在描绘这个复杂的流亡者时,我至少可以摸清漫长的流亡过程的构成——追溯其在欧洲的源头,在新世界的发展,在那里华丽新奇的事物和被粉饰的记忆都令流亡者们迷惑。但实话实说,我同样喜欢徘徊在这些维也纳的幽灵之间,探索他们神秘的命运,即使在发现有许多黑暗同样也诞生于这座城市的光辉中之后。

维也纳在20世纪早期的创造力爆发,经常被描述为某种美妙的梦境,这瑰丽的火焰燃烧于欧洲文明的最后时刻,燃烧于原始的野蛮撕裂并灭绝那场文艺复兴之前。但这蓬勃的精神和紧攥的拳头之间存在某些朦胧的、重叠的领域。茨威格的故事揭示出善与恶之间并非二元对立，而是紧密联结的。维也纳的艺术家和知识分子都在努力应对同样的难题，达成同样的志向，这些难题和志向又激发他们的敌人的暴力情绪。希特勒的计划深受拿破仑泛欧思想的影响——通过武力征服来获取，并通过一种民族主义的文化来维持霸权的统治。茨威格计划的灵感是基于人道主义模式的泛欧思想的梦想，实现的方法是和平的，是跨越国与国之间界限的，而它的领导者应该是学者和艺术家群体中的精英。在大变动面前，就欧洲命运进行争辩的双方都受教于同样单调乏味的教育体系，都受到了混杂着性压抑和强硬的军国主义思维的思想的影响。他们都经历了那场信仰破灭的世界大战，并不得不忍受它对社会经济造成的迟缓的破坏。这个赋予人灵感的文化之都维也纳同它的敌人一样忧虑着欧洲的未来，他们对深刻的精神复兴的需要超出了人们的想象。

茨威格认识到——甚至是短暂地认可了——国家社会主义的魅力。在1930年9月的德国大选之后，国家社会主义的支持者从两年前的不足一百万飙升至如今的六百多万，他将纳粹获胜的原因归咎于那些民主党人的自负保守，将这次大选的结果称作"或许不太明智但根本上很可靠的，年轻人在面对'高层政治'的迟钝和优柔寡断时值得称赞的反抗"。比茨威格小25岁的克劳斯·曼不得不提醒他："年轻人的所作所想，并非全都对未来有益。如果德国的年轻人变得非常激进，难道我们不该首先问问是什么导致了这种反抗吗？"

茨威格和他的法西斯对手在就欧洲危机究竟意味着什么和应该如何应对的问题上，偏偏得出了恰好相反的结论。正如人们所说的那样,他们有很多共同之处——在如何推进人类文明的观点上甚至都是完全相同的。基于此,茨威格在被迫流亡之后,便开始对全欧层面综合的发展观和生产力的概念提出了质疑。针对两次世界大战期间科技的发展和社会成就,他在自传中这样写:"在我们这个小小的西方世界,没有一个国家不曾失去自己过去的许多生活情趣和悠然自得。"他们从年轻的时候就知道,奥地利人"自由自在,漫不经心,一味虔诚地信赖自己的皇帝和信赖赐予他们如此安逸生活的天主",但这种悠闲、传统而滑稽的阶级分明的安全世界,恰是他和他的同龄人要推翻的,他们如饥似渴地投身其中的这场革命般的、艺术般的运动已经如火如荼地拉开了帷幕。

在茨威格故事的核心中,隐藏着他的人生之路在何处拐弯以及他创造的欲望和毁灭的冲动是如何分道扬镳的秘密。如果非要在维也纳的地图上标出这个十字路口的话,那我会选择席勒广场(Schillerplatz)。这是维也纳艺术学院(Vienna's Academy of Fine Arts)前面的一个小公园,就是那个拒绝了希特勒入学申请的学校。学院中保存了大量珍贵的欧洲艺术品,至今仍向公众开放。公园的中心立着一座德国诗人席勒(Schiller)的塑像,犹太神秘主义专家格舒姆·肖勒姆(Gershom Soholem)把席勒称为"自由的传道者"。他曾经这样写道:"与理性主义的弗里德里希·席勒的邂逅,对很多犹太人来说,要比与经验主义的德国人的邂逅更加真实。"茨威格引用了席勒的一段文字作为他研究西格蒙德·弗洛伊德的题词——"崇高的性格只能在一次次战胜感官的阻力时,在热情奔放和瞬时出力的某些时刻显示出来"。也正是从席勒的诗歌之中,茨威格领悟到了足以支撑他道德哲学的基础:自由只能在梦中实现,

席勒广场上席勒雕塑底座上的浮雕（图片提供：Vladimir Gurewich）

就像最深刻的美只能在歌中绽放。

席勒塑像的底座上是一个青铜的浮雕，刻着一张巨大的由于恐惧而扭曲的脸，它象征着悲剧。但如果你仔细观察环绕在这张面孔周围狂乱的卷发，会发现里面隐藏着一个大笑的森林之神萨提（Satyr）：他是喜剧的象征。在这个浮雕图像中，悲剧和喜剧缠绕在一起，难解难分，这也呈现了维也纳面临的真正的困境。喜剧的脸孔相较于悲剧要小一些，还被悲剧的长发所遮盖，眼睛也是半闭的；而悲剧的脸孔看起来像是完全发疯了一样。茨威格不可能的流亡的故事——茨威格本人就是一个不可能的流亡者——与这幅令人困惑、充满悖论的图像产生了共鸣。如果我们再仔细去研究如这个谜题般的茨威格的流亡人生的话，我们会发现什么？

第一章 从奥德修斯到俄狄浦斯

1941年6月4日黄昏时分，一大群来自社会各阶层的欧洲难民聚集到曼哈顿中城区的温德姆酒店（Wyndham Hotel），参加一场闻所未闻的活动：斯蒂芬·茨威格要在这里举办一场鸡尾酒会。这是他自七年前离开萨尔茨堡的家，并与第一任妻子弗里德里克（Friderike）离婚后第一次举办这种大型聚会。即使在奥地利，他也从未举办过这种聚会。在温德姆酒店，他向流亡者们敞开了大门——邀请了他认识的几乎所有的流亡者。和W. H. 奥登（W. H. Auden）、吉普赛·罗丝·李（Gypsy Rose Lee）一起住在布鲁克林高地（Brooklyn Heights）的克劳斯·曼专门赶来了；当时身体状况堪忧的赫尔曼·布洛赫（Hermann Broch）为了能见见朋友们，可能要从普林斯顿乘火车过来；德国小说家赫尔曼·凯斯滕（Hermann Kesten）和国际笔会主席朱尔·罗曼已经明确表示要参加；和茨威格依旧有联系的弗里德里克·茨威格也受到了邀请。

这些人到达酒店时的场面——他们之中很多人现在都非常困窘，而且大部分人在来到美国之前都遭受了比茨威格更残酷的磨难——可能会让温德姆酒店东侧派克大街附近的人心生疑惑，正如一个流亡社会学家在聚会之后写的那样："一个流亡者可能还算新奇,十个则令人厌烦,而一百个就是威胁了。"

茨威格在1月结束了南美的巡回演讲回到曼哈顿后,就一直在尽力避免联系纽约城中数量众多的熟人。他在整个冬天保持了一种自称为遁世的生活方式。与茨威格联系最多的是他的哥哥阿尔弗雷德(Alfred)。阿尔弗雷德一直在欧洲经营家族的纺织产业,并在希特勒上台之前转移了足够的资金,在曼哈顿上东城安顿了下来。还有他在维京出版社的编辑本·许布施(Ben Huebsch);洛特疼爱的12岁的侄女伊娃(Eva),由于伦敦的闪电战被家人送到了美国,由茨威格夫妇监护;以及前妻弗里德里克。但到春天时,他努力建造的隔绝众多熟人的堡垒开始崩溃,他也因此烦躁不安起来。

他新年期间的通信中反复提及的,就是因那些流亡者的无尽需求而产生的窒息感。"每天都要见五六个人,令我非常疲惫,"他抱怨说,"电话从早上响到深夜……我现在起码认识纽约城里200到300人,如果我不去见他们的话,他们就会非常不高兴。"更糟糕的是,茨威格非常烦躁,且他并不具备托马斯·曼那种精明干练地安排自己时间的能力。"每个拜访者在他那里都待不到一个小时,但我的每个客人至少都会待三个小时"。

其时,不仅酒店附近的居民对这次聚会感到莫名其妙,很多早就了解茨威格最近隐居状态的宾客肯定也在猜测他此举的原因。难道他要发表演讲?他是不是终于要如流亡的同胞们所期望的那样,就欧洲犹太人的困境发表演讲并呼吁军事行动了?一个又一个的来宾穿过酒店窄小的大堂,搭乘电梯,敲响茨威格的房门。茨威格只有两个房间的简朴套房里挤满了人,宾客们从窗口看到的是曾被茨威格称为"数十亿人造星辰"的景象,密布在曼哈顿的摩天大楼中，而那些摩天大楼鳞次栉比，犹如"带有尖顶的石浆"。他们互相交谈，喝着杜松子酒，吃着点心，偷偷地四处张望，等待更多的东西送上来。

对茨威格不太熟悉的人可能会因为他所住酒店的房间，对传闻中他的财产表示失望和怀疑。熟悉他的人已经意识到，除了收集的近百份珍贵原始手稿中的很少一部分外，茨威格几乎放弃了所有的外物，包括近一万册的藏书。但他在浪迹天涯时仍带在身边的东西，倒说明了他的本色。他现在仅有的珍藏是一些乐谱，其中有几份莫扎特的，还有贝多芬的《阵痛》(*Kurz ist der Schmerz*)，一份亨德尔的作品，还有一份舒伯特的。他在 20 世纪 30 年代中期专门收集乐谱，还曾在 1937 年的一次采访中提到，他生命的根基在于艺术，思想中占据主要地位的是音乐，他相信音乐能消解人性中纷扰的忧愁，锻造出一种精神上的团结。

这种信念可以追溯到深植于维也纳人心中的观念，这也是维也纳这座城市独特的魅力——能完美地包容人们的世俗传统和高尚审美诉求的能力。那些虔诚的梦想家坚信，维也纳可以将精神融合到物质之中，并把社会上各领域中的人团结到一起。克劳斯·曼在一篇描写茨威格的文章中写道，在茨威格的维也纳，"男爵和马车夫能够互相理解，他们使用同样的词汇，分享相同的理念"。1930 年，茨威格在同工人阶级出身的诗人沃尔特·鲍尔（Walter Bauer）的第一次会面中，提出精神生活源于不善表达的大众的观点，认为他们是启蒙运动崛起的沃土。这种信念同样解释了，在所有的珍藏中，茨威格为什么最重视那些手稿。那些被反复研究，被翻脏了的、被液体溅污了的手稿，展示出他们的作者是如何费尽心力完成从物质中提取崇高精神的努力。神圣的墨水瓶颠覆了维也纳。空中留有天使的印记,最神圣的所在莫过于宽敞的歌剧院内,茨威格在自传中描写他"踏上那舞台时的诚惶诚恐的心情,比但丁进入神圣的天国时还要厉害"。

茨威格的很多朋友都认为,对音乐的热爱能拯救他——如果他能更积极地沉迷其中的话。音乐家吉赛尔·塞尔登－哥特(Gisella Selden-Goth)夫人在茨威格流亡期间与他保持了频繁的通信,她曾声称,如果在彼得罗波利斯时茨威格能在"自己家中听一场室内乐,或偶尔听他某个指挥家朋友指挥的乐队演出",他或许就能忍受自己关于人类未来和个人命运痛苦的设想,他的命运也可能会有不同的结局。1942年时,茨威格在巴西茂密森林中的山间小屋里挤满能治愈身心的室内乐队的场景,无疑是荒谬可笑的,但同时这画面也令人辛酸。茨威格在给一个朋友的信中这样写道,他一直致力于"保持音乐世界的纯洁,远离政治的干涉"。也正是基于这个原因,即使理查德·施特劳斯(Richard Strauss)被戈培尔任命为德国国家音乐局的主席,茨威格依旧选择同他合作。

但是,徒劳地区分艺术和那些登上头条新闻的事件的费力行径,令茨威格更加痛苦,更加悲怆。在1935年最后一次参加萨尔茨堡音乐节时,茨威格虽然业已从奥地利选择了自我流亡,但他还是用慷慨和友爱描绘了这个被国家社会主义渗透的萨尔茨堡,称赞它"用石头且通过气氛"成功地解决了"在现实中通常遭到粗鲁反对"的问题。而解决这种不和谐问题的秘诀,茨威格写道,萨尔茨堡选择了音乐。在"那些稀罕的时日中,当人们看到天地合一之时",当代最杰出的艺术家们完成了"最庄严的作品,比如《费德里奥》(*Fidelio*)、《魔笛》(*The Magic Flute*)或《俄耳甫斯与欧律狄刻》(*Orpheus and Eurydice*),就在这个支离破碎的世界的中心,在这个支离破碎的时代。当自然与艺术、艺术与自然合二为一时,人类肯定会感受到这庄严领域给予的恩赐,肯定会经历由此而生的独特的优雅"。

茨威格酒店房间里传出的德语或许已响亮到引发一定程度的惶恐,至少令温德姆酒店其他房客产生了厌恶之情。报纸上到处都是美国即将参战的猜测。有传言称,在之后几个月里将要雇用多达一百万的防御工程人员;罗斯福总统支持一项允许没收任何对战事有利的私人财产的法令,并呼吁人们参与"无汽油周日"活动,以确保储备更多的汽油来应对迫在眉睫的大战。茨威格鸡尾酒聚会的前两日,一个新泽西的议员在巡回该地区后宣布,纽约附近的要塞里间谍为患,并"能破坏纽约地区所有的防御工事"。

这个城市中25万德国人忠诚与否,显然成为首要的问题。两年前的乔治·华盛顿诞辰日,两万两千名德裔美国人联盟成员在麦迪逊花园广场举行集会时,茨威格恰好不在纽约。这个联盟是美国一个非常有影响力的纳粹组织,《纽约时报》(*The New York Times*)将这次聚会描述为一片"反犹太、亲纳粹,身着制服的联盟成员、联盟标志和旗帜"的海洋。法拉盛草地公园(Flushing Meadows)最近全是进行演习的民兵,意在使这些纳粹支持者对美国街道上血流成河的时刻有所准备。联盟的成员还计划吊死几个大银行家来动摇政府,所以心怀戒备的市民在听到德语时总会不自觉地竖起耳朵，警惕那些潜在的破坏者。流亡者创办的德语报纸《建筑报》（*Aufbau*）上就为那些希望融入美国的读者印制了醒目的警告："不要在街上和公共场所使用德语！如果英语水平不够的话，那就小声一些！"

谨慎成为当下的口号。两年前茨威格身在英国，经历了英国向德意志帝国的宣战。他已经意识到，一个人可以在一夜之间从"难民"变成"敌国公民"。

但在这个夜晚，茨威格看起来似乎暂时忘却了他的焦虑。他带着同是天涯沦落人的暖意，游走于宾客之间，洛特在旁娴熟地帮忙。弗里德里克得意于前夫请求她继续使用茨威格这一姓氏，对和洛特一起出现在公众场合无一丝不安。毕竟，她和茨威格成婚近20年，而这个虚弱的沉默寡言的前任秘书，两年前才成为茨威格夫人。正如茨威格在奥地利所闻名的那样，他重新扮演了一个无可挑剔的主人角色。他会从一群宾客走向另一群，"步伐轻盈，犹如舞蹈家，犹如墨丘利"，法裔瑞士心理分析学家夏尔·博杜安（Charles Baudouin）写道。博杜安着迷于茨威格施展"身为中间人的全部才智"的方式，茨威格的举止可以说是像一只猫——"假设这个词引发的只是一幅举止优雅的画面，而没有任何残忍或诡诈的暗示"。博杜安写道，在这种理性的表象之下，"它展现了一种直觉和天分，一种狩猎的爱好，且已转而开始寻求人与人之间的关联"。

现存一段非常珍贵的斯蒂芬·茨威格的录像片段，拍摄于1933年夏天的萨尔茨堡——在希特勒成为德国总理6个月之后。半年之后，茨威格就开始了永久的流亡。身高近一米八的茨威格比在场的大部分宾客都要高。他的头很大，黑色的短发向后梳，额头闪着光。他黑色的小眼睛炯炯有神，鹰钩鼻。他轻巧地捏着一支雪茄，没有穿西装外套，条纹领带非常大胆时髦。茨威格在录像中虽只出现了几秒，但他身上那种勃发的生机、热情的微笑和柔和的优雅都非常引人注目。他动作轻巧，弯身倾向他人然后又挺直身子，与某个人目光相会，微笑，又把目光转向其他方向；他对着某个人伸出手，然后又突然改变姿势，把手放到自己的头上；他捧着一位女士的手，轻柔地弯下腰亲吻，然后站直身子，转头咯咯笑着看向摄像机，又转回身继续刚才的寒暄。他的双手、双眼和双耳似乎同时注意着四周的动静。茨威格完美地诠释了社交动物这个词，通过所有感官，他像是将周围的人都记到了脑海中，一如被加热的黏土上留下碰触过它的一切痕迹一样。

茨威格许多朋友都谈到过他"对友谊的真诚"。克劳斯·曼曾写过，不只茨威格位于萨尔茨堡的家中，还有"他住过的每个酒店的房间，无论是几天还是几周，都会成为一个文学活动的中心"。这种特质不仅令他在朋友圈中备受青睐，还使他由衷地乐于给自己的朋友带去欢乐。罗曼·罗兰（Romain Rolland）就曾说过，对茨威格而言，友谊仿佛是某种宗教。卡尔·楚克迈耶也讲过一个类似的故事。当他还是一个年轻的穷小子时，他和妻子搬到萨尔茨堡附近的一个小村庄居住。在茨威格发现附近有这么一个崭露头角的剧作家后，立刻邀请对方来自己家中做客。他熟练地将楚克迈耶带入自己那个由艺术界精英组成的"名人圈子"，那个圈子对当时的楚克迈耶来说是无法企及的。之后，茨威格到楚克迈耶购置的那个老房子里去拜访时，房子里的炉子恰好不能用了，楚克迈耶和妻子正在哀叹他们不得不买个新炉子。当夫妻二人讲明他们的困境后，茨威格若有所思地笑了。他问明楚克迈耶房子里客厅的尺寸之后就离开了。第二天,一辆装着旧炉子的卡车隆隆地停到楚克迈耶的房前,这个绿色的旧炉子贴着瓷砖,装饰精美。

"它的大小正合适!"楚克迈耶惊叹道,他问茨威格从哪儿找来了这个旧炉子。"就在我家的一个储藏室里。"茨威格不在意地说。但楚克迈耶猜想,茨威格肯定花了很长时间跑遍整个萨尔茨堡,就为找到尺寸合适的炉子。

关于茨威格的慷慨,还有无数这种故事。托马斯·曼就曾感叹过,没有多少人能真正了解茨威格的善良慷慨。他提到一个朋友曾在茨威格的某次晚宴时亲眼见证的场景:客人中有一位衣着非常寒酸,茨威格在用餐时悄悄从桌布下递给那人100马克。

"这是你的。"茨威格低声说。

"不是——为什么?"那个人问。

"这是给你的。"茨威格安静地说。

"亲爱的茨威格先生,我必须得承认,这真解了我的燃眉之急。"那个人说。

"那就好。"茨威格说。

曼后来曾经揣测,这样的场景在这些年里肯定屡见不鲜。

1941年那个晚上,温德姆酒店的宾客肯定也见识了传说中茨威格的慈悲和慷慨。他在人群中如鱼得水——被人们围绕着,并对每个宾客表示了关切——成为某种指挥者,使不同的流亡者团体和谐共处。那场聚会无疑大获成功。洛特后来写道,几乎所有的人都不只留到了酒会结束,大部分人还待到了深夜时分——虽然最后的结束平淡无奇,那些受邀的人始终没弄清楚这场鸡尾酒会的意图何在。在后来写给曼弗雷德和汉娜的信中，茨威格说，他只是决定要来一次"春季大扫除"，邀请"我想见的所有的人来喝鸡尾酒"。看起来，他不再喜欢被人群围绕，而倾向于通过一次行动来脱离这些世俗责任的负累，从而使自己得到完美的自由。

也正是在这个春季，卡尔·楚克迈耶从佛蒙特（Vermont）租住的农场来到曼哈顿，和茨威格共进晚餐。晚餐选在了一个不大的法国餐厅，其间的气氛一直非常闲适。楚克迈耶写道，在一段时间里，茨威格"一如既往地活泼、兴致勃勃，对其他人的逸事、行动和计划充满了同情的理解"。

楚克迈耶有很多话想和自己的老朋友说。据埃利亚斯·卡内蒂（Elias Canetti）回忆，楚克迈耶一直很健谈，且兴致很高，"他总是非常引人注目，充满了热情"，他硕大的头使他的妙语更加引人入胜。古斯塔夫·马勒（Gustav Mahler）的女儿安娜·马勒（Anna Mahler）雕刻的楚克迈耶的像，成为维也纳雕像收藏品中的佼佼者。楚克迈耶在那个夏日正处于美国荒野同大自然交流的新生的兴奋之中，他不久之前抛弃了自称为"农奴"的好莱坞生活，"在这片四季永春的土地上，在那些经常被灌溉的花园里，充满了消毒水味道的游泳池和栖息在峡谷陡坡上的梦幻城堡里，我深陷沮丧的迷雾之中。只在家中才能得到片刻的欢愉，深谷中则是枯燥残忍的荒原"。

与此同时，他的经济状况也使得他无法继续在纽约生活下去。楚克迈耶感到在自己年近五十的时候，"被一种陌生的语言和不熟悉的思想所包围"，也不可能像年轻时在柏林那样，笃信人的命运可以逆转。为了能在秋天和妻子住进农场,他一直在农场上的忙碌被视为"救赎"。楚克迈耶激动地向茨威格讲述的,也正是他对几乎每个人说的,令他非常愉悦的工作:在老房子里钉上新墙、修水管、清走地面的石块后,每晚入睡时由于太过劳累而顾不上去思考任何新闻。他聆听着附近花岗岩悬崖上猞猁的嚎叫,在土地主人50多年前修建的简陋的池塘里游泳。"蛮荒之地"——正如租约中写的那样——却使楚克迈耶感到,这是他和妻子"通过不受约束、自选的工作忘掉往日生活"的最后机会。就像很多其他的流亡者——尤其是电影制片人,他在这片土地上,发现了美国神话赋予的灵感之源。

但我认为,楚克迈耶这种野外生活的狂想曲,只会令茨威格再次感受到自己同自然界的分离——而且,除了这种生存状况之外,他的身体也不允许他去追寻这种被楚克迈耶称为流亡美国的过程中唯一真正救赎的梭罗式的生活。茨威格之后将话题转向了年龄和往昔的时光,他问楚克迈耶是否还记得他们是如何庆祝他50岁生日的。为了避开因他的显著地位随之而来的那些冗长的旧俗,茨威格当时带着楚克迈耶悄悄离开了萨尔茨堡,来到慕尼黑一个散发着霉味的犹太饭店。饭店里礼貌谨慎的服务生假装并没有认出他们,他们享用了蓝鲤鱼、红焖鹅,还喝了白兰地。

"那是十年前了!"茨威格感叹道,"60岁,"他说——他明年就60岁了——"我觉得已经就足够了。"

楚克迈耶听后大笑,然后说,像他们这种人应该活到90岁或100岁,也好看到生活恢复正轨。自他们的第一次见面后,楚克迈耶就意识到了茨威格对年老的恐惧——他从未在其他任何人身上看到过这么强烈的对年老的恐惧,"哪怕在女人身上"。他先前还觉

出自斯蒂芬·茨威格拍摄于萨尔茨堡的录像片段（图片提供：私人收藏家）

得，这只是茨威格身上那种慢性焦虑的再次发作，现在却认识到，这种存在已久的痉挛已经发展成为足以吞噬他的黑暗的一部分。

茨威格的眼睛变得"难以置信地悲哀"，楚克迈耶写道，并且他还认为生活将永远不可能恢复正轨。"尤其是我们的生活。我们所挚爱的世界已经一去不返，"茨威格写道，"我们所必须说出的话将无人理解——不管哪种语言皆是如此。我们在任何国家都将无家可归，我们没有了现在，也没有未来。"

茨威格究竟在什么时候意识到自己开始流亡了呢？在那段简短的录像里的茨威格，留给人的最深的印象就是看起来非常年轻。

1933年茨威格已经51岁，尽管他在面对摄像机时笑意盈盈，但他的精神状态已经一落千丈。在萨尔茨堡音乐节后不久，他曾向一个朋友提到自己决心在冬天关闭在卡普齐内山（Kapuzinerberg）的家。"唉，太多东西已发生了变化，尤其是内在的。"他写道，"我对修整我的家，充实我的收藏的乐趣……已经完全丧失，我决定生活得更简单些，也更灵活些，我决定离开我的家乡（虽然这种压力肯定不是来自内部）。"

他对即将到来的音乐节充满期待，他的偶像理查德·施特劳斯和朋友布鲁诺·瓦尔特都将在音乐节上进行指挥，但音乐节却被希特勒强行征收"上千马克的关税"。为了破坏德奥合并前的奥地利政府，纳粹分子对这场音乐会进行了百般阻挠——因为音乐节一直由德国艺术家和观众主导着；纳粹分子还向那些跨越国境的人征收重税，意在阻止那些想来参加音乐节的音乐家和音乐爱好者。

更多野蛮的行动接踵而来。如果茨威格在音乐节开幕当天沿着他的房子所在的山向山下散步的话，就会看到穿过附近的阿尔卑斯山边界呼啸而来的两列德国飞机编队。飞机不停地飞来飞去，在人们头上轰鸣着，然后又猛地在萨尔茨堡的中世纪街道上撒下大量的传单。这些传单呼吁奥地利居民推翻政府，并从银行里取出自己所有的钱。"兄弟们，握紧你们的拳头！"其中一页上写着这样的标语。为了达到恐吓平民的目的，纳粹分子还点燃了绑在电话线杆上的爆竹，来模拟爆炸声。对于这一切，茨威格怎能不感到心烦意乱？边境上的纳粹士兵几乎每个晚上都会向奥地利卫兵投掷砖石，希望能挑起事端，从而使希特勒有光明正大的入侵理由。在许多夜晚——茨威格发誓说——他都能听到德国坦克的轰隆声。

尽管有这些挑衅，茨威格在整个音乐节期间表现得都非常友善和蔼，这反映出了维也纳对他的训练，暧昧的性格在此时成为一种骄傲。他非常喜欢尼采的一句格言，"每个天才都戴着面具"，也因此给朋友们和很多批评家都留下了性格变化无常的印象。克劳斯·曼把他这种复杂的性格看作是奥地利人的典型特征。"只有维也纳人才会有那种特殊的言行风格，"曼写道，"法国人的温文尔雅中带有一丝德国人的沉思，还有一点模模糊糊的东方人的古怪。"在 1920 年出版的一本讽刺性作品《文学动物寓言集》(*Bestarium Litcraricum*)中，茨威格被讽刺为"在维也纳诗人集会时，用欧洲所有动物的羽毛、皮肤、毛发等创造出来的一个人造物"。

但在希特勒掌权后，茨威格人格中的多样性便开始模糊起来，他愈来愈不确定完整的自我存在于何处，他已经无法再全神贯注。他在给德国作家埃里希·埃贝迈尔（Erich Ebermayer）的信中这样说："我需要类似音乐、人群这样的平衡物，而现在最吸引我的是罗马或伦敦，只有这样我才不至于流落到某些流亡者群聚的角落。"个人必须要走出去，到广阔的世界中去找寻"某人在自己的家乡业已失去之物的替代品（德语就代表着我不可分离的家乡）"。在 1933 年的夏天，茨威格就已有了离开奥地利的打算，德国的焚书运动和对他作品的禁令都促使他做出这个决定。他在秋天时采取了进一步举措，逃到了伦敦。在这个远离政治的城市中，他开始测试流亡的可能。

但八年的流亡并没有找到令他所有的损失有所缓解的方法。在纽约时，茨威格似乎尝试扮演过不同的角色。或许他还可以继续自己身为跨国界的人道主义者代表的身份？毕竟，酒店的这场聚会并不是茨威格在这一季参加的首次大型社交活动。他在 5 月代表流亡者参加了两次重要的募捐会。与此同时,他不停地给朋友写信抱怨他在这个新世界中苦行僧般的生活,他从未见过任何人,而且——不可思议地放弃了各种娱乐活动!再也没有出席过音乐会或剧院演出。或许,他可以去洛杉矶,成为一名美式超级明星?好莱坞一直在向茨威格抛橄榄枝。1933年年底时,一群制片人向他提出了一个被他称为"金额非常丰厚"的邀请,他只需飞到加利福尼亚和他们一起工作十周。朋友还告诉他,只要他答应,这个工作室最高可以把金额提高三倍。1934年春天时,本·许布施和华纳公司的三位高级主管("知道你身份的文化人")会面,告诉茨威格,他们"非常肯定,作为一个著名的外国人,如果你以演讲的名义出现,实际上就是做些访谈和一般的宣传,你可以得到各个电影公司第一流的招待"。一位在20世纪30年代中期见过茨威格的年轻德国作家认为,茨威格正符合电影爱好者眼中典型名作家的形象:"世故、优雅、出身优渥、黑色的眼中带着温和的忧郁……在萨尔茨堡拥有一座城堡,还有一位淑女般的秘书。"

这些围绕着他展开的诸多未来之路,仿佛是茨威格30年前初到纽约时曾玩过的一种游戏的诡异再现。30年前的曼哈顿没有如今这么多的画廊、图书馆和博物馆,在城市里孤独地漫游了几日后,茨威格决定"扮演"移民。他假装成一个刚到美国的人,身上只有7美元,在纽约没有任何朋友,四处游荡。他到过许多职业介绍所,还仔细研究了招工的告示板,并在两天内就找到了适合自己的五个职位。而30年后——尽管现在他在纽约有很多朋友,有很多钱——他却发现自己实际上已成为那些迷失的流亡者中的一员,成为那种——从理论上来说可以随心所欲做出各种选择的——没有真正职业的人。

马克思曾说过，人类的历史总是在不停地重演，首先是悲剧，然后是闹剧。就茨威格而言，他的人生一再逆转了这个顺序。在他的一生之中，一直先是闹剧，悲剧紧随其后。

从20世纪20年代到30年代初这段时间里，茨威格正处于自己事业的巅峰，他的作品在欧洲和美国广为流传。虽然他还在报纸上发表了很多剧本、诗歌和无数的散文，但最著名的还要属传记和中篇小说。茨威格的传记，比如他刻画的玛丽·安托瓦内特（Marie Antoinette），情节紧凑，描写的都是在世界历史的巨轮下被蹂躏的不幸的个体。他的短篇小说非常流畅，洋溢着强烈的情感，总是描写严重受挫的激情，而且充满戏剧性，广受欢迎，和他的很多传记作品一样，都被改编成了电影。

在茨威格声名渐起的几年后，他取得了自认为最宝贵的成功：他拥有了"一个读者群——一批可信赖的人，他们期待和购买我的每一本新书。他们信赖我，我也不能辜负他们的信赖"。他在自传中这样写道。即使他写的最短的小说也成了畅销书。他出版了一个历史时刻的短篇集——全都围绕着历史上的关键时刻，从黄金国的发现到跨大西洋的第一次通话，再到《马赛曲》的问世——很快就卖出了25万册。茨威格在作品中恪守前现代主义的传统叙事风格，但他也预见到了读者品位的变化。现在的人们不再热衷于19世纪那种三卷本的鸿篇巨制，转而开始青睐情节紧凑、便于携带、篇幅不长的书本。火车卧铺车厢的列车员都认识他，连海关关员都会给他特殊的优待。在无数次的公开露面中，兴奋的年轻女人围绕在他的身旁，每次邮差都会带来"成堆的信件、邀请函、请求和询问"。

茨威格在自传中把自己的成功描述为"有一位客人来到我的家,并友好地留了下来,那是我从未期待过的客人"。他作品的受欢迎程度,会令人想起另一个比喻:作为一个作家,茨威格具有迈达斯(Midas)般点石成金的绝技。和传说中的国王迈达斯不同的是,茨威格并未渴求过这种令他笔下的一切都变成黄金的本领,他只是天赋如此。茨威格的故事倾向于揭示色情的秘密,弱化压抑的外部现实,传达出一种同广大读者亲昵无间的感觉。读者在故事中放松自己,就像火炉前的猫一样。

茨威格曾将自己的受欢迎归结为"一种个性的缺陷":极度的缺乏耐心。他曾表示,任何事情,只要无法一口气完成,都会令他非常恼火——这话听起来很当代。他读过的书中有九成,茨威格写道,都是冗杂、空洞、夸张的,都不够刺激。更令人惊诧的是,虽然茨威格对美国主流社会粗糙的文学品位表达了一种典型的奥地利式的蔑视,他却提出了一个可能会令很多美国出版商感到不安的计划:把全部的世界名著,从荷马(Homer)、巴尔扎克(Balzac)、陀思妥耶夫斯基(Dostoevsky)到托马斯·曼的《魔山》(*Magic Mountain*)中所有的冗词赘语删掉。他得意道,借此他就会赋予这些经典以新的生命。茨威格虽然对这些文学经典表示尊敬,但并不意味着他认为自己有小心谨慎对待这些巨著的义务。这种奥-德人典型的对美国的轻蔑,是基于他们能更好地理解过去、对待现在少了些功利主义这样一个前提。但很多时候,它只是在涉及高雅与低俗文化、新世界抢先于旧世界时流露出焦虑。

茨威格后来对自己19岁时出版的第一部诗集表示不屑。他只是在"创作对女人充满激情的诗句,而自己完全不知道激情究竟为何物",茨威格这么评价,这种满是"优美的安逸的诗意表达"在他认识到"具有真正价值的事物"后就被完全抛弃了。尽管如此,这部珍贵的、枯燥的诗集还是得到了赞誉,并被普遍看作是一个前途无量的年轻人的杰出之作。当茨威格开始创作戏剧后,他的第二部戏剧的剧本得以出版,并迅速售出了两万册——这对出版的剧本而言是前所未有的。当他决定去写一个真正令人讨厌的人物——拿破仑的警察局长约瑟夫·富歇(Joseph Fouché)时,他的出版商想要首印一万册,茨威格建议他减半。由于没有任何爱情因素,而是关注一个险恶的爱耍手段的人,这本书非常有可能根本卖不出去,他警告说。可是,这部作品一年之内单在德国就卖出了五万册。茨威格在苏联更是出人意料地受欢迎。当苏联政府邀请他代表奥地利参加托尔斯泰的百年诞辰(1928年)时,4000人聆听了他的演讲。在这次旅行结束时,茨威格在写给弗里德里克的信中最后的签名为,"你那被拍照七千次、被录像和多次广播的斯蒂芬"。之后,茨威格在南美的成功令他的声誉达到了一个新的高度。令茨威格自己都非常吃惊的是,无论他写的是什么,无论他出现在什么地方,总有意外的收获在等着他:硬币如雨般落下,金钱飞到他住所的桌子上。就像在离开奥地利之后不久,他和罗曼·罗兰开玩笑般说的那样,在十个用德语写作的作家中,他是唯一那个能真正负担起流亡的。

尽管他声称自己根本不想成为名人,因为那会给他的自由带来种种限制,但茨威格自1920年以来一直享受着成名的红利。现今,随着希特勒的掌权,他那位"从未期待过的客人"开始打算离开了。对纽约的售票员、服务生和搬运工而言,茨威格是个隐形人;

对女人们来说,他只是一个口音很重,蓄着胡子的上了年纪的眼中满是恐惧的无名之辈,美国政府机构对他的声名没有表示出任何的尊重,更不用说他本人了。他此时究竟是谁?

沦为一个无名之辈意味着某种挣脱桎梏的经验——当然,对很多在自己的故乡非常有名的流亡者来说都是如此。马丁·贡佩尔特(Martin Gumpert)是流亡的德国医生、作家,艾丽卡·曼(Erika Mann)偶尔的情人。艾丽卡的父亲托马斯·曼在《浮士德博士》(Doctor Faustus)中对梅毒病情发展情况的描写,就参考了他的专业意见。贡佩尔特记录自己流亡经历的文章中写到流亡中产生的自我重新发现,"如果拒绝由移民产生的巨大刺激的话,那就太忘恩负义了"。他说:"过去我们之中的很多人在那里的生活,就是你们之中的很多人在这里的样子——行尸走肉,生活在一个真空之中,在地狱般沉闷的生活中没有任何希望的机器人……我们全都受困于文明的精神衰弱,它促使正值壮年的人未老先衰。然后当处于这个阶段的人被无情地驱逐到外面时,年轻的元素才就此复活;一个人必须要……在迄今为止只能靠领抚恤金过活的现代社会中,找到适合自己的道路。"

茨威格曾在写给罗兰的一个简短的便笺上说,他觉得他十分感激"希特勒先生"向他灌输了新的热忱,并将他从变成一个安稳的中产阶级的风险中解救了出来。当时是 1934 年,回想起来,那段时间可以看作他流亡生涯的蜜月期。在 7 年的流亡之后,摆脱原来生活中的事物对他而言,已经没有任何兴奋之处了。

尽管如此，茨威格还是非常同意贡佩尔特对流亡赋予停滞的创造力以复活契机的观点。实际上，茨威格敬畏地领悟到，正如他向《纽约时报》的一位记者说的那样，尽管他的专注已支离破碎，某天"经验的广阔领域"会在冲突的影响下被打开，到时这些冲突也会成为艺术家的灵感之源。他继续说道："在每艘船上，在每个旅行社，在每个领事馆，你都能从一些毫不重要的无名氏那里听到很多冒险和朝圣的故事，这些故事的危险性和刺激性丝毫不比奥德修斯逊色。"

这些流亡者一再提到他们流离失所一事具有的史诗特质。一个流亡作家也经历了类似茨威格的这种流亡，却赋予了它一个出人意料的逆转："我经常想到，我们经历了奥德修斯一般的冒险，只是我们的故事中没有神。"汉娜·阿伦特（Hannah Arendt）在1941年春天也到了纽约，给这个类比增添了更加黯淡的解读。考虑到犹太人逃离欧洲，她写道："这些尤利西斯般的流浪者绝望又困惑，与他们的祖先迥然不同，他们不知道自己是谁。"

一个被剥夺了身份的奥德修斯比失去了神明指引更糟糕，正如奥德修斯之于俄狄浦斯。很多在希特勒上台前自认在自己的国家中非常有影响力的欧洲犹太人深深地感受到，自己兼具奥德修斯和俄狄浦斯两种角色。

"谁能制订计划！谁敢说'我将''我打算'！"一个阴郁的下午，茨威格在温德姆酒店苦恼地给洛特的家人写信。他在他们不大的套间里一小时接一小时地踱步，习惯性地用精致、细长的手紧张地交替着捏手腕，思绪从对光彩绚丽的曼哈顿的厌恶，变成了对接下来该做什么的困惑。他试着思考他该逃向何方，他该怎样找到平静,他该如何真正到达一个真正的避难之所——如果真有这样的地方存在的话。茨威格的手稿在他们幽闭的房间里越堆越高。"可怜的洛特都不知道在哪儿校对五份不同的书稿,床上、地板上全都是打印好的书稿。"他写道。洛特曾经写道,她颇费了番工夫,才不至完全迷失在堆积如山的纸张里。他们二人简直要被他的写作掩埋起来了——在他写满潦草字迹的纸张里。

春天时,茨威格敏锐地意识到,相较于自己而言,其他的流亡者都能更好地适应流亡的生活——他们身上有更多的生机和活力。在对那些定居于加利福尼亚的流亡者进行分析后,茨威格注意到,很多的流亡者都已"在小小的房子里站稳了脚跟,开始了新的生活",而他和洛特仍然无法确定"我们将停留多久以及该如何决定——现在还能够去巴西吗?现在还有去那里的船或飞机吗?……于是我们只能等,而等待的过程又不适合专心工作"。

这种摧心伤骨的犹而未决,除了令茨威格感到麻木外,还造成了等待。在等待中,每个人都感觉自己的命运被世界大事左右,而政府机构的决定根本不会顾忌个人的请求。连向前还是向后走几步的自由,都要取决于这巨大的、看不见摸不着的实体,不禁使人感到自己仿佛只是襁褓中的婴儿,这或许也可以解释在此期间茨威格信中不知不觉流露出的自恋与自怨自艾。贝托尔特·布莱希特(Bertolt Brecht)——他与茨威格一样难以适应在美国的流亡——记录了在美国入籍的流程,他用讽刺性的口吻巧妙地说明了这一退化:"首先,领事馆让我们绕着街区匍匐爬行四圈;然后我们还要拿出医生的证明,证实自己没有得胼胝;之后,我们还要盯着领事馆工作人员的眼白被迫发誓说我们没有任何意见。可是那时他又看穿了我们，让我们拿出证据证明，我们活到现在从未有过任何的意见。"

哲学家京特·安德斯（Günther Anders）——他曾与汉娜·阿伦特结婚，后来同样移民到了纽约——在日记中回忆，流亡开始之后，"'老男孩'这个称呼忽然听起来有了无穷的意味……因为现在我们只能暂时栖身旅馆之中，因为现在我们的工作日只是短暂的间奏曲，因为现在我们对生活的规划只能到后天……我们现在处于一种完全无效的生活中。就实际情况来看，这与青少年的生活方式相似，所以，我们可以称之为'青春期'"。

对茨威格而言，"后天"似乎就像一生那么遥远，因为他看到现在的世界业已退回到战前早期的阶段。他描述了撰写自传时的情景——他手头没有自己的作品、笔记、信件和深藏于朋友记忆中的信息——他观察到："我们每个人都过着与世隔绝的生活，就像几百年前尚未发明轮船、火车、飞机和邮政系统时一样。"至于他自己，"所有的一切都已分崩离析、支离破碎，而且我知道在战争结束之后我还得重新开始——再一次重新开始"。

在温德姆酒店举办鸡尾酒聚会后的隔天，他给移民到阿根廷的德国作家保罗·策希（Paul Zech）写了一封信，说他们这一代人将会像以色列的孩子一样，漫无目的地在沙漠中流浪，直至死去也见不到应许之地。茨威格在信中哀叹道："无论从哪个方面来说，我们都被摆错了位置。在现在的世道中，一个人要么应该20岁，要么应该80岁——要么前面还有大好的人生，要么行将就木。对我们来说，现在只有一件事情可做，那就是工作。即使在平静无事的此刻，工作也令人烦心。"茨威格在美洲的挣扎并不是为了在声誉上攀升至何等的高度，而是为了回答他何以还能在大地上继续行走这一根本问题。无论做出什么选择，茨威格总是会被提醒，他之前的身份背后支撑着的是整个世界。

尽管如此，茨威格某天还是走出了温德姆酒店，去一位医生那里接受特殊的治疗。当时，为了治疗洛特的哮喘，茨威格已迫使她进行了一个疗程漫长的抗体注射，虽然在注射后她的病症往往会恶化。尽管茨威格对美国那些时髦的东西都保持批判的态度，但在涉及健康问题时，他不会放过任何一个可能的机会——这些新奇的东西说不定真会有用。

当茨威格来到这个神秘医生的门前时，我猜想，因虚荣心作祟，他肯定会偷偷地左右环顾，确保没人看到他走进去——虽然他很可能听过西格蒙德·弗洛伊德本人就曾由维也纳生理学家，也是这方面的先锋人物的尤金·斯坦纳奇（Eugen Steinach）做过手术。虽然我们不知道究竟发生了什么，但某些时候，茨威格得进行一系列特殊的激素注射。也正是在这个春天，绝望的茨威格开始接受一项革命性的治疗，以期恢复青春。在写给罗曼（Romains）的最后一封信中，茨威格提到，自己在人生的最后阶段满是不安和忧虑，他无法不去逼问自己：什么地方才能找到青春之泉？纽约城的药物治疗为他提供了这方面的可能性。

不只是身在纽约这一现实令流亡者们开始自我质疑，这座城市本身似乎就蕴藏了多重的身份。"曼哈顿就是美国的字母表"，德裔捷克流亡者汉斯·纳托内克（Hans Natonek）曾这样说过。每个街区"都有一个最终的美国样本"。克劳德·列维-斯特劳斯（Claude Lévi-Strauss）在 1941 年第一次走在纽约街道上时，将这座城市描述为拥有各种可能的地方。它的城市结构、社会结构和文化结构都千疮百孔，布满了密密麻麻的孔洞。他写道："如果你想到达镜子后的另一个世界，那就选择其中一个洞滑下去，就像爱丽丝那样，找到那个幻境般令人着迷的世界。"至于究竟是什么构成了这种魅力，他分析道，正是由于这个城市既"充满了中欧的陈腐气味"——一个业已消失的世界的残留——又被注入了即将入侵欧洲的新式的美国活力。

茨威格的部分自我还梦想着能在纽约寻找到恢复逝去青春的方法，这是一个令人痛心的忧郁天使的形象——一位老人笨拙地试图欺骗时光。但这也表明茨威格在那个夏天还没有完全放弃希望，只要他能重燃早已耗尽的能量。茨威格之前曾幻想过吸收一些美式活力，"从美国的城市中传出一种野蛮人的音乐，节拍狂野，那是一种人性的颂歌"，他在流亡早期去过曼哈顿后写道。虽然其魅力即将耗尽，"只要你不停地向前冲，去看更多——更多的人、更多的街道，不知不觉中，你就会适应那种节奏"。他满怀深情地写道，这些美国大都市散发着"生命本身的完美韵律，在纽约，这种韵律要更强劲，只因它是旧世界的最边缘"。

第二章　乞丐与桥

1911年，30岁的斯蒂芬·茨威格第一次来到纽约。他朝气蓬勃，精神昂扬，因即将探索沃尔特·惠特曼（Walt Whitman）歌颂的"正在实现四海之内皆兄弟"的土地而充满热忱。20世纪的最初10年，惠特曼的北极星角色对于遥远的欧洲人来说简直是实至名归。克劳斯·曼曾说过，"重组世界的年轻冲动"，"每一代新人"那种宗教般虔诚的"革命热情"，都受到四个"大天使"的引领：柏拉图（Plato）、尼采（Nietzsche）、诺瓦利斯（Novalis）和惠特曼。但正是惠特曼，用他自己的诗句来说是"一个宇宙，曼哈顿强壮的儿子"，把辽阔的人性的爱与最高意义上的民主联系到了一起。因此，惠特曼体现了最普遍的美国承诺。曼和他的志同道合者在"这片满是辽阔的空间和高耸的城市的土地上……这片孕育了林肯（Lincoln）、萨科（Sacco）和范塞蒂（Vanzetti）的土地上，这片包含了惊人的融合与矛盾的土地上"，寻找惠特曼"健壮的民主"的迹象。卡尔·楚克迈耶自开始流亡后做的第一件事，就是去惠特曼出生的地方朝圣，并高举自己的帽子"向这位伟大的'同志'致敬"。茨威格的小说家朋友弗朗茨·韦尔费尔（Franz Werfel）也表达了他对惠特曼的热爱。他认为，惠特曼天才地揭示出，对一个诗人来说,任何平淡无奇的话题都可以成为诗句。

总之,惠特曼体现的这种开明、友好乐观的梦想,在茨威格开始造访美国时已经在欧洲渐渐消失。茨威格刚到纽约,就冲到酒店前台,询问惠特曼墓的位置。前台接待困惑地盯着他。茨威格简直一头雾水!惠特曼!沃尔特·惠特曼!那个把整个宇宙打造成一个神圣家园的人!但前台依旧毫无反应——那个可怜的家伙是意大利移民,根本没听过惠特曼的名字。

除了所有人都应拥抱自己的肉体和灵魂这一狂热的民主理念外,茨威格还从惠特曼的诗行中领会到了"狂野的、洪水般的"力量,他在纽约之行中也发现了这种力量。茨威格对这座城市的第一印象,是一种势不可挡的韵律性。当你从港口上的布鲁克林大桥向远处眺望,或在"石块铺成的林荫路上"漫步时,"会令人耳目一新,无比兴奋"。

茨威格的纽约之行,是在犹太实业家和超级外交家瓦尔特·拉特瑙(Walter Rathenau)的建议之下成行的。拉特瑙是柏林人,比茨威格大十岁。茨威格折服于拉特瑙身上那种"眩目的才华",又感受到他身上"深深的不安与茫然"。比起茨威格认识的其他人,拉特瑙似乎最能体现犹太人的悲剧色彩。茨威格推测,拉特瑙"这种不知疲倦的工作其实只是一种鸦片,用来掩盖内心的焦虑,摆脱心灵深处的寂寞",这种推测后来也出现在了茨威格自己身上。拉特瑙在1907年与茨威格的会面中说,如果不知道英格兰的殖民地,就不会了解英国;如果从未走出过欧洲大陆,就永远不会了解欧洲。"为什么你不去一次印度和美洲国家呢?"拉特瑙建议。迫切想成为一名真正的世界公民的茨威格接纳了这个建议,几乎是立刻启程去了印度。到了印度,他就感受到了身为一个要被其他印度人卑躬屈膝对待的有特权的欧洲人的困扰,同样令他惊讶的还有这个国家的种姓制度和可怕的贫穷。

茨威格在几年后的美洲之行——除了美国外,他还在这几个月里去了巴拿马、加拿大、古巴和波多黎各——则要更富生机,但他对纽约文化持久的蔑视在当时就已有了迹象。有次在歌剧院里,他因观众不喜欢周围的黑暗而发出轻笑,还注意到那些花了50美分买剧本的人一定要把剧本从头翻完。突然"随着轻轻的咔嗒声,出现了小小的闪光,是观众将随身携带的手电筒打开了。环顾左右,你可以看到小小的光圈在剧本上移动。在务实的国度里上演的神圣的节日戏剧"!幕布落下后,茨威格注意到,每个观众都拼命地大声鼓掌,仿佛要把旁边的人比下去——然后这种争斗在休息室里又围绕着冰淇淋展开。针对冰淇淋的争斗还可以理解,茨威格说,因为冰淇淋"是美国最好的东西"。

1935年茨威格第二次到纽约时,已经54岁,个人声名跻峰造极。他还是那样忧郁,戒备心很强,身为公众人物,恐惧于一举一动都要被人仔细检视。萨尔茨堡那些纳粹支持者对德国焚烧他作品的行为大加赞赏,不久之前又开始指控茨威格煽动外界,试图颠覆奥地利。而与此同时,犹太流亡者方面也谴责他在施特劳斯被希特勒政权正式任命为首席音乐大使之后还继续与之合作。茨威格还被谴责过于怯懦,因为他没有继续要求国际上采取措施营救德国的犹太人;还有在流亡中的"享乐主义"——一个杰出的流亡者这么指责他,"就像基督教徒不再关注世界的苦难一样",依旧保持政治上的中立。

这些还只是茨威格面临的指责的冰山一角而已。他最终被迫离开了深爱的德国岛屿出版社(Instel Verlag Press)——正是这家出版社成就了他的全部事业——只因它对希特勒政权拙劣地讨好。而被推荐给茨威格的新出版商维也纳人赫伯特·希勒(Herbert Reichner)却遭到茨威格的朋友约瑟夫·罗斯毫不留情的贬斥。"一个装模作样目不识丁的人,一个森林剧场[1]的犹太人,不能做你的作品代理人!"罗斯暴跳如雷,"永远不要相信那些靠着你突然成功,同时又在自己低劣的'了解犹太人困境'和'进步'的文盲圈子里无耻地对你横加指责的人"。茨威格与第一任妻子弗里德里克的婚姻也开始崩塌。当时他和洛特之间的暧昧只是暧昧而已,也可能永远不会有什么结果——毕竟,洛特比他小30岁。他最近决定先搬到伦敦去,洛特就住在伦敦 部分原因是为了躲避来自奥地利的巨大压力,部分是出于对萨尔茨堡家中幽闭生活的恐惧——已经被媒体广泛报道。毫无疑问,那些活跃的流亡者对茨威格向媒体给出的要搬到伦敦的理由表示震惊。他只是不痛不痒老生常谈地说英国是一个美好安静、适合工作的地方,还称赞了英国伟大的文学和历史悠久天才辈出的音乐界,却对纳粹的入侵、在奥地利日益猖獗的法西斯主义、在中欧形势更严峻的反犹主义的事实只字不提。

但这些都未对茨威格的文学声名产生任何影响。他刚刚发表了对鹿特丹的伊拉斯谟(Erasmus of Roterdam)的研究之作,"简短

---

[1] 位于柏林近郊的贝壳外观的剧场,1936年曾用于柏林奥运会纳粹宣传表演,同时也是体操项目的比赛场地。

斯蒂芬·茨威格和本·许布施，可能在维京出版社办公室（图片来源：Arquivo Casa Stefan Zweig，图片提供：Alberto Dines）

而含蓄的自画像"，就像茨威格自己评价的那样，它讲述了世俗的人文主义者伊拉斯谟——正如茨威格本人——与象征着当代纷扰的欧洲狂热行动主义者马丁·路德（Martin Luther）之间的论战。这本书得到了广泛的好评。尽管纳粹分子对犹太人出版物有严格的禁令，但茨威格的《鹿特丹的伊拉斯谟》被视为无害出版物，因而得以在德国境内顺利出版，而且其销量同欧洲其他地方和美国的大致持平。几个月前，茨威格还向一个维也纳记者谈到，他坚信欧洲和美国会因文化而更紧密地联系在一起，并对他即将成行的美国之旅表示了热切的期盼。现在是 1935 年 1 月——新年伊始——很多人期望茨威格能凭借纽约之行获得关注，最终大胆地公开发表对纳粹暴行的看法。

为了平息喧闹的媒体工作者，本·许布施在第 48 街维京出版社的办公室召开了一次记者会。记者们都按时出席，茨威格被迎了进来，在桌边就座，面前围了半圈的采访者。现场闪光灯闪个不停。茨威格低声说了些从26年前第一次来纽约后他注意到的美国发生的一些琐碎变化。他才讲了没一会儿，四面八方就传来各种问题。在欧洲究竟发生了什么？你对希特勒有什么看法？全世界该如何应付"希特勒主义"？

茨威格静静地凝视着这群记者，带着一贯的"无精打采的沉着"。一个记者这样描绘记者会上茨威格。

"我最后一次去德国，是三年之前。"茨威格回答。

"但你肯定在关注这些——你没有和那些从德国逃出来的人交谈吗？"

"可是人们到德国旅游两星期，根本不可能弄清楚那里究竟发生了什么，"他说，"他们怎么能对德国人的思想状况进行评价？他们怎么能知道接下来的新联盟对整个局势的影响？"

但记者们并不买账。

"我已经在美国待两个星期了，在这次简短的旅程后，我怎么能知道这里的人民对罗斯福总统是否满意呢？"茨威格坚持辩解。而对德国，"根本不可能做出什么预言。所有曾经做出的预言都被推翻了，每一个都被证明是错的。"

"我不会做什么预言，我永远不会抨击德国。"茨威格宣布，"我永远不会抨击任何一个国家。"

有一些出席的记者为茨威格的缄默找借口，就像一个记者所说的那样，茨威格这番表态是以"历史学家和传记作家的方式，而一个艺术家只会在事情发生一段时间后取得了恰当的视角，才肯把事情记录下来"。但当茨威格忽然改变话题时，记者们都非常困惑——他谈到对巴勒斯坦境内犹太移民行为的忧虑："巴勒斯坦出现了一个越来越有可能向十分危险的民族主义运动发展的趋势。"

"你自己不是正在同赫茨尔（Herzl）博士和其他犹太复国主义的先锋合作吗？"一个记者问。

"我从来不是一个真正的犹太复国主义者，"茨威格回答说，"我痛恨一切民族主义。我也不希望犹太人成为民族主义者。"

在场记者中的约瑟夫·布雷宁（Joseph Brainin）一直试图让茨威格畅所欲言，直抒胸臆。后来成为罗森堡（Julius Rosenberg）和埃塞尔（Ethel Rosenberg）夫妻二人维护者的布雷宁询问茨威格，时至今日一个艺术家的责任是什么，他想要诱使茨威格对希特勒迫害犹太人的行为进行谴责。

但茨威格并没有上当。"凡是相信正义的艺术家都不应去令大众着迷，或给他们什么同仇敌忾的口号。"他说，"知识分子应该同他的作品在一起，历史上从来没有哪个知识分子能够成为大众需要的那种领袖。"

究竟为什么知识分子无法在政治上取得成功呢？记者们都想知道。

记者会进行到此时，茨威格很明显有了兴致。他向前倾身，朝着面前的半圈记者。他的英语中时不时出现几个德语字眼，然后等许布施翻译。

"一个真正的知识分子绝不可能是'一个好的政党成员'，"他宣称，"成为一个知识分子就意味着要公正，要理解他的反对者，这就意味着他不可避免地要削弱自身的公正。"

布雷宁继续催促茨威格就目前的世界形势发表直接看法，茨威格终于把话题拉到了现今。茨威格指出，现在世界上的独裁者，没有一个拥有学术或知识背景。"现在大众不相信知识分子。他们想要从自身之中选出领导者——从大众之中，所以有了墨索里尼、希特勒、斯大林（Stalin）、已故的多尔富斯（Dollfuss），以及现在法国的赖伐尔（Laval）。"

记者们后来都引用了这番话，但全未认识到这番话里揭示出的一个对茨威格至关重要的原则。一直到六年之后茨威格撰写自传时，他才讲明了这番评论背后蕴藏的深意。接下来，他又提到，在外国的人们也许永远不会明白，德国在那几年中如此低估和轻视希特勒的为人及他崛起的真正原因。"德国从来不仅是一个等级森严的国家，而且在等级观念里还要加上根深蒂固的对'学历'的顶礼膜拜"。对教养的敬畏，这个仿佛带有魔法的观念，主张形成整体的、严格的智力性格发展，都建立在对西方知识的娴熟之上。而对教养的尊重，使得受过教育的德国人不可能把希特勒当回事，茨威格写道。这个"啤酒馆暴动的煽动者"，这个连高中都没有读完的人——更别说大学了，"居然也有可能得到一个冯·施泰因（von Stein）男爵、俾斯麦、比洛（Bülow）侯爵曾经坐过的交椅"，这简直令人难以置信。而结果是，茨威格说，即使希特勒在1933年当上了总理，人们还仅仅把他看作临时占据了那个位子的人，还把纳粹的统治看作短暂的插曲。

在自传中，茨威格没有解释的是，为什么他自己也犯了这种错误。茨威格比任何人都更相信文化教育的救赎作用。他坚信，即使在希特勒成为总理之后，第三帝国不过是欧洲统一——或如茨威格所称的即将到来的"世界瑞士"——过程中暂时的挫折。茨威格花了好多年才真正明白，大众与知识分子间的不同和文化成就的取得，极有可能是一个旷日持久的过程。他的作品依旧在德语世界中（正如在专制独裁的意大利和法国一样）受到诸多读者的广泛欢迎，想必是他相信德国人民即将觉醒的信念来源。茨威格认为，对希特勒党徒泛滥最好的回应，不是把他的支持者妖魔化，而是同他们交流在纳粹的统治下被破坏的德国文化遗产有多珍贵。

后人当然可以轻易地去嘲笑茨威格，他到1935年时还相信智力启蒙能提升德国人民的道德意识。但考虑到目前我们在面对残暴的统治者和全球性危险组织时采取措施的灾难性后果，我不确定我们是否应该这么轻率地去评价茨威格。如果他关于德国本身自发向好的吁求能在国际上得到更广泛的支持的话，结果相较于后来实际发生的可能要好得多。这样，或许出现如此现状而产生的罪恶感，就不仅仅只折磨茨威格一个人了。

即使如此，在维京出版社的办公室里，继茨威格的评论之后，他对教养的评价也被大多数美国的采访者忽略。这些记者看到的是，无论布雷宁怎么试探，茨威格都不肯就犹太人受到的迫害对德国纳粹进行控诉。他仍将所有独裁者当作整体来看，而没有意识到希特勒的与众不同。一个记者写道，茨威格躲开了"一个接一个的陷阱"，一直给出相同的回答："我不是一名政客——我只是一个作家。"

茨威格的采访者们没能从这段自我剖析中听出来的是——正如在记者会刚开始时，他们认为茨威格始终拒绝对德国做出评价的行为反映了他是在以一个艺术家的身份发声——茨威格相信，身为艺术家的他可以帮助并和人们一起从这片政治泥沼中脱身。最主要的，茨威格在谈话中最想表达的是，如果理性的传播者片面地去攻击地方政策的话，这些攻击的主要受益人只有自我陶醉的知识分子本人和他们的公众形象。

因此，控诉茨威格在那个急需名人发声的时期逃避自己的公众义务容易，重要的是分辨出他行动中的不同。茨威格并不是建议知识分子袖手旁观，他只是觉得单纯地攻击敌人无济于事。实事求是地说，纵观历史，即使世界上最正直的艺术家和知识分子，通过抨击邪恶而引发政治变革的事件也是寥寥无几的——当然，饱含愤怒的大声呼喊肯定感觉很好。但如果你真想证明自己并不是敌人蔑视的那种渣滓的话，茨威格建议，那就应该去做一些持久的工作，这样才能为你伟大的人性提供无可辩驳的佐证。所以，按照茨威格的思路，他和音乐天才理查德·施特劳斯之间的继续合作，并不是对第三帝国的阿谀，而是对犹太人能力的证明，是对纳粹理论的驳斥。可惜的是，茨威格这一细节的深意总是被人忽略，在那个风雨飘摇的时期，他没令更多的人信服，反而令更多的人困惑不解。

茨威格在写给一个英国朋友的信中说，他无法像纽约媒体希望的那样，就这些指责发表声明，因为他无法不权衡他的言论可能会对依旧还留在德国的犹太人产生什么样的影响。"他们全是人质，"茨威格争辩说，"我们的所有言论和所作所为都会报复到这些手无寸铁的人身上，现在，我们最好不要做任何个人表态和发表可能引发争论的言论。"茨威格的真实感受是，他身为一个艺术家的力量，来源于对千差万别的高贵人性的拥抱——就像惠特曼一样，而不是对人性的谴责。"我只能写积极的东西，我无法进攻。"茨威格对纽约的记者这样说。如果这会被人看作软弱的话，他宣称他将乐于"接受这种耻辱"。当然,这也是一种明哲保身——茨威格避免了各种冲突——这是他深思熟虑的结果。茨威格从未试图回避任何问题,他相信他已经给出了回答,只是他给出的答案并不是这些质问者想要的。

布雷宁就是义愤填膺地离开维京出版社办公室的人之一。实际上,这次记者会令他非常不快,几天后他在温德姆酒店再次对茨威格进行了逼问。在这次采访之初,茨威格依旧是那种无精打采的沉着——但在将近一个小时的谈话中,有什么令布雷宁气馁了。在茨威格的讲话中,在他话题的转变和支支吾吾之间,布雷宁开始意识到,茨威格"不可救药的泛欧主义"并不只是地理意义上的,欧洲并不只是抽象层面上的精神家乡,是"融入了他生命的有形的东西,是他生命中不可或缺的东西"。从这个角度,布雷宁窥见了茨威格"备受折磨的灵魂"。他意识到当欧洲"开始四分五裂,支离破碎"时,茨威格"切身体会到了那种被肢解的痛苦"。

谈话结束前,茨威格开始向布雷宁展示他在希特勒上台后构设出的宏伟计划。他想创办一份国际性的犹太文学期刊,展示"欧洲最顶尖的思想,不涉及民族主义"。这份期刊将会出英文版和德文版,但一流的文稿在出版时会使用原稿的语言,包括意第绪语、希伯来语、法语、波兰语、俄语和西班牙语。他告诉布雷宁,这份期刊的目标是"通过其较高的伦理和文学标准,巩固带有贵族气质的欧洲兄弟之情,最终消除那些意在给欧洲带来道德毁灭的势力的煽动性宣传"。对纳粹的种族主义最好的回击,就是向人们展示犹太人积极而丰富的成就。如果全世界都能看到犹太人创造出的杰出文字,那么任何一个国家都不会允许犹太人受错待!茨威格反复强调,"我们绝不能允许自己沦落到敌人那种智力水平"。

在房间里踱步时,茨威格沉浸到了自己的热情之中。他开始一口气说出那些答应支持他的犹太人代表的名字。斯蒂芬·怀斯(Stephen Wise)答应了!茨威格曾和这位犹太精英在曼哈顿见过面,他本人也会投身到这个计划中!茨威格的身体不再僵硬,看起来似乎摆脱了年龄的限制。布雷宁因为终于见识到了"斯蒂芬·茨威格的真面目"而非常感动,那是一张"幻想破灭后仍疯狂地试着去追寻欧洲的幻影的、明知欧洲已然失去却拒绝哀悼"的面孔。

布雷宁对茨威格的理想依旧心存疑虑。但他不知在此之前,茨威格已提出了多少个类似的堂·吉诃德式的空想——就为唤醒人性中天生的包容,我们可以去学习假想敌身上积极方面的这一信念,茨威格付出了多少时间和精力。在之前所有这些殚精竭虑中,最令人动容的,是茨威格在希特勒上台后,还想联合阿尔伯特·爱因斯坦共同发表一份宣言。他们打算召集所有那些被从德国流放的著名科学家、艺术家和作家等,号召通过他们在艺术、科学和心理学方面的成就,去捍卫犹太人的合法权益。1933 年 6 月,茨威格在同爱因斯坦重温他的计划时,认为这份宣言不应"充满呻吟和抱怨,应当全然的积极和负责,用最大限度的冷静去陈述我们对世界的立场"。茨威格预言,这份宣言"将成为一个经典、德国最后一份教义,会成为一份永恒的文学及历史学的档案。它将由最优秀的人共同起草,所有人共同签署"。他为这项计划做了很多笔记,笔记中将《圣经》这本"所有时代中最神圣、最宝贵的书"的问世,当作犹太人并不是下等民族的证据。在从当代犹太人中选取成就最高的个人代表时,茨威格唯一选择的是发现治愈梅毒药物的科学家保罗·埃尔利希（Paul Ehrlich），这让人感到痛心，又有点儿奇怪。单单埃尔利希的工作，就令"德国和世界上成千上万的人得到了幸福，单这项功绩就可以抵消今日那些仇恨者控告我们犯下的所有错误"。

虽然爱因斯坦很感兴趣，但这份宣言最终也只是止步于茨威格撰写的草稿。茨威格向爱因斯坦解释，犹太人中的利己主义者和吹毛求疵者破坏了这项计划。他在争取他们同事的支持时"已经表明了这点，大部分人都会先小里小气地问，谁将是代表谁又不是，于是我放弃了这个计划"。

那份期刊也同样遭遇了滑铁卢。虽然当时致力于出版流亡作家作品的本·许布施对茨威格的文学力量从来都深信不疑，但有商业头脑的他还是试图说服茨威格，从美国人的角度来说，多语种的期刊不可能成功。不过，茨威格还是一厢情愿地希望金钱能挽救这项事业。他在纽约四处奔走，寻求支持。虽然募捐并不是为了他本人，茨威格却发现自己被迫成了那种在伦敦时骚扰他、向他讨要经济援助的流亡者中的一员。茨威格费尽心力，期望能发现一种与欧洲和美国都血缘相近的新文化，而他实际上仅仅看到，那些流亡者想要在曼哈顿生活是何等艰难。

相较 24 年前，这座城市里的摩天大楼更高了，更令人感到震撼；现如今环绕在中央公园附近的大楼，让茨威格想到了围住庭院的城堡高墙。城堡一直抵抗着他的进攻。此时此刻，纽约令茨威格确认了，再也没有人能听到他的声音，他所有的价值理念都已过时。在离开这座城市时，他比来的时候更加悲伤，他既没有为他意在解决欧洲纷争的期刊募得资金，也没有发表足以为他个人辩护的谴责"希特勒主义"的个人声明。

在 20 世纪 30 年代中期，同时受到左、右两派攻击的茨威格感到自己与伊拉斯谟非常相像——同样，他好像也快要达到自己能承受的底线。约瑟夫·布雷宁在多年之后回顾那次会面，他觉得在所有被迫流亡的欧洲作家中，"斯蒂芬·茨威格或许是其中最伤痕累累的那个"。

1938 年 12 月，也就是德奥合并的九个月之后，茨威格第三次来到纽约。正如他在给一个朋友的信中描述的那样，德奥合并仿佛使他陷于真空，但同时他又被周围的欢欣所感染。的确，他的家乡已不复存在，他刚刚同自己的第一任妻子离婚，和他最后一个德语出版商断了联系——尽管有这么多的损失，他却感到解放的自由。在 1938 年的美国之行中，茨威格突然变成了那种对一切都毫不在乎的典型中老年男子，开始及时行乐。此外，他即将开始自己最成功的一次美国巡讲：将有 2400 人出席他在卡内基音乐厅的演讲！洛特一直陪着他。她在横跨大西洋时给侄女伊娃写了一封满是赞叹之词的信，并在信中列出了茨威格计划要去演讲的 24 个城市。那才是非常舒适的旅行，温暖的太阳，安静的大海。每天中午，船上都有木偶戏表演，结束后还会播放电影。茨威格在船上写给许布施的信中说，"我想看看美国，而不是只被人盯着"。他还提到，他想在纽约保持低调，在成为"大学校园中庄重的演讲者"之前继续"做一个哈莱姆区和彩虹屋餐厅里默默无闻的客人"。他希望许布施能一起来。"我感觉自己有义务带我的出版商朋友见识见识纽约"，他揶揄这个性格古板的两个孩子的父亲。很明显，洛特的陪伴使茨威格恢复了夜猫子的习性。

茨威格向北可能没走到哈莱姆区,却真的去了最近重新开张的棉花俱乐部。俱乐部从原来的哈莱姆区搬到了百老汇与第48街交会处,距温德姆酒店不远。棉花俱乐部的会员几乎全都是有钱的白人精英,而里面的表演者全都是黑人,合唱队女孩的肤色则是越浅越好,用卡洛威(Calloway)的歌来说,那就是"高、白、美"。茨威格告诉洛特,这个地方的氛围和之前在哈莱姆区时不再一样了——虽然表演者仍都是黑人,但俱乐部现在正努力"欧洲化"。《纽约时报》对这种怀旧进行了嘲讽:"过去棉花俱乐部里的某些有色人种的表演——不是'过去式'的棉花俱乐部,而是过去的'老'棉花俱乐部——是无可比拟的。"但这种不地道的风格茨威格似乎很欣赏,这表明他在寻找的是戏剧化的异国情调之外的东西。

茨威格和洛特还去了无线电城音乐厅位于第65层的彩虹屋餐厅,它以承诺给顾客"世界上最高级的品质生活"而著称,还是世上为数不多的能重现小镇电影粉丝心目中优雅生活的夜间俱乐部之一。在几年前俱乐部开业时,洛克菲勒家族就聘请了"社会名人"为其雇员,担任电话接线员的女孩里都有这样的人,想由此确定这家俱乐部的社交风格。

茨威格和洛特率先乘坐电梯到达观景台。当时正值日落时分,一阵强劲的风分开了天上的云层。洛特望着那些灯火通明的摩天大楼、街道和两条河令人着迷的风光。她后来又多次登上观景台。他们原就打算从某个高处好好欣赏纽约的熙攘喧闹,现在终于如愿以偿。最后他们降至有着高高穹顶的彩虹屋餐厅,里面满是镜子和闪亮的金属制品。一张张桌子像堤岸般陈列在鲜绿色的露台上，中间是一个旋转的舞厅。当然，彩虹屋餐厅的消费自然也非常高，单是一个晚上的花费就"高得惊人"。洛特似乎对顶层的风光更感兴趣，还有那"神奇的特殊电梯"，仿佛在一瞬间上升，又会猛地下降。

茨威格和洛特在曼哈顿度过了新年，纽约各处都上演着十年来最热闹的庆祝活动。新年的庆祝又和1939年主题为"明日的世界"的世界博览会联系到一起，主题名字取自格什温（Gershwin）的一首歌的歌名。茨威格可能一直克制着自己没去哼唱那首歌，但他和洛特跳了舞，参加了桑顿·怀尔德（Thornton Wilder）和萧伯纳（George Bernard Shaw）的晚宴和戏剧的首演，经常能见到克劳斯·曼，去听了音乐会，在梅西百货购物，还去过其他的俱乐部。整个旅行堪称完满——茨威格最不可思议的美国插曲，是米高梅电影公司（MGM）根据他创作的玛丽·安托瓦内特的畅销传记改编的电影在他这次美国之行开始前不久上映。这部电影也成了20世纪30年代格外卖座的电影之一。

茨威格在1月打算启程返回伦敦之前，接受了当时是克劳斯·曼情人的作家托马斯·奎因·柯蒂斯（Thomas Quinn Curtiss）的采访。茨威格在访谈中声明，他的美国系列演讲只是一个托词，这次旅途的真正目的，是为了"能暂时不去呼吸欧洲那不祥的空气"，也为了能更了解美国。"当欧洲越来越小时，我总是会想到它之前的规模，这令我难以忍受。"茨威格宣称，"我在这里再次感受到一种更有力、更积极的生活节奏。这里没有欧洲的那种自大，我必须得承认我们就要被无可挽回地取代了……只有这个国家，建筑才能以新的形式来象征性地表达时代，对我而言，纽约的美丽，那种非历史性的全然现代之美，极其令人陶醉。"

当柯蒂斯问他是否思念故乡时，茨威格的语调变得悲伤起来。"由于德军的占领"，他说，奥地利文化已经彻底不是"欧洲精神和智力生活中创造性的因素了"。奥地利文化由于其对各种族的包容一直是一座桥梁，"连接着人性和国际间的友谊——而现如今这两者都遭到了德国人的鄙视"。现在这座桥消失了。在会面中，茨威格给柯蒂斯留下最深的印象，就是他看起来显得惊人的年轻。他看起来"刚刚45岁"，眼睛里"有着敏锐的清晰和生动的光芒"，柯蒂斯这样描述。他的脸没有皱纹，头发还是老样子，胡须和从前一样黑。

"我们这一代人逐渐认识到，生活中伟大的艺术都缺乏安全感。"茨威格在访谈要结束时说，"我们已做好准备应对任何事情。"除此之外，他还总结道："尤其在困惑和疯狂大行其道的时期，保持个体的理性和精神独立会有一种神秘的乐趣。"

两年之后，也就是在茨威格最后一次乘船去纽约之前，一份有关身份证明的官方文件保留了对茨威格外貌的记录，令他非常震惊："头发灰白。""难怪！"他对弗里德里克说。不久之前，一个朋友在多年后再次见到茨威格时惊诧地发现，他面容中所有的"贵族气质"都已消失，犹太人的五官特征越来越明显。这个昔日的老友有点古怪却又似画龙点睛般写道，茨威格原本保养良好、手指修长的漂亮双手，现在覆着一层汗毛。

茨威格的四次纽约之行,恰似"人的四季"的漫画。从正值青春到人到中年,然后是中年危机,而现在,1941年的冬天,茨威格突然步入了老年。

"你无法想象,我现在多么痛恨纽约的奢华商店、它的'魅力'和'光彩'——我们这些欧洲人总是忘不掉自己的国家和全世界所有的不幸",茨威格在结束巴西的巡回演讲回到曼哈顿后抱怨说。到达曼哈顿的第二天,他就直接去了英国大使馆,打算返回英国,却被告知由于德国潜艇造成海路不通,近几个月的航班全被预订一空。因此,当茨威格听说有到纽黑文(New Haven)待几个月的机会时,他毫不犹豫地行动了。对欧洲灾难漠不关心的纽约的富饶,令茨威格更想要从这个城市逃离。除此之外,他还经常感到自己被纽约城中涌入的流亡者——"几乎所有维也纳人、柏林人、巴黎人、法兰克福人和所有可能到市镇里的人"——所包围。茨威格并不喜欢纽黑文,认为那是个"小地方,风景也不好,而且如果不开车的话,就会手足无措",但起码现在他不会被其他流亡者打扰了。而且那里的物价要比纽约低很多,也没有那么多"乞丐"。

又是这个词——"乞丐"——开始不停地在茨威格的信中出现。为什么这个一贯宽宏善良的人,在说到失去一切的流亡者时,开始反复使用这个带有侮辱性的词呢?最近发生了什么事情促使茨威格对其他流亡者的需求产生了抵触之情?

"恐慌和离别之痛,这是很多旅行者在奔赴美国时的情绪状况,"曾将茨威格视为当代"最伟大的人之一"的纳托内克回忆说,"几周来,我们都被卷入整个大陆被迫疏散的可怕旋涡之中……仿佛身处一个超载的救生船上,无法从沉船脱离,更确切地说,无法从沉没的海岸逃离。在巨大的恐慌之下，人们忘记了利他，想的只有自己。"

纳托内克在 1940 年到达纽约时，身上只有 4 美元，一连数日靠着超市里的苹果充饥。在他的传记中，他写到了自己第一次去时代广场附近的国际难民中心的场景。他写道，那里办公室的规模"远没有创造了它的穷困大，但每日都在增长"。办公室里满是"服务台，针对所有不幸的各个部门，办公室内部的气流管式邮件输送系统，等候室和内部等候室，急匆匆跑来跑去送口信的男孩，表格、表格、表格和调查表：'你有钱吗？有收入吗？有珠宝吗？其他的贵重物品呢？在欧洲的亲属？在美国的亲属？你的肤色？谁为你宣誓做的担保？有没有什么技术经验？做哪一行？职业？你是个农民吗？'没有！没有！没有！没有！——不！真的对不起，女士们先生们，我似乎就是由否定组成的！"。

这种只有否定答复的情况，在流亡者中很快就司空见惯了。茨威格对他的慈善事业一贯慷慨，在感到有必要出手时总会毫不吝啬金钱和礼物，但这个限度他一直把握得很好。我觉得茨威格在青年和中年时期就像一个优雅的泳者，平稳地在他人的需求之海中前行，从他的宝贝里拿出一些分给他选中的人。当时的茨威格践行了胡戈·冯·霍夫曼斯塔尔（Hugo von Hofmannsthal）在《玫瑰骑士》（*Der Rosenkavalier*）开场中的规诫："一个人不能过分执着于心中和手头之物 / 握住而后占有，握住而后放手。"但到了 20 世纪 30 年代中期，这位优雅的泳者仿佛已经来到波涛汹涌的海域了。波浪久未平息，反而更加凶猛起来。现在茨威格忽然处于霍夫曼斯塔尔第二段诗句中了："唯如此者，必受惩罚 / 上帝也绝不容情。"茨威格在某一时刻忽然发现,自己已经无法在大海上漂浮了。到1939年时,茨威格在写给朋友的信中就说到,自己已无力再继续慈善事业了——"到处帮助别人,却帮不了我自己"。

现在有大量的证据说明茨威格为那些不幸者做了多少事情——他利用广泛的人脉为失业的人找到工作;不惜花费自己的金钱,帮很多个人和家庭拿到去葡萄牙和美洲的签证,还帮他们进行募捐。伦敦绝望的流亡者手上一大堆的信,都表明茨威格在某种程度上已经成了一个只有一名工作人员的社会救济办公室。去哈莱姆街49号,那些信中建议道,摁17号的门铃,你总能得到一些钱。但无论茨威格做了什么,他都明白自己做得还不够,语气也逐渐变得不快起来。茨威格在给一个熟人的信中,将最近这帮洪水般的难民比作大部分都是太晚开始逃离的平庸的乞丐。在另一封信中,茨威格写道:"每个人都有所求,就像一只还没训练好的狗留下一堆烂摊了,留下了他们的糟心事、他们的担心和忧虑。"他向罗兰宣称自己是"崩溃的难民的受害者……是的,你可以给建议,给钱,但一个人的头脑和心灵无法承担这么多悲痛的故事。而谁又能帮助这些在自己的家乡本就无足轻重的人呢?"。

德国小说家利翁·福伊希特万格(Lion Feuchtwanger)与茨威格非常熟识,他曾写到难民身上优良的品质在流亡的压力下发生逆转是多么典型。"他们之中的大部分都变得非常自私,失去了判断力和分寸,"他写道,"他们就像被过早从树上摘下的果实,还未成熟,十分苦涩。"

纽约比伦敦还要令茨威格困扰。据说从中欧来到美国的难民超过了一百万人,还有五十万人在争抢到这里来的机会。在意识到他面对的是无底洞般的要求后,茨威格感到心力交瘁,他祈求自己能自私些,能对这些乞求者无动于衷。面对这些被迫的颠沛流离,单个人再怎样穷尽一己之力,也无法解救他们的苦难。对基于亲疏远近关系而形成的那种更古老、更温情的慈善观而言——茨威格觉得天经地义的慈善观——现在成了一种前所未有的挑战。这也预示了我们这个时代的模式,人们经常看到诸多慈善组织努力使无法估量的危机"显得更真实和具体"。联合国估计现如今全球的难民数量超过了四千五百万,经常会有两三个故事被选出来反映那些无法想象的灾难,作为那无法言说的大灾难的替代的宣传。

对于街头的行人来说,茨威格可能只是一个无足轻重的陌生人,但所有来自中欧的流亡者都知道他是谁。许多不幸的可怜人都把他踏出家门看作一次得到拯救的机会。有时茨威格会清晰地感到,自己完全被困在温德姆酒店的房间里——如果他敢露面,就会被一大群挥舞着肮脏文件的人所包围。他再也无法在帮助别人和写作、阅读、同朋友交谈这种培育他内在的生活之间、在同情和创造之间保持平衡。

但在那个时候,这种平衡可能存在吗?他渴求的这种平衡难道不是同那些请求帮助的人之间保持残忍的疏离才可能实现吗?

在有些人看来,某些道理是不言而喻的。当真正的危机爆发时,人只能"倾其所有去帮忙",否则就算不上"帮助"。也有人根本不关心这些事件,还有一些人是被迫有所保留——无论是出于纯粹的自私,还是像茨威格这样,更多的是因为某些复杂的伦理意识和某些毕生的使命感。无论如何,茨威格还是属于不愿全心全意去帮助这些流亡者的人——而这种行为遭到了周围身处危难的人的抱怨。尽管如此，茨威格依旧在向别人付出自己的金钱、时间，还有纯粹的思想空间。

但长此以往，茨威格只想在这场席卷一切的风暴之中找到一个宁静的栖身之处。在向洛特的家人抱怨纽约奢华的那封信中，茨威格还写道，现在对他来说最重要的，就是能找到一个可以安静工作的地方："在经历了这么长时间的旅行和奔波之后，这变得越来越亟需了。"在茨威格对曼哈顿富饶的所有愤慨之中，严重的晕动病[1]让他最为痛苦。1935年，他在布鲁克林大桥上就犯了这种病。他写道，人流和车流不知疲倦地奔驰着，制造出一种永不停止的喧嚣，令人头晕目眩，不得不握紧了栏杆。但当你这么做时，"会有一种奇怪的感觉，手底下的金属在震荡……仿佛整座大桥都在摇晃。有时这种摇晃会很剧烈，有时很微弱，但它以一种永不停止的节奏，就像人体中最纤细的神经……每个细胞都在战栗，桥上的每个人都随着这波动的浪潮来回摇晃"。纽约城有"一种追求原始力量的强烈欲望"，茨威格宣称。到1941年时，这狂野的难民需求之海——当然也包括流亡经历——和纽约城中每日动荡混乱的生活对茨威格来说，就和置身于布鲁克林大桥的那一刻没什么两样了。

卡尔·楚克迈耶把自己1939年第一次到纽约的经历概括为无休止的流浪。"时代广场上粗俗的吵闹声和爆米花的香气，小巷里突然出现的静默，汹涌的灯光，刺耳的刹车声和远处轮船汽笛的咆

---

[1] 晕动病是指人因船只、汽车、火车或飞机的运动产生的生理反应。

哮……这里的一切，包括城市中的危险，都让你感觉自己来到了一片狂野的土地。为了应付这些冒险和意料之外的事情，你必须得时刻准备着"。"美国对我来说太大了"，茨威格在某一时刻承认，似乎在回应弗洛伊德的嘲弄，"美国是一个错误——一个巨大的错误。虽然它真实而巨大，但依旧是一个错误"。

想想希特勒上台后流落纽约的那些人，就能轻易联想到这稳定的环境中洪水般涌入的人流和随之而来的干扰，更遑论纽约城本身就不和谐，有时还变化无常，非常险恶。纽约的犯罪率不久以前飙升，1940年6月相比1939年6月犯罪率上升了25%。在那一年，每53个纽约人中就有1个因违法被逮捕，其中还不包括违反交通规则和破坏城市法规的。犯罪学家认为未来非常不乐观。美国和世界共同面临着"迅速变化的环境"，新闻上这样报道，"过去的经验表明，在这样的社会背景下，犯罪率就会上升"。

全国范围内普遍存在失业的问题。我父亲对美国1938年的第一印象就是乘坐难民援助协会的车，从码头经由上城到协会提供的上西城的寄宿公寓去过夜。他透过车窗向外看，被一群群围着燃烧的油桶烤火取暖的人惊呆了。经济发展迟缓的困境有时也会像今天一样引发抗议。"我认为不该再让难民到这儿来，"一个市民在写给编辑的信中说，"这些难民……要求的薪水更低，因为他们可以花更少的钱生活。因此他们会使很多美国人失业……美国是美国人的美国……应该永远禁止移民入境。"

大部分难民都发现，相较于他们欧洲的祖国，纽约不仅在社会政治上极不稳定，这座城市的宏大和易变更令人心惊。"那些鳞次栉比、体积庞大的楼宇犹如被可怕的造化之力掷下的凸凹不平的陨石",纳托内克写道,他和很多流亡者一样,也感受到了这座城市体现的原始活力。"毫无疑问,纽约不是我预想的那种超现代化的大都会,"克劳德·列维-斯特劳斯说,"而是在横向和纵向上都混乱发展的庞然巨物。这种混乱更像是地壳自发的运动,而不是建筑师刻意的设计。在这里,无论古老的还是最近的矿层,都保存完好;而在其他地方,高山从周边的岩浆中出现,就像是对以愈来愈快的节奏层出不穷的不同时代的见证。""美国每天都会毁灭,然后再生",隐退在布鲁克林高地、过着波希米亚式生活的奥登用抒情诗般的语言写道。

马丁·贡佩尔特和茨威格一样,认为纽约无休止的活动给他造成了损耗,并将几乎落在所有后来人身上的那种疲累比作"魔咒"。布鲁诺·瓦尔特到达纽约时,黄昏时分宾馆里的高温逼得他不得不跑到街上。在首次沿着曼哈顿的林荫大道散步时,他"带些恐惧的战栗"想象自己其实是"走在深不见底的峡谷之中"。当太阳升起,他抬头在一栋大楼顶部看到一幅巨大的广告牌,上面写着"U.S.Tires[1]"。他愣了一下,然后自忖:"是的,是这样,的确如此!——但这样的事实有什么必要用屋顶的广告牌向我昭告呢?"

纽约的天气也是令人疲惫的一部分。楚克迈耶回忆说,那"日日夜夜持续的高温"融化了柏油,令整个街道看起来仿佛陷入了泥泞之中,就像还没铺好的道路一样。茨威格在自传中描述他20世纪30年代从英国回到维也纳感受到的狂热和好斗气息时,就用了纽约的夏天来比喻:就像忽然从开了空调的房间来到纽约7

---

1 U.S. Tires 意为美国轮胎。但 tire 一词另有"疲劳""疲惫"之意。

月的街上。加缪（Camus）在20世纪40年代中期第一次来到纽约，他发现即便是纽约的雨也颇为不同——"那是流亡者的雨。连绵不绝、黏腻、稠密；它不知疲倦地向下倾泻，从高耸的水泥大楼之间，街道顿时坠入黝黑的井中……我难以理解纽约。"加缪还写了同纽约"过分奢华和恶俗的品位"进行的斗争，但还有"恍如新新监狱的地铁"和"四处张贴的广告，上面笑脸如云，宣称生活不是悲剧"。

同时还有与民族心理有关的诸多出人意表的事。美国通过高雅的文学和流行文化传达给欧洲的，是一片强调个人主义的土地，但现实中的美国看起来却缺少私人空间意识，似乎也不具备独处的能力。最令流亡者们惊奇的是，无论玻璃后面在发生什么，那些摩天大楼里的百叶窗和窗帘从不拉上。楚克迈耶惊诧地写道，高楼上敞开的窗户里上演的夜景，"完全赤裸的人""颓然坐在摇椅中，坐在桌旁，或在厨房中忙碌，仿佛纽约是一个巨大的天体营"。流亡作家埃里希·卡勒尔（Erich Kahler）写道："美国最令我难以置信的是那些个人主义者，居然是我遇到过的最具集体主义精神的人。"流亡者们还注意到了城市中对本地人来说早已司空见惯的景象，纳托内克将克莱斯勒大厦（Chrysler Building）描述为"一只巨大的银色独角兽轻咬着叶状的云朵"。

因希特勒而被迫流亡的人中，有许许多多目光敏锐的外来观察者——简直就是孟德斯鸠（Montesquieu）《波斯人信札》（*Lettres Persanes*）的现实版。在孟德斯鸠的笔下，那个到法国旅游的波斯人凭借外来人的视角，尖锐地讽刺了当时巴黎社会中的荒谬现象。但流亡者敏锐的视角对他们的处境却无任何益处。当纳托内克在克莱斯勒大厦下昂头审视大楼的尖顶时，一群人围了过来，都伸长脖子试图搞清楚是什么吸引了他。但是，他写道，"他们什么都没发现"。一段时间之后，他们全都摇着头走开了。贝托尔特·布莱希特意识到，对流亡者来说，真正"艰苦的工作"是"继续保持希望"。当这也无法实现时，这些成群的美国奇观反而会让流亡者不再向外眺看。"我多想不为人知地住在一个陌生的地方，再也不看一眼报纸"，茨威格在那个夏天向一位作家朋友这样诉说。

或许最令人困惑的是，正如很多流亡者指出的那样，具有全部陌生特质的纽约实际上庇护了美国同欧洲已经分裂的关系。维也纳作家希尔德·施皮尔（Hilde Spiel）是茨威格的朋友，他一部小说中的某个角色对聚在上西城的流亡者说："只要我不用住在美国，那我对美国就没有任何的意见……美国就是匹兹堡，是路易斯安那的沼泽，是肯塔基的玉米田，是蒙特雷的海湾。它甚至不是英国殖民地时期的波士顿和华盛顿。但，其实不用我来说明，纽约更不是美国。有个人——我想不出他的名字了——把纽约称作一个不属于任何一个特定国家的欧洲城市。真相就是：你们谁也没有离开过欧洲。"

这种被迫流亡异乡，恍惚中却又身处故乡的奇怪感觉，虽然并未在现实的环境中得到证实，却在纽约移民的性格之中确实存在着，而这可能就是压倒茨威格的最后一根稻草。最终他对这座城市进行了全面谴责。随着他将自己同周围的一切隔绝开来，茨威格的思绪开始向更远的过去回溯。极具讽刺意味的是——可能也正是因此——茨威格的自传只能在纽约开始动笔。"在我们的今天和我们的昨天与前天之间的一切桥梁都已不复存在。"他在自传的序言中这样写道。但《昨日的世界》的本意就是想成为每代人之间的桥梁，向年轻一代展示那个现在虽然还隐约存在于茨威格想象之中，但如果不通过他的文字，可能永远无法接触到的世界。

第三章 爱书之人

1941年春末，曼哈顿一家顶级图片社委托另一位流亡者库尔特·泽韦林（Kurt Severin）去拍一组茨威格在纽约的照片。出生于汉诺威市（Hanover）的泽韦林，是 位著名的摄影师，当时30多岁。他戴着眼镜，非常自信，戴着花哨的围巾和时髦的帽子。在20世纪20年代，泽韦林一度是一名打字机推销员，后来凭借在一份德国报纸上发表自己拍摄的中美洲照片而声名鹊起。原住民成为他拍摄的热情之源，他的报道几乎涉及方方面面，从大砍刀的使用技巧到他遇到过的部落里的性生活。

拍摄茨威格这组照片的目的，很明显是为了展示作家的家居生活，就像泽韦林曾拍摄过的生活在原居地上的沙捞越人和雅基族人。茨威格面向打字机旁的洛特口述，茨威格在许布施的办公室里，茨威格在纽约不同地标性建筑旁或站或坐。但令人震惊的是，他在每个场景中都显得格外疏离。在一张照片中，茨威格正沿着纽约公共图书馆的台阶向下走，胳膊下夹着一本书，手里拿着帽子。相较于身后那巨大的石制建筑物，他显得极其渺小，看起来不像是从一座图书馆离开，而是如同从一座古老陵墓的阴影中逃离一般。在另外一张照片中，茨威格正在人行道旁的一个书摊翻看书籍。他

斯蒂芬·茨威格在纽约公共图书馆的台阶上（摄影：Kurt Severin，图片提供：David H. Lowenherz）

的右手握着书脊，一个面目粗野的陌生人正从桌前退开，带着一种愤怒的表情盯着他，茨威格看起来正竭力忽视他。

　　与茨威格离开欧洲前拍摄的那些照片相比，这组照片中的疏离意味愈发明显了。从写作事业起步时开始，茨威格无论到什么地

斯蒂芬·茨威格（左）和约瑟夫·罗斯（右）在奥斯坦德（图片来源：Arquivo Casa Stefan Zweig，图片提供：Alberto Dines）

力，都会有人给他拍照。在无数照相机和摄像机前，茨威格永远直视镜头，在他的二万封信中，也一直展露自己的想法。他痴迷于个人内心生活的神圣性，却无法克制将自己的思想外化——对一切人、一切事的情绪、想法和感情。在战前拍摄的照片中，茨威格表现出一种变色龙般的能力，他可以融入任何场景之中。作为一个作品在欧洲很多剧院上演的年轻剧作家，镜头前的茨威格是文雅而迷人的，还有些刻意为之的忧郁。刚刚步入中年的茨威格，在萨尔茨堡有自己的财产，穿着华丽的马裤和蓬松的白衬衣，身边站着他高颧骨的第一任妻子，脚下跟着很多猎狗，简直是一个贵族乡绅的代表。而1936年在比利时奥斯坦德（Ostend）的一家咖啡馆里，茨威格伛偻在约瑟夫·罗斯身边，他的领带皱歪歪的，和罗斯的如出一

斯蒂芬·茨威格和外交部长马赛多·苏雷亚斯（Macedo Soares）在里约热内卢马术俱乐部举办的一次外交聚会上。左：阿尔齐拉·瓦加斯（Alzira Vargas），瓦加斯总统的女儿。右：让迪拉·瓦加斯（Jandira Vargas），瓦加斯总统的另一个女儿。茨威格身后是他的律师塞缪尔·马拉默德（Samuel Malamud）和外交官乔布·马诺埃尔达·科斯塔（Jorbe Manoelda Costa）（图片来源：Arquivo Casa Stefan Zweig，图片提供：Alberto Dines）

辙。凌乱的头发耷拉在他的眉毛上，带着不修边幅的干枯分叉，这也和酗酒后的罗斯酷似。在巴西总统瓦加斯（Vargas）举办的一次派对上，茨威格身穿黑色套装，站在一群巴西上流社会人士中间，配上古铜色的皮肤和愉悦的笑容，他以一种抓着桑巴节拍似的样子捏着他的咖啡杯，在一群官员和成群的美人间鹤立鸡群。茨威格在不同的场景中都随遇而安舒适自如的能力，不可避免地让人想到关于犹太人渴望同化的陈词滥调。

但茨威格 1941 年再次出现在镜头前时，看起来与周围的一切格格不入。唯一还能将他同周遭环境联系到一起的，是无论他出现在哪儿，总是在抚摸手边的书，似乎通过握紧它们就可以获得某种力量，避免自己随波而去。

茨威格一直非常珍视从书中寻求庇佑。他的父母记得他曾把自己锁在房间里看书，避免被社交活动打扰。弗里德里克描绘过茨威格在萨尔茨堡的家中看书的场景：坐在一把旧的红色皮椅中，"腿随意挂在椅侧，沉浸在书中，仿佛周围的一切都已消失了一样"。

这就难怪茨威格在美洲时比以往更专注于他的藏书之中——仅剩的藏书，并把它们看作应对这个骚动时代的解药，应对那代表了混乱的纽约精神的解药。当他退隐到纽黑文时，茨威格从未停止过抱怨。他嘲笑这座城市装腔作势的文化，无法忍受它几乎没有公共交通工具，无论他受邀去哪里，都得麻烦主人来回接送。茨威格还抱怨这里恶劣的天气——"猛烈的风中夹着雨和冰，街道上满是我从小就讨厌的泥泞，不得不去买雨鞋"。但无论如何那里有书。茨威格得到了在当地大学图书馆中自由活动的权利，这令他非常感动。"我可以想借多少本就借多少本回家，而且，我还可以自己去书架上找。"他对洛特在英国的亲戚介绍说。茨威格还在另一封信里宣称，"对此时的我而言，书是比人更好的伙伴，我已被迫离开它们太久了"。

在流亡作家中，被迫与书籍分离而产生的痛苦这一主题反复出现。（在另一个让人心酸的故事中，这个主题发生了逆转。文学家维克多·克莱普勒［Victor Klemperer］写道，像他这种在战时德国侥幸活下来的犹太人,反而对身边的书籍产生了一种精神上的疏离,因为这些被大量留下来的书籍的主人都被送去了集中营。书籍对于幸存者来说,更像是一个令人恐惧的象征,提醒着人们面临随时可能被压垮的命运。)但茨威格比任何人都更执着地探究因与书籍分离而产生的焦灼感。他对书籍的渴望,反映了书本对他而言不仅是一种可感知、可抚摸的实物,更是升华的工具——是能在这个世界和一个更高的领域之间发挥中介作用的有形实体。

茨威格在即将离开奥地利前写的一篇文章中,描绘书籍时使用的语言风格与讲述流亡时的激动和喧闹截然相反:"它们就那样静静地等在那里,从不争论,也不会滔滔不绝地发表自己的观点。它们无声地排列在墙边……如果你的目光看向它们或你的手触摸它们,它们也不会向你呼求……它们会一直等到你接纳它们;只有到那时,它们才会向你敞开。而对于我们,首先要保持安静,保持内心的平静;然后才算做好准备接纳它们。"茨威格把花费数小时寻找一本合适的书,比作手指在钢琴上摸索直至找到能抒发内心旋律的琴键。最终,一本书被选中:"将它轻柔地放在手里……这是一把尚未打开的小提琴,里面锁着上帝所有的声音。"然后当你"沉迷其中,你会得到宁静和沉思,你会在一个更高世界的旋律中舒服地飘浮"。

当茨威格越来越退回到昨日的世界之中时,他的思绪回到了身为爱书族的早年时光,那时他刚刚出版了自己的第一部诗集《银弦集》(*Silver Strings*)。更令许多维也纳人艳羡的是,维也纳最重要的报纸《新自由报》(*Neue Freie Presse*)的专栏编辑特奥多尔·赫茨尔(Theodor Herzl)已经同意刊登茨威格的一篇散文。茨威格的父亲将《新自由报》赞为"神谕处和基督受膏的住所"。同样,茨威格在年轻的时候也把书籍看作通往超然存在的载体,但在20世纪之初,他首先选择逃离的是他童年时的家。

奥地利年轻有抱负的剧作家维克多·弗莱彻(Victor Fleischer)走上维也纳第八区——城中的学生区——一间公寓狭窄昏暗的楼梯时满心惊诧。他当然知道斯蒂芬·茨威格,他现在要去见的就是这个出身优渥、21岁就已成名的年轻作家。茨威格的父亲莫里茨(Moritz)孜孜不倦地把一个波希米亚地区的织布厂发展成一个纺织品的工业帝国。除此之外,茨威格交际圈里所有的人都知道,就像维也纳的每个人都了解另一个人的所有事情一样,茨威格母亲的家族靠银行业和贸易积累了丰富的资产,茨威格的外祖母留给了他一笔遗产。据说茨威格和他父母的关系非常好,有人看到他几乎每天中午都去他们位于氛围古板的议会街(Rathausstrasse)的大公寓用午餐。斯蒂芬·茨威格为什么会像维也纳大学成千的学生一样住在这种地方?

当时是1902年的秋天,上午11点钟。弗莱彻重重敲响了门环,然后就一直等在门口。当门打开时,他的吃惊变成了惊诧。茨威格衣衫不整,脸根本没刮。在走进这简陋的房间之后,弗莱彻看到令他非常失望的场景。屋子里到处都是雪茄头和香烟屁股,盘子和碟子里堆着一层厚厚的灰尘,还有很多脏杯子。床上也是一团乱——很显然,茨威格是刚从床上爬起来开的门。

就这样,弗莱彻进入了年轻的斯蒂芬·茨威格在维也纳随心所欲、奉行享乐主义的世外桃源。"当我回想自己在18岁到33岁间的岁月时,我能想到的好像全都是环游世界,坐在咖啡馆里与女人们调笑。"茨威格在20年后这样追忆当初,"无论我怎么回忆,都想不起自己曾做过什么工作或学过什么东西"。

当时茨威格刚从柏林回来,据说他在那里的大学学习了一个学期,但他把所有闲暇时间实际上几乎都花在杂乱的酒吧和咖啡馆里,和"酒鬼、同性恋及瘾君子"挤在一起。他后来写道:"一个人越是声名狼藉,我就越想结识他。"很明显,茨威格悄悄窝在第八区是为了在继续他纵情享乐的同时,不被高贵的上流社会发现。

然而,除了没收拾的床、肮脏的玻璃杯和茨威格吸烟很凶的证据外,屋子里还散布着数量惊人的书籍、手稿和笔记,弗莱彻迅速意识到一切并不像看起来那样。虽然刚刚起床,但茨威格其实已辛勤工作了好几个小时,弗莱彻写道,而他之所以没有刮脸或衣冠不整,"只是为了使自己全身心投入到工作中,不被什么社交活动干扰"。弗莱彻后来发现,茨威格和朋友间的关系,也是这个模式。就像他除了定期回家吃饭外,会尽量远离家族中一切他认为与己无关的义务,于是他快活地和一群同龄人接连几个小时在咖啡馆里聊天,只有在专心写作时才一连消失好几周。弗莱彻在几个月的时间里逐渐意识到,真正的茨威格与他以为自己见到的那个截然相反。"我一工作起来就像发了狂一样,"茨威格在1903年写给他的信中说,"我曾去了巴黎,还有其他地方。现在我在布列塔尼一个迷人的小岛上,除了吃饭或者——别吃惊!——游泳外,就是在一个小凉亭里疯狂工作,我现在手头的事情有:1. 我的论文,2. 一篇中篇小说,3. 翻译爱弥尔·维尔哈伦(Emile Verhaeren)的一篇文章,

4. 为利林（Lilien）的书作序。这就是我在接下来的三周里打算发表的四件作品。"

弗莱彻意识到，茨威格选择现在这样一个简朴的住所，既不是为了省钱，也不是出于对舒适生活的蔑视——更别说什么花天酒地的欲望了，而是对更重要的理想的追求：这个家具简单的一居室，能使他拥有更多的个人时间，使他能按照自己的意愿去生活。茨威格在这里可以从令人窒息的舒适生活和他家庭中的资产阶级生活方式里解脱出来，按照自己的准则来生活。茨威格的哥哥阿尔弗雷德就曾说过，茨威格毫不浪漫，而且在年轻的时候没有正式的女朋友。但是在撰写心爱书籍时的那种心醉神迷，暗示出当时的茨威格对后来弥漫在他的文字之中的那种与人呼吸交缠的感觉，"就像一个温暖、赤裸的女人躺在你身边"。从茨威格的作品发表开始，相较于单纯的文字，他似乎更痴迷于作品中的气味、外观和感觉这类东西。茨威格认为油墨的味道是世上最芳香的气味——"比设拉子（Shiraz）的玫瑰精油还要芳香"。在出版自己的第一部作品时，他为书中的字体、版式绞尽脑汁——茨威格拒绝了一个编辑朋友推荐的出版商，因为他觉得那个出版商的建议太过普通。他最终自己选定了华丽的花体字、厚纸和最时髦的封面。对于封面，茨威格有非常具体的要求。

茨威格在1907年搬到了科赫胡同（Kochgasse）八号一间酷似哥特小说中书虫风格的单身公寓中。公寓里除几把深红色的皮扶手椅、奢侈的酒红色地毯外，最值得注意的就是许多装满漂亮书卷的书架和保存他刚开始收集的手稿的橱柜。厨房里塞满了盒子，里面装着信件、报纸上剪下来的故事和大量的手稿目录。当艺术家古斯蒂努斯·安布罗西（Gustinus Ambrosi）——茨威格的亲密朋友，后来为茨威格塑了一尊青铜的半身像——来到这里后，他兴高采烈地说："你的房间里那深红色简直就像 4000 个被斩首的撒克逊人干涸的血……这里太适合创作和独处了！"这样的房间似乎更能激发茨威格越发痴迷的藏书梦想。在描述怀着甜蜜的对书中内容的期盼，站在书架前的心态时，茨威格说："上百个名字在沉默而耐心地与你搜寻的目光相会，就像一个后宫里的女子恭迎她们的主人一样，谦卑地等待被召唤，默默祈祷能被选中，得到荣宠。"

茨威格的性生活很多时候似乎都被仔细地遮掩，更像是间谍世界里的关系，而不是简单的男欢女爱。茨威格曾和许多年轻女性有过关系，很有可能还有几个年轻男子。他在日记和大量的通信中留下谜一般的线索，使人感到这些关系大致是优雅的——更多的是呼吸交缠，而不是紧紧拥抱。而茨威格邂逅的同性之恋，可能更多是出于对精神多样性的好奇，而不是被迫压抑的欲望的发泄。他的性欲似乎是宽泛的，却没那么旺盛，始终非常有节制。茨威格在一首非常痛苦的诗里，泄露出某些被他像棺木般深藏的深层自我中某些不可思议的恶习和黑暗的举止。但诗歌中的情绪全都是经过了修饰的——只是些悲伤的文字——通过他展现的这些情绪，总会让人想到他其实只是在测试自己的诗歌效果。茨威格在巴黎地铁站与一个女孩邂逅后，在日记中这样写道，她来到他这里，"但什么都没发生。我对这类风流韵事并不贪婪，只是好奇而已"。

这种不贪婪可能只是对恐惧的掩饰：茨威格曾经说过，他被自己掌握的性爱技巧吓到了，"好似不是我掌控它，而是被它所掌控"。卡尔·楚克迈耶就观察到，茨威格"热爱女人，尊重女人，喜欢谈论女人，但他不喜欢与女人发生肉体接触"。茨威格在楚克迈耶家喝茶时，只要是女人提起的话题，他总会避开。对于茨威格这种行为招致的结果，楚克迈耶总结说，"过一会儿，她们就会善解人意地避开我们。于是茨威格就像忽然解冻了一样；他在一群男人中间，总是充满热情，兴奋地说个不停"。

曾经有一个采访者问弗里德里克，她和茨威格为什么没要孩子。弗里德里克狡黠地说茨威格"并不是什么唐璜"。还有一次，弗里德里克提到了茨威格对成为一个父亲发疯般的恐惧。茨威格在20世纪20年代中期给他哥哥的一封信中写道，他认为他们兄弟二人都没有孩子是"一件幸事"，因为对他而言，幸福很简单，只要两个房间，"一些雪茄，每天能去几次咖啡馆"。

无论茨威格与一个女人变得亲密之后关系如何，他最热衷的人际关系，就像弗洛伊德、霍夫曼斯塔尔和一大群维也纳名人一样，总是更亲密的男性朋友。这种偏好来自于茨威格的父亲、母亲、社会，还是基因？所有这些，以及在这些之间的因素应该全都有。20世纪早期的维也纳有些保守，就业机会不多——尤其是对犹太人，而对美学理想的过度执着，使得恋人间的日常都成为一种挑战。卡尔·克劳斯（Karl Kraus）就曾将维也纳比作一个观察世界毁灭的研究实验室，弗洛伊德认为维也纳是性欲自我毁灭的实验室。

20世纪20年代中期，在德国和奥地利的犹太人，尤其是犹太女人中，经常发生自杀的事件，被称为自杀潮。茨威格、阿图尔·施尼茨勒（Arthur Schnitzler）和其他维也纳的作家都在自己的作品里描述了这种由于"爱情纠葛"而激增的自杀。1926年,圣约之子会(B'nai B'rith)在柏林围绕这个话题召开了一次会议,全场座无虚席。这次集会之前,很多报纸上都刊载了相关的文章,比如其中一篇的标题为《令人震惊的自杀数据:犹太富商的童话》。单在维也纳的犹太社区中,那段时间就发生了八十起自杀。通常情况下这样的数据不会被曝光,因为很多犹太人担心那些反犹分子会把此种现象当作犹太人精神堕落的证据,会认为犹太人对教育方面投入不够,以致无法实现真正的同化。天主教神学家汉斯·罗斯特(Hans Rost),同时也是研究自杀方面的专家,就这场自我毁灭的热潮曾撰文表示:"现在的犹太人遭受着怀疑论、物质主义的折磨,还有对金钱的追逐……沉迷于享乐和声色之中……尤其影响了犹太女性,她们其实是极度奢侈的牺牲品。"

希尔德·施皮尔在1946年从伦敦回到维也纳后评价道,在从一个"用板球来治疗忧郁"的国家回来后,"一想到那个我们成长的地方,它的灼热、歇斯底里的思潮就令我战栗"。克劳斯·曼回想起茨威格曾将自己看作近代的伊拉斯谟,这位16世纪的人文主义者身上的优柔寡断和忠诚在茨威格性格中同样存在。但茨威格还"有些乏味和闪光之处,易受诱惑,也极其诱人……斯蒂芬·茨威格来自维也纳——不是鹿特丹"。维也纳人性格中享受感官欲望的消解,逐渐朝弗洛伊德探究的那片受死亡驱动的领域移动。

曼把茨威格比喻为某种掠夺性的孔雀,这一形象令人回想起茨威格的老朋友本诺·盖格尔(Benno Geiger)散播的一个谣言。据盖格尔所说,茨威格年轻时喜欢躲在美泉宫动物园猴笼旁的灌木丛里,有年轻女孩经过时,他就会跳出来展露自己的下体。茨威格为自己这个习惯取了个名字——一个自造的德语单词，意为通过公开的羞辱来进行自我惩罚。据传茨威格还总是随身携带着弗洛伊德为他开的诊断书。诊断书中说茨威格是弗洛伊德的精神病人，可使他免于被警察逮捕。这个故事一方面由于太过奇怪令人难以置信；从另一个方面来说，如果这是纯粹的无稽之谈的话，那茨威格这个编造出特殊细节的老朋友肯定是一个精神病患者。或许，茨威格曾向盖格尔讲过类似的幻想故事，不过，这种幻想本身就很能说明问题。裸露癖需要的不仅仅是被人盯着，还是一种自我惩罚——这是对他自身欲望的嘲弄，及在弗洛伊德的保护下无须再担心法律问题的有恃无恐。所有这一切都表明，裸露癖患者无法忍受被别人看到真正的自己，渴望通过暴露得到最终或兴奋的释放。这个故事可以被看作一个寓言，说明茨威格甚至无法正视自己的欲望。

奥斯卡·毛鲁斯·丰塔纳（Oskar Maurus Fontana）是茨威格在咖啡馆里结识的密友，他的说辞似乎更可靠些。丰塔纳对茨威格社交性格的评价与上面的观点相似。他记得有个晚上，茨威格和一群年轻人去参加郊区舞会，这在当时的维也纳上层社会非常流行。当所有人都到舞池中跳舞时，茨威格仿佛被冻住了一样，依旧稳稳地站在旁边观看。在音乐间歇时，这群人和一些来跳舞的女孩坐到一起喝酒。丰塔纳写道，茨威格"高高兴兴地加入了进来，他明亮的眼睛从未有一刻从我们身上离开。他观察着一切，我们所有这些人，女孩们，那些摇摇摆摆跳舞的人，跑前跑后的服务生，闲步的情侣，卖花的女孩"。从茨威格凝视中的渴望，丰塔纳发现了某些忧郁的东西，"他始终保持着一种超然的偷窥"。

弗洛伊德将对立的性欲冲动联系在一起，比如虐待狂和施虐狂，比如裸露癖和窥阴癖——并将其看作性欲核心的外部表现。就茨威格而言，贪婪地观看和急欲撕开自己衣服这两种冲动，都暗示出与周围世界的隔绝。作为一个偷窥者，他站着，脸几乎贴到了玻璃上；作为一个裸露癖（想象的或是实际的），他想要爆发，想要打破那些窗格。无论是哪种状态，他都感到不自然，这也是为什么他——如同很多维也纳的同代人一样——喜欢将自然进行狂野化、浪漫化的原因之一。茨威格滔滔不绝地谈论赫尔曼·黑塞等乡下朋友朴素的田园生活，黑塞住在博登湖（Bodensee；Lake Constance）旁一间古老的农舍中。茨威格曾在一封信里遗憾地谈到他的童年——在出生地维也纳度过，缺少黑塞年轻时源自大自然的那种淳朴的光辉。"一座城市中的大部分居民可能会很悲惨，但绝不可能那么惨！"茨威格宣称。1904年，茨威格终于去拜访黑塞，他为能见到这位田园中的先贤而非常激动，兴奋地冲进门时，头撞到房子低矮的梁上，昏了过去。

看起来最令茨威格愉悦的性爱，是那种有助于他作为艺术家的历练，但在他心里没留下什么印象的。茨威格在一次巴黎艳遇后，小心地做了记录，却发现他不知道刚刚和自己上床的人的名字。朱尔·罗曼写到，茨威格对其他人"真实的多样性"有浓厚的好奇心，带有某些"对人性深处进行考问"的特征。在罗曼看来，茨威格似乎总是在问，"那些人在什么地方与我相似？我在什么地方与那些男人、那些女人相似呢？他们的人生，他们的命运是不是也是我想要获得的满足之一呢？不像他们那样生活，究竟是对还是错？他们或我是否已做出了更好的选择？"。从一个方面来说，这种自我质询的提出，象征了身为作家的茨威格为了寻找文学素材对周围世界的理解和界定。从另一个方面，它可以被看作是一种不知道该如何做自己的表现。

茨威格的德国作家朋友奥托·萨里克（Otto Zarek）是公开的犹太人和同性恋者。他曾发现，茨威格对维也纳人性格中的矫揉造作非常了解。茨威格曾同萨里克谈到，生活在老奥地利的快乐，其实只是用来骗外国人的，"活泼而热爱生活的个性表现，只是个错觉，实际上只是为了掩饰他们的忧郁、绝望、万念俱灰、缺乏安全感和被遗弃——这才是奥地利人宿命的哲学观"。茨威格将这种宿命论归结为奥地利不正常的地缘政治状况，它是"一个软弱的国家，一个人为缔造的帝国，自成立之初就不健全，在受到猛烈的第一击时就注定要崩溃"。这种"全国性疾病"自维也纳向外扩散，茨威格认为，尽管奥地利非常软弱，但维也纳千百年来一直是世界著名音乐家、杰出诗人和宏伟剧院的家园。维也纳"总自认是欧洲文化的中心，奥地利也会是最受尊敬和热爱的国家"，茨威格说。整个国家感情上都觉得受到了伤害。奥地利的宿命论向人们揭示出，创造出伟大的艺术并不意味着就能将其转化为政治上的影响力。

结合茨威格在自己究竟是谁和他到底想做什么这两个问题上的矛盾情绪，他在自传中说自己并不是天生想当作家就极为可信了。茨威格与书亲近起来的过程，完全取决于周围的环境。维也纳的教育体系是一个悲惨的监狱，它几乎扼杀了茨威格和他的朋友所有"智力上、艺术上和感觉上的好奇心"。于是他们热切地转向了教室之外的外部世界。起初，茨威格说，他的朋友中只有一两个人发现自己身上有对艺术、音乐或文学的兴趣，然后是十几个人。到最后,几乎所有人都拥有艺术家梦想。

在年轻人之中,热情是可以传染的。"像麻疹或者猩红热一样,"他谈道,"至于他们那股热情究竟朝什么方向发展,一般来说全都是由于偶然所致。如果在一个班级里出现了一个集邮者,那么他很快就会使十几个人对集邮入迷;如果有三个人对女舞蹈演员羡慕不已,那么就会有另一些人天天站在歌剧院的后台门口。比我们低三年的另一个班级完全为足球而痴狂……而我则偶然进入到一届对艺术发生狂热兴趣的班级,或许正是这件事决定了我一生的道路。"

为什么茨威格在职业选择中如此忽视天赋的作用呢?从一个角度来说,茨威格强调教育在性格塑造方面的首要地位。戏剧、文学和艺术在维也纳随处可见,茨威格解释说,在他朋友之中产生的对美学的狂热,实际上并不是随机的。报纸上也会专门报道城市中的文化事件,"无论你走到哪里,随时都会听到左右两边的成年人在谈论歌剧院和城堡剧院的事……体育运动当时还被看作是不登大雅之堂的事——一个高级文理中学的学生更羞于问津,而表现民众想法的电影当时尚未发明"。

茨威格是在 1941 年写下这些话的,当时的他迫切需要相信,年轻人的热情在适当指导下可以从军国主义转向对文化的追求。建造一个艺术无处不在的小镇,小镇中的孩子在美的启迪下长大,将会渴望成为艺术家。茨威格说,在一座城市中设立运动场所,就会举办各种竞技类的体育赛事,将来城市中的人就会热衷战争。年轻人就像变色龙,会染上周围环境的颜色。茨威格对体育赛事的这种态度并非小题大做。纳粹分子把体育当作所有教育的基础,把运动的胜利等同于军事上的英雄主义。戈培尔的演讲中充满了拳击、足球和赛跑等隐喻，为了替这种行为辩护，他还援引了马丁·路德——茨威格的偶像伊拉斯谟的主要对手——的话。路德鼓吹，如果想要和人交流，就必须去街上聆听人们的心声。

在茨威格看来，如果他身边同学所营造的氛围不是这样的话，他最后很有可能会穿上足球短裤。但是过去的维也纳到处都是书，使得茨威格最终成了一个作家。他最初的写作只是为了融入这样的社会环境，所以当他取得成功之后，最注重的是形成一个由心灵相契的人组成的群体。茨威格取得的成功，最后确保了他无论在世界何处，都能仿似置身家中。

至于他写的东西，年轻的茨威格给人的印象不仅仅是普通，简直可以说是不值一顾。茨威格曾对一个编辑朋友说，当时"完全认为我的才华是普通的，要么去写随笔，要么去写抒情诗"。茨威格对自己的作品总是保有一种令人欣赏的谦逊。他总是很容易认为其他作家比自己伟大——无论是他的朋友约瑟夫·罗斯，还是他的对手胡戈·冯·霍夫曼斯塔尔。茨威格对自己文学使命的定位从不是独霸文坛，而是提携新人。克劳斯·曼在茨威格和他的导师弗洛伊德身上都捕捉到了这种特质。曼写道，由于茨威格身上这种"疏离与同情的奇怪混合"，他从未有过用自己的书去改变世界的希望，也从未进行过此种尝试。"他唯一的目的是通过阐述人类意识的根源和成因，来减轻人类的苦难"。1933年茨威格的作品在德国被焚时，他曾说："能够在德国和同时代的精英托马斯·曼、亨利希·曼、韦尔费尔……以及其他一些人——我认为他们的著作远比我的著作重要得多——一起承受那种完全被剥夺文学创作的命运，我觉得与其说感到耻辱,不如说感到光荣。"只有当他们的作品被一同献祭时,茨威格才意识到自己已身处德国文学巨人之列这一现实,不禁令人伤感。

关于茨威格早期作品的主题,他的书信表明,当初他几乎是很随意地就决定了自己要写什么,就像他当时认命地接受了自己作品有限的影响力一样。但他选择的主题——有意或无意——都是对内心世界的讲述。茨威格试图发表的第一部中篇小说,讲的就是一个出身工人阶层的诗人被上流社会接纳后,发现自己无法忍受环境的改变,最后又退回自己原本贫苦的生活之中。在另一部名为《雪中》(*In the Snow*)的早期作品中,中世纪一个犹太族群被一群苦行僧赶出了家园,被困在一场暴风雪中。大雪最后掩埋了他们,也把他们从世俗的苦难中解救了出来。换言之,茨威格的第一部中篇小说描绘的是一个无法融入新社会环境的个体,第二个故事描述的则是一个群体发现他们无家可归。

茨威格的作品开始出版后,孤独的主题一直延续了下来;这种疏离的孤独是心理上的,并非由明确的阶级或宗教动机驱动。茨威格进行写作是为了找到归属,但他写的却是没有任何归属的体验。他描绘的在任何地方都找不到自己位置的人物形象,为他赢得了国际公民的身份。

茨威格的作品中有在热带狂乱奔跑的男人,有在赌场中大彻大悟的男人,有在普拉特游乐园附近追逐梦想的男人;茨威格的作品中也有不顾声誉职位追求片刻激情的女人,或将自己的生命献给本该是瞬间的激情的女人。他笔下犯了罪的人,全都只是为了体会犯罪的感觉。他笔下的男人、女人和孩子痴迷于偷窥他人的情欲生活,直到这种偷窥变成他们主要的情欲。他书写了令人着迷的自白,和同样迷人的秘密。他还描述了一个牺牲一切只为能与世间万物融为一体的人。还有,在中篇小说《旧书商门德尔》(*Buchmendel*)中,沉迷在书籍中忘形的,甚至变成了一部"神奇的行走的图书目录"的人——直至第一次世界大战"血红的彗星"撞入他在维也纳一家咖啡馆孤僻的生活之中,最后只留下一捆破旧的衣服。

茨威格解释说,他笔下这类"从不吝惜和近乎蔑视自己的生命、时间、金钱、健康和名誉"的"毫无人生目标的偏执狂人",其实是对自己"背景稳固"的一种文学上的反抗。茨威格的传记记录的那种虚幻动人的安全感,其实是他在维也纳家庭生活的特征,也是对整个奥地利帝国统治严密、发展停滞的反映。评论界对茨威格大加指责,因为他描绘了一幅古老的维也纳无邪的肖像,在那里人们的生活舒适而轻松,"穷人和富人、捷克人和德意志人、犹太人和基督教徒,都可以和平相处,尽管偶尔也有互相嘲弄的时候"。事实上,茨威格在说到这个安稳的世界是个幻觉时,是非常谨慎的。鉴于希特勒造成的现实,他的观点更像是一个人还不如继续把握某些幻想。

但是假如这个安稳的世界真的只是幻觉,那么或许茨威格锲而不舍追寻的并不只是不同于环城大道的异域风情,还包括心理层面熟悉的社会环境,无论他们在外表上何等迥异。"你应该知道,从本质上来说,我有着强烈的激情,能做出各种可怕的暴行。"茨威格曾对罗曼说。只有拼命地自我克制,他才能让"一切看起来很正常",茨威格说。

"在我认识的那么多人里,只有他对大家都习以为常的乐趣丝毫不感兴趣。"弗里德里克这样评价茨威格。茨威格对剧院和电影院兴趣不大,在听音乐会时,这个总是不停地谈论着要继续学习钢琴的音乐爱好者却很快就烦躁起来。弗里德里克不记得他从头到尾听完过任何一个节目。"或许他想要去抽那必不可少的雪茄,或许他的早退只是为了避免那些烦人的交谈打扰仍在他耳边萦绕的旋律"。虽然更有可能的是,弗里德里克说,那些音乐刺激了他,使他想尽快重拾自己的工作。对弗里德里克而言,茨威格就是个无法安静就座的"激情狂热者"。

弗里德里克和茨威格的关系始自第一次世界大战前夕。1908年,一个著名的民歌歌手在一家乡村酒馆举办演唱会,维也纳许多人慕名而来。在这里,茨威格与弗里德里克第一次目光交会。四年之后,他们在一个花园餐厅里再次看到对方。当时弗里德里克正好捧着一本茨威格翻译的爱弥尔·维尔哈伦的诗集,茨威格向她露出一个迷人的笑。后来,弗里德里克给他写了一封表达爱慕的长信。茨威格在回信中说那个夜晚"很奇妙,过得很快",并希望能再次见到她。"她第一次见到他漂亮的圆字体,尽管非常有力、果决,但仍能清晰地看出,这是一个抒情诗人的字迹。"弗里德里克用第三人称回忆他们之间的求爱时说,"写信用的是他常用的紫罗兰墨水,厚厚的信纸上有他的朋友专门为他设计,而她之后注定会非常熟悉的首字母"。

除了茨威格翻译的那本书,那个晚上弗里德里克身边还有她当时的丈夫费利克斯·冯·温特尼茨(Felix von Winternitz)。弗里德里克后来解释道,她在"孩子般的发展阶段"与费利克斯结的婚，费利克斯安于自己一般的文化储备，而她则渴望某些"成熟和深邃"。在那个时期的肖像画中，弗里德里克看起来非常自信优雅。她的颧骨很高，眼睛狭长，嘴唇很薄，留着黑色的短发。她和茨威格都非常像猫，不过她是一种更坚硬的猫：就像埃及玛瑙之于茨威格的塞夫尔瓷器。

他们的关系时断时续，不只因为弗里德里克当时还未离婚，她还是一个年轻的母亲，而且据说茨威格当时正和一个巴黎女人搅在一起。他在这段新感情的最初阶段并没有感到任何的欢欣。在这段罗曼蒂克关系的青涩期，茨威格曾在日记中这样写道："我现在只感受到平淡和无聊。"他声称他唯一觉得有意思的，就是他随机的性爱历险，而且纯粹因为这种事情的冒险因素。但弗里德里克很坚持，茨威格也没有离开她。弗里德里克接受了茨威格为二人的关系制定的一些规则。在接下来的几年中，他们之间的联系更紧密了。1916年，茨威格为躲避首都的战争氛围，开始了一场自我放逐，先是去了苏黎世，然后到了阿尔卑斯山里一个小小的寓所。弗里德里克随之而来，他们两个在同一个花园中租了两个不起眼的洛可可式凉亭。

弗里德里克出生于一个犹太人家庭，但她在第一次婚姻之前，选择改信了天主教，这就使得离婚尤其麻烦。弗里德里克在1920年终于拿到天主教的离婚特许证时，已经和茨威格同居了。直到他们离婚，二人一直住在当初选中的房子里。茨威格与弗里德里克在战争期间到萨尔茨堡旅行时，瞥见萨尔茨堡中世纪小路上方林木茂密的山中有一栋黄色的高大房屋，就像巨人的驼背一样。四周梦幻、庄重的氛围，衬托得那栋房子仿若古堡。萨尔茨堡给茨威格的印象就是一个融合的杰作——融合了现代与过去，南方与北方，高山和山谷，特别是自然和艺术。茨威格在"一战"之后看到了这座迷人城堡的出售广告，夫妇二人赶忙出手买下。这座城堡原本是17世纪时一个主教的狩猎小屋，房主是一个需要保险一些的领域来投资战争利润的实业家。房屋出售前里面住满了非法居住者。

从山岗的斜坡眺望，可以看到萨尔茨堡的屋顶、山墙和23座教堂塔楼鳞次栉比。登上卡普齐内山向远处眺望的话，还可以看到更壮丽的阿尔卑斯山脉，包括坐落在贝希特斯加登（Berchtesgader）的那道山岭。弗洛伊德就是在贝希特斯加登写出了《梦的解析》（*The Interpretation of Dreams*）的大部分内容，希特勒也在那儿盖了度假屋。弗里德里克得意地说，他们的房子拥有泛欧特色的"治外法权"。由于房子所处的位置，茨威格的生活非常清静——至少一个在山顶高处的房屋会令大部分人望而却步，除了他们精心选择的艺术家和世界人道主义者千辛万苦跋涉而来。在他们搬进去后不久，茨威格购买了一个日晷，放在垂满紫藤的凉亭中。他想在日晷上刻上自己作品中的一句格言："太阳在此暂歇，愿你也如是，亲爱的朋友。"

但事实表明，对数量愈来愈庞大的茨威格的书迷来说，到达他房子的这番艰辛往往被看作一种令人神往的朝圣。整个夏季，在通往茨威格家那条骷髅地般小路的长椅上，挤满了各地慕名而来的人。那些索要亲笔签名的人和刚刚崭露头角的艺术家——里面有老年人，也有希望能获得回家路费的年轻学生；各个国家、各种年龄的女人抱着翻旧了的茨威格的书，有时还有一些情书——艰难地爬上那些陡峭的台阶。茨威格不忍心拒绝这些来到他花园门前的爱慕者，哪怕被他们打断了手头的工作。茨威格急于善待每个人，却又苦恼于极度活跃的同情消耗了他的创造力，这种矛盾其实早在20世纪20年代就初露端倪。茨威格其实是个外向的人，却一直想过一种内向的生活。

起码在弗里德里克自己看来，她是茨威格内心平静的最高守护者。他们每天都有很多麻烦——上门求助和从山下的镇子向山上运送物品的问题，以及在茨威格工作时免受打扰这个无止境的挑战。茨威格对噪声的敏感是众所周知的。茨威格选择同理查德·施特劳斯合作的歌剧是改编自本·琼森（Ben Jonson）的《狐狸》（*Volpone*）——后来被茨威格命名为《沉默的女人》（*The Silent Woman*），他撰写咏叹调的乐趣是建立在萨尔茨堡教堂响亮钟声的折磨上的。他们家中多年以来一直没有收音机。弗里德里克的女儿们不能有任何会造成混乱的娱乐活动，从收听留声机到大声关门都是被禁止的，她们对茨威格的这种禁令愠怒不已。

随着时间的推移，随着茨威格逐渐上了年纪，他开始厌倦家居生活，再加上不得不眼睁睁看着欧洲一点点滑向万丈深渊，再多的平静也无济于事。夏尔·博杜安（Charles Bandouin）在1926年拜访茨威格时，立即被带到了书房里。博杜安写道，那是"一个很长的房间，里面有玻璃滑门和格栅，以及其他任何能让他的书'舒适自在'的东西"。茨威格即使自己都无法在家中安然自得时，仍会想到让他的书"舒适自在"。那时，茨威格跟他的朋友们谈到，自己早就感到了一种长久的疲惫，且早已"筋疲力尽"。意识到自己生活在灾难之间的平静之中，而他是"躁动的一代……心中充满了仇恨，又被恐怖清洗，受到愚昧的攻击，愚蠢的无意义的金钱游戏搅扰着我们的精神。为了和平，我们的力量全都执着于外部，那怎样才能去进行创造"，茨威格的这番话与之前神学家汉斯·罗斯特的评价如出一辙，只不过茨威格诊断的是他这一代人的荒芜，而罗斯特把时代中文化的堕落归咎到了犹太人身上。

也正是在这段时间里，茨威格的比利时画家朋友弗兰斯·麦绥莱勒（Frans Masereel）为他创作了一幅画像。这幅画令弗里德里克惊恐不已，她觉得画中的茨威格看起来就像是一个母亲在家门口被异乡客蹂躏的人。茨威格原本漂亮干净的手显得粗野、瘦骨嶙峋，简直是一双屠夫的手。但茨威格却非常喜爱这幅画，认为它捕捉到了自己身上某些复杂的特质和内心的野蛮。那时，茨威格经常出外旅行，不顾一切地去追寻——正如他自己指出的那样——他原本的内心自由。他希望能在法国的酒里，能在南部蔚蓝的海岸上找回它们。到1931年时，茨威格的躁动和频繁离家几乎把弗里德里克逼疯了。"这个房子不再是我的家了，"她在这一年的最后一天写给他的信中说，当时茨威格独自跑到巴黎去过新年，"我不再拥有它了。这个房子对我来说太大了，对于冷得颤抖的灵魂而言，它是一件太过宽大的外衣。"

第二天，弗里德里克又给茨威格写信，告诉他因为雨夹雪，周围一切都非常明亮。在圣诞节时，茨威格竟让她浑身发抖。

萨尔茨堡本该是他们庆祝圣诞节的绝佳之地。"有什么地方能比通过骷髅地般的道路，最终抵达教堂所在的卡普齐内山上的房子更具节日精神呢？"弗里德里克想。房子周围厚厚的积雪上闪耀着附近教堂的灯光。足有30个人收到了礼物，房子里，厨师准备了满满一桌子茨威格喜欢的节日菜肴。"连我们的狗……还有很多猫，都得到了香肠，非常兴奋。"弗里德里克回忆说。起初茨威格也会"融入愉快的氛围中"，然后他突然就宣布他要离开。他会快速地收拾一个小行李箱，之后就动身——通常他会去慕尼黑附近，那里的庆祝活动没这么活跃。最终，茨威格开始回避萨尔茨堡的整个圣诞季，在节日时会去维也纳陪伴他的母亲。令人难过的是，弗里德里克后来发现，鉴于茨威格表现出日渐消沉的趋向，"那些愉快的人群和天真的玩耍的孩子，只会令他更加战栗"。

但直到弗里德里克某次在12月随茨威格回到他在维也纳的家，她才明白她精心布置的圣诞节令她丈夫那么痛苦的深层原因。夫妻二人坐在一起，看着茨威格的母亲艾达（Ida）为女仆装饰圣诞树。茨威格突然发作了："如果她当时也能为自己的孩子这么做的话，那就太好了！"茨威格说，在他成长的过程中，他和他的兄弟在圣诞前夜只能盯着窗外，看其他孩子家里绚烂的节日灯光，他们兄弟俩没有一丁点儿的庆祝活动——没有圣诞树，没有任何礼物。越来越多被压抑的怒气宣泄而出，茨威格曾承认对现在这些无拘无束的小孩子感到妒忌，而他的童年却是穿着天鹅绒外套，戴着巨大的蝴蝶结，参与单调的家庭交际活动，或者被锁在一间卧室里——明明家族里有那么多财产，他却还得和人共用卧室。

圣诞树对茨威格而言，就相当于普鲁斯特（Proust）的小玛德琳点心。小玛德琳点心令普鲁斯特想到自己曾经拥有的东西，而圣诞树只会提醒茨威格想起自己童年里没有经历过的一切，特别是一个令人安心、给人滋养的家。小时候的茨威格在暑假时经历最多的，就是跟着用人和数不清的行李箱，辗转于一个个海滨，不停地换乘火车变成了掺杂着压力和兴奋的闹剧。在离开一处海边度假胜地后，茨威格一家发现丢了一个名字发音很别扭的吉卜赛女仆，因此又不得不折返回去，让那里的公告员满大街地喊那个名字，直到女仆最终出现。这些假期同时给了茨威格被家庭吞没的幽闭恐惧症和被家庭排除在外的感觉。有一次在马里昂巴德（Marienbad）旅行时，茨威格向弗里德里克指出当初他们这些孩子和保姆一起吃饭的寒酸的酒馆，而家里的大人们则在镇子最华丽的酒店里享受筵席。即使是在野外，他们也只有观赏的乐趣。当一家人去壮美的高山游玩时，他和他的兄弟只被允许眺望山顶，而不能去爬山。来到海边，由于母亲担心，男孩也不能下海玩耍。而这一切的一切，都只会使他们一次又一次地意识到，自己与人生中美好的事物越来越无缘。

在弗里德里克看来，斯蒂芬·茨威格依旧受困于他的童年之中：在穷人眼中，他是个被宠坏的胆小鬼；但实际上，他只是一个被残忍夺走了童年的孩子。茨威格无法忍受母亲现在快乐的圣诞节，因为那会使他想到她从未给过他的圣诞节。茨威格经历的不带半丝温情的教育里，母亲艾达似乎是罪魁祸首。"极其顽固"，弗里德里克曾这样评价她的婆婆，艾达身上有种"不受约束的、放纵的活力，并未随着变老而衰减"，这"常常令她的儿子备受煎熬"。难怪"茨威格一直在向往'沉默的女人'……与他的母亲截然相反的女人。沉默、忠诚的洛特在茨威格晚年悲剧性地达成了他这种理想化的向往"。弗里德里克哀叹道。

但在这激动指控的背后，还有着不为人知的其他缘由。起先，弗里德里克承认，她觉得茨威格逃离圣诞节可能是由于"对圣诞节的一种下意识的反感"。"但在犹太人的家庭里不是都摆放圣诞树吗？"她疑惑。好吧——也并非全都如此。当然，我父亲的家庭——远不是正统犹太人——就从没有过圣诞树。我父亲就记得，他的维也纳犹太人朋友中有一半的家里会摆圣诞树。我们习惯过分强调维也纳的犹太人津津乐道的同化意识，并似乎将其当作对犹太人遭受的驱逐和毁灭这一可怕讽刺的安慰。我的祖父是一个典型的犹太人，他相信他在第一次世界大战时因表现出色获得的皇帝颁发的奖章会使他免受纳粹的迫害。但相信政府会保护自己是一回事，与大众和谐共处乃至拥护其他种族的传统庆典又是另一回事。即使是在维也纳，也很少有人会这么认为。艺术史学家恩斯特·贡布里希（Ernst Gombrich）回忆说，在维也纳的历史上只有一个行业没被反犹情绪玷污过——"在音乐界，没有人会问他人的出身，"贡布里希写道，"当然里面有犹太人和非犹太人，他们在一起创作音乐。所有一切都是如此。"音乐提供的这个种族主义的避难所，可以解释茨威格对这个中介物的理想化，即使他缺乏听完一场音乐会的耐心。

远在希特勒上台之前，奥地利国内就充满了憎恨犹太人经济活动的论调，在假期时尤甚。"如果圣诞节时基督教徒放在圣诞树下的礼物是从一个犹太人那里买来的话，那就是对节日的亵渎。"这是维也纳公开反犹的市长卡尔·鲁伊格（Karl Lueger）的论调。1932年，纳粹第一次在维也纳展示自己的实力，那些在圣诞节进行采购的人得意扬扬地往犹太人的商店里扔催泪瓦斯。天主教的势力在乡下更为强大，政治也更加保守，还有一些神父会告诉本教区的居民,犹太人长着角,根本不是真正的人。这种对犹太人妖魔化的行动在重要的基督教节日前后,往往会明显增加。维也纳许多反犹组织号召民众全年抵制犹太商家。犹太人个人事业的提升,即使是在他们影响力很大的行业,比如医学,也会遭到反犹分子的阻碍,即使有官方政策明令禁止。除此之外,在这个城市的公共场所中,每天都有反犹分子恶意滋事。我父亲现在仍记得,他在自己家附近的公园里向另一个小男孩询问时间,男孩在回答之前就被他的父亲拽着离开了。"我们不告诉犹太人时间。"那个男人告诉他的儿子。这件事发生时,我父亲刚刚六岁。

政府机构里爆发的反犹活动此起彼伏,以至这些人开始把它当作一场游戏。曾有一次,一名议员提议在某些日常的立法问题之前先讨论一项新的反犹法案。国会议长拒绝了这项提议,并且说,"不,我的好先生,先工作,再玩乐"。在19世纪末有一个反犹法令提议说,应该把奥地利所有的犹太人塞到一艘船上,驶到大海里,然后弄沉这艘船。

但是,假如维也纳恶毒的反犹主义已存在如此之久,难道不会引发相应的困惑吗?如果我们从未想过,这不知从何处爆发的反犹主义将会摧毁维也纳犹太人与非犹太人之间的合作的话,接下来就是另一个完全相反的问题:奥地利的犹太人为何会对他们迫在眉睫的厄运如此视而不见自欺欺人呢?他们的盲目该是多么病态,才会忽略这随处可见的恶兆?

茨威格在自传中承认,他不记得自己何时第一次听到希特勒这个名字。某一天,一个巴伐利亚的熟人提到了一个名叫希特勒的猖狂的煽动家。他反对共和国,用野蛮的殴打扰乱会场,并且激起了人们反犹主义的情感。茨威格并没有对这个消息有过多的重视。"在当时受到严重伤害的德国出现过许多煽动家和政变分子的名字,这些名字转瞬即逝,今天早已消失得无影无踪……只是化作一阵恶气,把尚未愈合的德国伤口里的腐烂过程清清楚楚地暴露出来。"他如是写道。

同样,在维也纳大肆猖獗的反犹主义,并未令犹太人意识到事态将急转直下凶险无比,可能反而使他们更加麻痹,察觉不到这种危险的情绪。维也纳的反犹主义,只是代表着在奥地利首都一切如常而已。尽管犹太人无法预知常规的、小打小闹的反犹主义最终可能会演变成一种新的行动理论,但一种脱轨的感觉还是在全城弥漫开来。"如果总是因为它的错误而去责备维也纳的话,那就太不公平了,因为它的优点同样值得被责备。"卡尔·克劳斯讽刺说。在分析比较了家乡和德国的情况后,他评价道:"在普鲁士,行动自由但言论受限;在奥地利,允许在监禁中尖叫。"当时还流行着另一种对两个国家的比较:"德国人创造了可怕的纳粹和糟糕的反犹分子;奥地利人创造了糟糕的纳粹和可怕的反犹分子。"奥地利的反犹主义思想经常给纳粹领导层以灵感,尤其是希特勒。德奥合并后,奥地利的反犹主义彻底从理论宣传转为野蛮行动。德国纳粹很多理论家对此都感到震惊,认为他们的奥地利同志行动太快了。维也纳那些尖酸讽刺背后的真相,令整个城市的精神世界心神不安。

茨威格对圣诞树的怨恨,或许他自己都尚未想清楚,但很有可能深藏于对维也纳和卡普齐内山上兴高采烈的庆祝仪式的排斥感。也许,重要的不是他的母亲没有为他做的事,而是他与母亲之间复杂的关系,还有他从母亲那里继承的身份。茨威格离开萨尔茨堡来到维也纳和母亲在一起,也可能是因为他不想母亲在节日时还感到孤单,还感到自己在这个城市中没有归属感。

随着茨威格家族背景更广为人知,人们发现他的祖父母和外祖父母布雷特豪尔(Brettauer)一家在大部分时间里都非常虔诚。艾达的母亲约瑟芬在茨威格出生时住到了这个家中。随着茨威格年龄的增长,约瑟芬和他的关系也变得越来越亲密。约瑟芬死时留给了他一笔遗产,使得他能自己租房,并开始追寻文学热情。茨威格和这个女人的关系——她极有可能不会认为装饰圣诞树是无足轻重的小事,而茨威格的母亲极有可能不想冒犯她——肯定对他写作中永远关注的犹太人主题有一定的影响。艾达对自己家族历史的执着同样有迹可循。"我经常陪婆婆到维也纳公墓去拜祭她的父母。"弗里德里克写道。事实上,她在这片广阔的墓地里非常喜欢谈论自己年轻时在意大利的事情。弗里德里克总是说艾达对宗教漠不关心,茨威格和他的兄弟却都举行过犹太教的成年礼,整个家族似乎都在赎罪日禁食。在茨威格写给弗里德里克的信中,最心烦意乱的一封写于20世纪20年代中期。他在信里写道,在维也纳的母亲被一群"害虫"所扰,他们邪恶地宣称茨威格已经加入了基督教会,以此来打击艾达。"现在她偷偷地问阿尔弗雷德,我是何时接受了洗礼,是很久之前还是刚刚发生。"茨威格无奈地说。茨威格在1931年接受一个采访时说,他"毕生都在关注犹太人的问题,自从意识到自己的犹太血统之时起,就非常关注"。茨威格道:"人类能有什么问题比天生的种族更重要呢?"

无法在父母家及整个维也纳感到安全之后,茨威格同他和弗里德里克在萨尔茨堡建造的家,同样也产生了疏离。这种自我异化的

斯蒂芬·茨威格的图书馆（图片提供：the heirs of Stefan Zweig and a private collection）

感觉使他渴望摆脱自己，因此，茨威格在奥地利的人生，可以被看作是某种磨炼般的流亡。

1936年茨威格最后一次来到萨尔茨堡。就在他离开自己的故乡之前，"卡普齐内山上的老房子陷入了混乱"，弗里德里克写道，"整整两天里，焚化炉中冒着焚烧信件和无数文件的青烟。茨威格就站在那儿，看着火焰，似乎身体里的某些东西也随之释放了出来"。茨威格的上千卷藏书被运走，部分赠给了维也纳的国家图书馆,还有一些赠给了耶路撒冷的希伯来大学。他收藏的手稿目录和"上帝知道还有些什么东西"都不见了,也再没有出现过。焚烧结束后,茨威格独自从房子里离开。一个老朋友在下山的路上遇到了他,他脸上的凝重令人害怕。

难怪,在世界大事这一牢笼对他的钳制越来越紧时,茨威格渴望在书中得到舒缓的愿望变得越来越强烈。"当一只手解放了你,"他在一首对书籍的赞美诗中写道,"当一颗心触动了你,你就悄无声息地跨越了我们平淡无奇的生活,然后如身处一辆炽烈的战车,你的话语将我从狭隘引领到来世之中。"茨威格对书籍解放作用的终极隐喻,直接来自于《圣经·列王纪》中以利亚乘坐火战车升上天堂那一场景。

第四章　出走的本源

1938年,艾达已经84岁,她仍坚持每日散步——沿着小巷遍布的环城大道,经由附近的市政厅公园(Rathauspark)或城堡花园(Burggarten)。城堡花园原是哈布斯堡王朝的宫廷花园,在奥匈帝国覆灭后向公众开放。随着年纪越来越大,她的腿已经有些发抖。每走5到10分钟,她就得停下来歇歇脚,幸好路边有供人休息的长椅。她休息时总会四下环顾这个她自16岁就开始居住的城市,风光已大相径庭。现在她看到的很多建筑都是新的。这个城市数十年来一直在施工,就像一个巨大的建筑工地,到处都是堆满了木板和脚手架的深坑。用卡尔·克劳斯的话来说,艾达目睹维也纳"被拆成了一个巨大的城市"。

艾达在维也纳生活期间,市中心出现的大部分雄伟的建筑,反映了许多家族在政治和文化解放方面的理想,其中就有她和她丈夫的家族。茨威格家族的公寓位于巨大的新哥特式市政厅(也是市议会的所在)的后面。在这点上,她的丈夫莫里茨的家族比她娘家布雷特豪尔家族更具典型性。茨威格的父亲莫里茨五岁时,家族从摩拉维亚的普罗斯尼兹搬到了维也纳。茨威格在自传中描述过,维也纳自19世纪60年代初到20世纪正处于奉行自由主义的时期,其间摩拉维亚的犹太人在当地繁衍开来。这些摩拉维亚人早就不是正统的宗教信徒，而是"时代的宗教——'进步'的热烈追随者，"茨威格写道，"当他们从自己的故乡迁居到维也纳以后，就以惊人的速度使自己适应了更高层次的文化生活。他们个人的发迹都和时代的普遍繁荣有机地联系在一起"。

至于维也纳的新建筑，茨威格回忆道，在那些古老的宫殿和庄严的遗迹之间，"昂然屹立着富丽堂皇的新建筑"。"不过，这里的旧建筑并不抱怨新建筑，就像被敲下来的石块并不抱怨岿然不动的大自然一样。生活在这座城市里令人非常愉快。这座城市好客地接纳所有的外来人，愿意把自己的一切奉献"。环城大道旁风格各异的建筑，茨威格年轻时就在修建，是当时风头正盛的新中产阶级在建筑上最惊人的证明。新中产阶级以自由化为自己的政治使命，对艺术有着近乎宗教般的虔诚。一个手持长矛的雅典娜雕像挺立在新古典主义风格的国会大厦前高高的基座上。年轻的克里姆特（Klimt）为新城堡剧院创作的壁画，从狄俄尼索斯神坛前情欲昂扬的人群画起，以全景视角展现了戏剧的发展史。历史学家卡尔·休斯克（Carl Schorske）曾说过，文艺复兴时期大学的建筑特色兼具了"现代、理性文化和中世纪漫长的迷信后世俗的觉醒"。无论是媚俗的还是崇高的，环城大道旁的建筑就像是一个深思熟虑、精心安排的展览，表现了资产阶级文化在政治、教育和艺术领域中的理想。"维也纳的道路是用文化铺就的！"克劳斯宣称，"其他城市里用的则是沥青。"

年轻的阿道夫·希特勒1906年第一次到维也纳时，在这些负载了民主的象征中发现了令人着迷的魅力。"我可以连续几小时站在歌剧院或国会大厦前，整个环城大道就如同《一千零一夜》(*The Arabian Nights*)里的童话故事。"他在《我的奋斗》(*Mein Kampf*)中回忆道。希特勒第二次到他认为极其美丽的维也纳时，是来参加维也纳艺术学院的入学考试。他竭力反对父亲想让他做一名公务员的意愿，仅仅是一辈子坐在某个政府办公室里填各种表格的念头，就令他厌烦至极，希特勒写道。他在12岁时突然决定要成为一名艺术家。自那之后，希特勒先后做过油漆工和绘图员来磨炼自己的技能。

希特勒怀着一种混杂着"兴奋、急切和骄傲的自信"等待考试结果时，饱览了维也纳童话般的景致。他未被维也纳艺术学院录取。希特勒写道，对他来说"就像是晴天霹雳。但是，也就这样了"。希特勒未能被维也纳艺术学院录取一事现在有太多的分析评论，但被拒录带给他的震惊同样重要。被艺术学院拒录一事使希特勒意识到，世上万物并非都如他想象的那样。光彩夺目的环城大道的确只是《一千零一夜》里的幻想故事。这样看来，维也纳也并未将一切都奉献给每个人。在发现自己无法在这座城市中发展他的艺术生涯后，希特勒开始打算将维也纳变成他心目中构想的样子。

1908年母亲去世后，希特勒再次来到维也纳，打算继续报考艺术学院。但这次他提交的画作被视为不合标准，不能去参加考试。希特勒又在维也纳待了五年，一直挣扎着想成为一名建筑师。在《我的奋斗》中，希特勒感谢烦恼之神"夺走了他空虚的舒适生活，把这个不经世事的人带到了凡尘之中"。他说道，维也纳"现在是，也将永远是我人生中最艰苦、最完备的一所学校"。而这种艰难使他更加坚强,更加强硬,他反复解释说。

在很快花光微薄的积蓄后,希特勒陷入了悲惨和贫穷之中。这"使我见识到了我后来为之奋斗的东西",他写道。维也纳的人口在1850年到1900年期间增加了三倍,两百多万的人口在欧洲位列第四。维也纳大兴土木修建的新建筑,实际上大部分都在内城之外的贫民窟和出租公寓。希特勒靠难民施食处果腹,只能睡在公园长椅上——很有可能是艾达散步歇脚时坐过的长椅。

艾达84岁那年,在德国逗留许久的希勒特又回到了维也纳,这次他带来了第一部所谓的种族卫生法。茨威格在《昨日的世界》中描述希特勒在维也纳的所作所为时,透露出一种前所未有的愤怒。希特勒在那座城市刚当上一星期的主人,就下令禁止犹太人坐在公共场所的长椅上,把犹太人的企业据为己有,抢夺他们的艺术品——这些行为还有一点他们自己的逻辑,因为贪婪的缘故,和用抢来的东西收买手下人的需要。"但是不让一位老妪或一位精疲力竭的老头坐在公园的长椅上喘口气,恐怕也只有二十世纪的希特勒干得出来,而希特勒那个家伙竟被千百万人奉承为那个时代最伟大的人。"

就像滚雪球一样,艾达的维也纳的种种开始离她而去,就像儿童做游戏时接连丢失的道具:长椅、电影院、餐厅、剧院、歌剧院、有轨电车、游乐场。在那段时间里,她身边的世界好像消失了一样,但那些禁止她进入的门,明明有流水般的人进进出出。所以,应该是艾达消失了,缩小了,不见了,变成幽灵了——即使身处自己的家中,也已经被从维也纳流放了。

"所幸我的母亲不用长期忍受那些野蛮行为和侮辱了,"茨威格写道,"她在维也纳被占领几个月后去世。"母亲的去世和德奥合并几乎同时发生,对茨威格造成的影响是极大的。茨威格无法在艾达去世时守在她的身边,因为身为一个犹太人,现在穿越国界回到奥地利只会招致逮捕,被送到集中营。这使他认识到,他再也不是一个自主放逐的流亡者了,而是一个真真正正被流放的人。彼时正在伦敦的茨威格接到母亲去世的电报时,一个朋友刚好在场。他说茨威格坐在那里,足足一个小时都只是直直地盯着身前,没有开口说话,多半也听不到任何人的话,始终"非常紧张地搓着手"。

大概就在茨威格出生前后,艾达请人为她拍照。照片中的她穿着胸部饰有精美花纹的黑裙,黑发中插着一朵盛开的花。她坐着,放在膝头的左手拿着一把折起的黑扇,右手手指微微翘起,托在腮下。她凝视前方,紧闭的嘴唇上带着些微梦幻般沉思的笑。她身形匀称,目光锐利,看起来既优雅又动人,但没有炫耀的意思。事实上,艾达佩戴的首饰并不多,经常只是简单的胸针或项链。艾达充满好奇的黑眼睛,略微丰满的双颊和唇间流露出的矛盾的风情,与后来照片里的茨威格非常相似。茨威格似乎沉浸在敏感的忧郁中的神情,与他的母亲如出一辙。

茨威格家的公寓里经常有很多人,除了和善健谈的亲友,还有莫里茨・茨威格在法律界、商界和金融界地位相当的朋友。茨威格的兄弟阿尔弗雷德后来把他们的社交圈子称作"全都是最高阶层的犹太中产阶级"。艾达会忽然闯进来,道句抱歉,然后就说自己要去看电影。接着,她就会独自从公寓正门巨大的少女石像下冲出去，在洞穴般黑暗的新电影院里，连续坐好几个小时，沉醉于银幕上闪烁的黑白影像之中。

多年之后人们才弄清楚，艾达对电影的热情冲动是由于一种疾病。随着茨威格的出生，艾达被发现患有某种激素失调症，然后逐渐发展为中耳硬化症。又因为医生误诊，一段时间后她的耳疾发展成重度耳聋，必须借助助听器才能进行正常交谈。正如很多耳疾患者所感受到的，艾达发现噪声非常折磨人。好在她最后在那个时期的无声电影中找到了热热闹闹的家里没有的安宁——那是她在骚动混乱的维也纳难得的避难所。她已无法欣赏音乐和戏剧，幸好还有电影。这个优雅而孤独，总是穿着黑裙子的女人，年复一年地坐在电影院里。随着年龄的增长，她身处的外部世界也已面目全非，而她这样的形象实在是令人难忘。实际上，这也几乎与茨威格从自己流亡生活的最深处发出的呼喊是一致的。茨威格曾告诉一个朋友，艺术对他而言，仅仅是一个避难所而已。他问道："现在我把艺术当成鸦片和印度大麻，你会认为我粗俗吗？"

或许，茨威格一直因自己的出生造成母亲耳聋一事心怀愧疚。无论如何，艾达的听力问题和她对巨响的恐惧都成了茨威格最隐秘的童年经历。考虑到那个时代的规范，艾达的耳聋对她而言不仅很尴尬，也造成了她在社交上的孤僻。人们都说她喜怒无常，性格古怪。在茨威格小时候，艾达视作避难所的电影院还没有出现，这种无路可走的状况可能是她永远躁动的原因之一。茨威格也给人留下了这种印象。传记作家安东尼娜·瓦伦丁（Antonina Vallentin）就曾说过，见过茨威格的人，总会有种隔壁房间里始终有一个收拾到一半的行李箱在随时待命的感觉。而且茨威格自己对声音非常敏感这一事实，也必须要考虑到他母亲的耳疾。一个人无法听到自己想要听的东西，与一个人被迫听到太多他无法承受的东西，这两种痛苦其实是有深层联系的。

弗里德里克声称，茨威格的确痴迷于沉默，偏爱沉默的女人。但弗里德里克只是简单粗暴地将沉默这一概念理解为，一个安静的房间和一个知道何时该闭嘴的女人。但对茨威格而言，这个概念要复杂得多得多。沉默是茨威格思想中一系列的深刻思想的集合。首先，沉默指的是他心爱的书籍，茨威格曾将书称作"少量可以平息痛苦和不安的沉默"。然后是在沉默与内心自由的理念之间深层的关联——沉默与秘密、沉默与内心。无论茨威格的母亲说多少话，她的耳疾毫无疑问都一面使她深陷沉默之中，一面又将她引入丰富的内心世界。我们可以从与艾达的谈话里了解到一种热情的、诗意的怀旧。艾达的童年是在意大利的安科纳（Ancona）度过的，她喜欢说意大利语，喜欢回忆她从家里的贡多拉小船上看到的亮着彩灯的其他小船云集在河面上举行庆典的情景。艾达喜欢做意大利调味饭和洋蓟，这都是她童年时最喜欢的家中菜肴，她也因此被维也纳的同龄人看作异类。（后来，茨威格把历史真相比作了洋蓟：我们将过去的故事一层层剥下，而不会触及内核；也正因此，历史肯定经常包括某些人为之物。）弗里德里克把艾达视为那种"从虚构之事中汲取快乐"的人，与茨威格继承自父亲的酸楚的现实主义正好相反。在《昨日的世界》中，茨威格讲述故事塑造人物时有意的删节、重新建构和可疑的篡改——他解释说这本身就是历史的一部分——表明，从这方面来说，茨威格同样受到了母亲的影响。

比起根据一个女人说话的多少来界定茨威格理想中沉默的女

人的概念,我们更应考虑到一个人始终未出口,甚至无法出口的情况,因为渴望与痛苦的心情,始终无法用语言来说尽。在茨威格的小说中——以《一个女人一生中的二十四小时》(*Twenty-four Hours in the Life of a Woman*)、《恐惧》(*Fear*)和《一个陌生女人的来信》(*Letter from an Unknown Woman*)这三部小说为例——读者看到的都是富有同情心的女主人公,或是因男人的迟钝,或是因社会习俗,或是被这两者所迫,将充满激情的内心生活与外界隔绝开来,她们被迫压抑悲伤的情绪,被迫压抑比周围其他人更激烈的、能照亮她们生活的情感,被迫生活在沉默之中。茨威格笔下的男人和女人,都因怀有一种他人无法理解的复杂而纷乱的精神生活,导致完全失声。茨威格对此抱以强烈的同情,而这种同情也正是他作品打动人的一个地方。

茨威格家社交圈子里的人,要么嘲笑艾达的喜怒无常,要么对她的古怪毫不在意。小时候的茨威格肯定也注意到了这些,肯定也会因此去猜测母亲若有所思的目光里究竟蕴含了什么。茨威格同样也无法忍受家里的吵闹声——于是他学会了"做白日梦"。随着年龄的增长,他转而投身到创造性的活动之中。无论艾达说过什么,令茨威格感到困惑、羞辱和同情的,是那些她无法诉之于口的,他们之间的关系更是因此变得紧张起来。有一些不祥的预兆表明,随着茨威格逐渐长大,他开始把疏离的矛头对准艾达:茨威格会把自己锁在宾馆的房间里,不让母亲打扮他;在更大一些时,为了能安安静静做自己的事,他还会把艾达锁到卧室里。(茨威格后来也把自己锁起来,以避开弗里德里克和她的女儿们,他会连续几天不和她们说话,这也成了他们在1938年圣诞节前夜获准离婚的正式理由。)

那么,在这些严苛的"战争"中,茨威格冷静的实业家父亲呢?有人把他描述为在这个家庭闹剧的背景中带有些愤世嫉俗的幽默感的沉默寡言者。或许,茨威格从父亲那里承继的,除了一定程度的清醒克制外,还有那种安静的,有时甚至可以说是残忍的偷窥的快乐。

茨威格在柏林的黑暗中寻找的那些危险和刺激,现在在自己家中找到了某些情感暴力上的对应物。直到多年之后,茨威格才在巴黎发现了从未在维也纳体会过的东西:宽容。茨威格在自传里把巴黎称为"永葆青春的城市"和"第二故乡"。"在巴黎,谁也不会在别人面前感到不自在",茨威格对他青年时游历过的法国首都这样评价,"非常漂亮的姑娘和一个黑皮肤的黑人……挎着胳膊走进最近的一家小旅馆时一点也不感到难为情……谁会去关心什么种族、阶层、出身呢?——只是到了后来,这些事才被吹嘘成吓唬人的隔阂。当时,谁都可以和自己喜欢的男人或者女人一起散步、聊天、同居。他人的事和自己又有什么相干呢。"那些吸引着人们脚步的街道上,总会有新的东西出现。茨威格觉得,巴黎是一种截然不同的回归。茨威格写道,亲眼看到这个城市,总会令他体味到亚里士多德所赞誉的"发现",这是在所有的美学原则中最神秘莫测的——因为他早在来巴黎之前,就已在自己心爱的作品里对这个城市的所有特征了然于心了。

最后,与外部的沉默和内心生活之间密切相关的,是支撑起茨威格整个道德伦理体系的那种沉默。即使在1933年5月纳粹焚书这种"对抗非德意志精神的行动"后，茨威格在给一个朋友的信中说，现在最重要的是"等待、等待，保持沉默、沉默……对我而言，没有那些宣传，我也会做好自己的本分。你知道，我最看重的就是平静和安宁"。

茨威格在这样的话语中流露出一种令人不快的与政治脱离的情绪。一方面是煽动与制造噪音，一方面是安定平静的理性力量，茨威格在对这两者之间的历史关联进行长期研究之后，对当下社会上的浮夸吹嘘充满了厌恶。这种情绪在他1934年发表的研究伊拉斯谟的作品中达到了顶点。

托马斯·曼认为伊拉斯谟的故事是一个太过明显的现代寓言——路德被刻画成希特勒狂热的先驱，因此，茨威格这部传记算不上特别杰出的作品。但茨威格成功地瞒过了纳粹的审查官，这本书得以在德国一直出售到1936年。约瑟夫·罗斯在他自己的启示录之作《反基督》（*The Antichrist*）中，大段引用《鹿特丹的伊拉斯谟》中的字句，作为开篇的题词。（引用的第一句是"如果政治性的谩骂和聒噪不绝于耳，听不见任何风趣调侃和内涵深远的声音，写作又是为了谁呢？"）E.M.福斯特（E. M. Forster）向他的英国读者推荐茨威格的《鹿特丹的伊拉斯谟》，称赞其为一部"才华横溢和真实的"历史研究之作——这也是一个沉思型作家始终关心的一个永恒的话题："思考和理解"还是"激情和力量"？茨威格对伊拉斯谟的缺点并未加以掩饰，伊拉斯谟"缺乏勇气"，"最不喜欢做出任何的选边站"或对路德刻意贬低等，但他却说明了，为什么以长远的眼光来看宽容才是人性"升华的主要工具。是理解人们的能力，而不是统治人们的能力，把我们与动物区分开来"，福斯特写道，并着重指出，斯蒂芬·茨威格正是按照这个原则来生活的。

1934年，《纽约时报》将茨威格的《鹿特丹的伊拉斯谟》选入圣诞节书单之中，并评价其是"对动荡时代中一个身处中间派的伟大人文主义者悲剧的深刻研究"。《泰晤士报》的一位评论者指出，茨威格承认，马丁·路德之所以得势，其中也有人文主义者的责任。伊拉斯谟和其他早期的人文主义者，相信通过启蒙就可以取得人性广泛的发展。总而言之，茨威格宣称，人文主义者"高估了文明的作用，并未考虑到本能冲动和冲动导致的无法控制的力量。他们在轻率的乐观中，忽视了人类集体仇恨和病态激情所带来的可怕和几乎无法解决的问题……这群高贵的理想主义者，将会使用美这一没什么效果的武器，来对抗民间革命分子粗野的冲击"。在写作《鹿特丹的伊拉斯谟》期间，茨威格发现了不切实际的希望和过分执着的敏感在过去是如何摧毁人文主义的，就像希望和敏感在现如今是如何摧毁他和那些世界和平主义者的。如果审判注定要来到，那么据此，茨威格确信，有时正确的选择并不一定是受欢迎的——失败可能会具有某种道德救赎上的美。所以，茨威格选择尼采的名言"我爱那些不懂生活的人，他们不是沉沦者，就是超越者"作为他德国文学主要研究著作的题词，就顺理成章了。

诸如失败和放弃这类概念，在所谓的美国梦中几乎不存在，可能这也是造成茨威格在美国的疏离感的原因之一。这些概念同样也有着长久的历史。同样，它们也解释了在茨威格的写作中反复出现的，同样在意第绪文学里被赞美的主题，"无能为力的美德，孤立无援的力量，无依无靠的状况，被侮辱和被损害的神圣"。把茨威格称作"人类灵魂不朽的朝圣者"的雕塑家古斯蒂努斯·安布罗西，认为茨威格最大的错误，就是在"被强力压倒"后软弱地躲避。但当人们看到茨威格强烈地反对按照纳粹的做法去对抗纳粹时，就会认识到，问题不仅仅是出于软弱。茨威格相信，安静的撤退可以产生某种道德上的审判，而柔弱、易于接受和神经敏感等世人眼中的女性特征，也可以起到伦理上的作用。弗朗茨·韦尔费尔提起过，20世纪30年代早期，在出现了很多纳粹暴行后，他和很多朋友曾热切地呼唤战争。而茨威格"只是嘴唇发白，转身走开"，韦尔费尔回忆道。这是一个引人注目的消极抗议行为。茨威格对于暴力的敏感特质，使他成为人类的风向标。茨威格在1936年对约瑟夫·罗斯说，"对政治灾难的敏感性，就像发炎的神经一样折磨着我"。

希特勒大肆地鼓吹强硬和力量。（在《我的奋斗》中，这些德语单词出现了两百多次。）他热衷于纳粹党徒经常提及的那种教育方式，体育成了最受重视的科目。维克多·克莱普勒写到过，希特勒非常爱用"体育"一词的官方说法，即有着响亮硬音的 körperliche Ertüchtigung（体育锻炼）。托马斯·曼的女儿艾丽卡·曼是一位行动主义者兼艺术家，曾写到少年团和希特勒青年团中的成员被教导如何用尽全力去反抗柔情——即使母亲的一个吻，也会被看作多愁善感的情感。他们受到的教育是，只有娇气的男孩在挨打时才会哭。"他们不知道夜行军或战争游戏是什么……娇气的男孩枕着柔软的枕头，躺在丝绸床单上。德国少年团的少年是强壮的。"

茨威格——其他人根据他的礼仪经常把他看作是温情和柔弱的——发现纳粹已经把心灵的强硬当作了正道。即使明白这样做的惨淡前景，他还是明确表示了反对。1934年时，茨威格为了向德裔法国作家勒内·施格勒（René Schickele）解释自己的立场，写道："无论我去做什么，都会安安静静地去做……我身上没有那种所谓的英雄主义。我生来就是一个调解人，也必须要按自己的本性行事。"茨威格说过，他进行工作的唯一方法就是建立联系和提出解释。"我不愿成为一把锤子，也不愿成为一个铁砧"，他写道，并把自己描述为那种"在战壕中间的无人之地占据最徒劳最危险位置的、手并没有放在扳机上的人"。

1904年春季的一天，茨威格在结束了一次海外旅游后返回维也纳。他在经过城市公园时，瞥到了一个熟悉的身影。那人经过人行道边耸立的伟大艺术家和政治家的雕塑，穿过那群正在织毛衣、读书、闲聊的保姆和家庭女教师——周围有孩子在沙坑里跑来跑去，鸭子在池塘里嘎嘎叫着。那人正是茨威格的第一个编辑特奥多尔·赫茨尔。

茨威格意识到，赫茨尔肯定是刚从附近《新自由报》的办公室离开。茨威格记得几年前赫茨尔还是个充满活力的人，如今赫茨尔身上的变化令他感到非常诧异。赫茨尔的胡子黑得发青——毕竟他刚刚44岁——但轻快的步伐和轻松的仪态却已消失了。赫茨尔走得很慢，身子微微向前弓着。

茨威格远远地同他打了个招呼，然后就想匆匆走开。但是赫茨尔却挺直了背，走向茨威格，伸出了手。"您为什么老躲着我？"赫茨尔问，"这根本没有必要。"

赫茨尔语气中的责备不难理解。他们的第一次会面是在赫茨尔狭窄昏暗的办公室里，两个人惺惺相惜。赫茨尔的同学回忆他时使用的措辞与后来年轻的同志描述茨威格时非常相似，"一个肤色很深、身材修长、穿着总是很优雅、脾气很好的年轻人"，很热情很健谈，虽然时不时会流露出些优越感，却优雅亲切。茨威格在自传中说，赫茨尔"是我有生以来见到的第一个应当享有世界历史地位的人物"，他的文章是所有记者里"最有文化修养的"，能令城市中"善于挑剔的人们"为之倾倒。（他用同样的词语形容他的母亲："出身在一个国际性的大家族……这种国际性的联系使他们显得更加体面，视野更为宽广。"）

他们第一次会面时，茨威格还只是一个19岁的傲慢青年，在维也纳文学世界的圣所中鼓足勇气，拿出自己创作的诗歌等文章。赫茨尔从一张堆满纸张的桌子后起身，黑色的胡子在白色的高领和优雅的黑色晨服的衣领间飘动着，忧郁的眼睛看向茨威格。赫茨尔"有些戏剧性夸张的举止一点儿都不显得做作"，茨威格写道——这种庄严郑重的神情和说话时有意识地稍微停顿，应该是在城堡剧院看过无数戏剧后熏陶出来的，而赫茨尔自己写的多愁善感的戏剧曾在这个剧院里多次上演。也有传言说，如果赫茨尔能成为一个更成功的剧作家，那他可能就永远不会发展出犹太复国主义了。

之后，赫茨尔一直对茨威格关照备至。赫茨尔采用了他的文章，还把他变成了自己的门徒。不久之后，赫茨尔对自己那群志同道合关系紧密的朋友说，不要以为维也纳的艺术已式微，这座城市里还有一大群年轻的天才，斯蒂芬·茨威格就是其中的佼佼者。其他的作家也开始认识到，这两个人除了同样崇拜法国小品文的风格外，还有很多相似之处。这毫无疑问可以归结为这样一个事实：虽然他和赫茨尔一样有着令人羡慕的娴熟的语言表达能力，但他们都并未将文学视作最终的工作，而只是将其视为实现某些虽朦胧但更高尚的全人类使命的工具。在茨威格与赫茨尔第一次相见时——茨威格后来回忆说——赫茨尔正在同自己斗争，"他还没有足够的勇气为了自己的事业成功而放弃这个可以维持他自己生活和赡养家庭的职位"，但如果没有他的全力投入，犹太复国主义这个计划是否会成功呢？

茨威格除了在文学之路上受到赫茨尔的提携外，还开始跟随他投入到犹太复国主义活动之中。他开始到很多不同的咖啡馆地下室参加聚会，也开始同大学里那些犹太复国主义者熟识起来，尤其是同马丁·布伯（Martin Buber）成了亲密的朋友。茨威格非常钦佩赫茨尔坚持要为犹太人创建家园的勇气，虽然赫茨尔的观念在维也纳犹太人中产阶级圈子里引起的是普遍震惊和恼怒，人们纷纷猜测这个具有文化修养的作家究竟想干什么。"我们为什么要到巴勒斯坦去？"他们不快地说，"我们的语言是德语，而不是希伯来语，我们的祖国是美丽的奥地利！"除了这项犹太复国计划外，茨威格还非常欣赏赫茨尔的很多见解——用茨威格转述的话来说——"如果我们命该遭到凌辱，那就骄傲地迎上去"。

尽管茨威格受到了赫茨尔其人的吸引，但犹太复国主义发展的各个方面都令他疑虑重重。茨威格后来在1929年写的一篇文章中，就自己为什么没能成为一名犹太复国主义者做了解释:"他们始终没能找到正确的位置。"从一个方面说,那些对赫茨尔唯命是从的犹太复国主义学生认为,"捍卫自己的能力仍是犹太教的核心"。茨威格感到自己与那些学生"格格不入"。茨威格与赫茨尔越发疏远,主要是因为在参加那些较老成的犹太复国主义的地下室集会时,赫茨尔原来的同志对赫茨尔本人并不尊重,那是一种充满野蛮、缺乏真诚的"在今天很难想象的"不尊重,茨威格写道。有宗教背景的东欧犹太人指责赫茨尔根本不懂犹太精神,那些国民经济学家说他只不过是一个编辑。每个人都有反对赫茨尔以及其他所有人的理由:这里的犹太人信教,那里的犹太人不信教;这里的犹太人奉行社会主义,那里的犹太人奉行资本主义;每个人所说的语言不同,来自不同的地方,有着不同的历史。他们全都因为不同的理由对赫茨尔发动猛烈攻击——而且这些理由全都是错误的。

茨威格的犹太复国主义理论几乎全都学自赫茨尔。他将赫茨尔的教诲记到心中,并在多年之后对此进行了深思。而他从早期复国主义中得出的结论,恰恰与赫茨尔想要传播的理论相反。茨威格在1917年——恰好是茨威格感到他发现了泛欧和平主义这一更高的人生使命之时——写给马丁·布伯的一封有意思的信中声称,他"从未希望犹太人能再次建立一个国家,以至于不得不降格投入现实世界的斗争中去。我爱那些远离家园的犹太人,并肯定这才是理想的犹太主义,才是犹太人的世界主义的目标"。这些理念在同布伯交流后变得更加激进,茨威格宣称十几年的海外旅行使他坚定了"在国家之中进行选择的绝对自由,在各处成为客人的自由,成为参与者和调停者的自由。这种超越国家的自由情感，产生于一个疯狂的狂热世界，那些艰难的时期使我从心理上得到了拯救，怀着感激之情，我觉得正是由于犹太教，我才拥有了这种超国家主义"。

布伯干巴巴地重复他的复国主义理论来回避这些理念时，茨威格的观点更加明确了。"我想得非常清楚，"他写道，"这个梦想越有可能变成现实，这个拥有大炮、国旗和勋章的犹太国越危险，我就愈加坚定决心，要支持那些流散至世界各地的犹太人令人难以接受的复国主张，就更加珍视犹太人的命运，而不仅仅是犹太人的幸福。犹太人追求的永远不只是幸福和满足。"

讽刺作家卡尔·克劳斯的期刊《火炬》(*Die Fackel*)在维也纳知识分子阶层有着重要的影响力。他和茨威格对犹太复国主义有很多相似的保留意见，但针对犹太人问题，克劳斯最后选取了更传统的资产阶级的立场。在克劳斯看来，犹太复国主义者对犹太人一成不变的特性的推崇，人为地将受过教育的犹太人与他们非犹太的同时代人区分开来的观点是一种退化——同时也激怒了那些反犹太主义的平民。克劳斯觉得，那些反犹太主义者把大鼻子和其他特征视为犹太人是下等人的证据的做法，如今竟被犹太复国主义者视为一种种族的骄傲，实在令人发笑。他嘲笑那些已经被同化，总在咖啡馆里游手好闲的人，因为某种运动具有了正流行的落后特质，他们才投身进去。克劳斯写道，"思想偏狭的犹太复国主义……才使这些此前只关心自己烦恼事的先生觉得自己同样也是当代之人"，他拐弯抹角地影射了流行的民族主义。他主张犹太人应该继续留在原住地，应去信奉社会主义，"只要有切实可行的解决计划，弥赛亚的重临之事就根本不重要了"。犹太人真正的使命应该是完全的同化,"通过消解获得拯救",他讽刺道。

茨威格并不同意克劳斯这个二元的解决方法,他主张不应去追求犹太人消失,而应致力于让犹太人以自然界种子传播的方式散布全球,传递他们普世通用的文化价值观念,而不只是结出孤芳自赏的果实。如果茨威格对克劳斯的话有所回应的话,应该是那句"通过消解获得拯救"。在赫茨尔那些咖啡馆集会上,那些与会者自以为是的武断令茨威格感到恐惧。他由此坚信,犹太人的未来肯定不会在这种群众集会之中。

然而并不能据此就说,茨威格和克劳斯一样,宣称适应性是犹太人最显著的特征。茨威格在自传中骄傲地写道:"被世人所称颂的十九世纪维也纳文化,十分之九是由维也纳的犹太人扶持、培育起来的文化,甚至可以说是由他们自己创造的文化。"他向布伯解释,在他见识过的犹太人特征的种种说法中,"对我来说,所有那些带着得意的说辞,都是不安心、焦虑和扭曲的自卑情绪的表现。我们缺少的是安心、沉着"。在承认他自己也有同样的感觉时,茨威格总结道,"对我而言,身为一个犹太人不是一种负担,不是一种提升,不是一种折磨,也没有使我分离。那是我的一部分,就像心跳一样,当我想到它时才会感到它的存在,在我没有想到的时候它就仿佛不存在了"。在这段话中,茨威格不同意某些弗洛伊德学派的论调,他们扭曲了支撑着犹太复国主义的流亡和回归:那种民族创伤只能通过回到民族的幼年期,回到那创伤肇始的时间和地点才能被修复。茨威格并不相信这种字面意义上的回归能治愈什么东西。他将犹太教与心跳类比,反倒使人想到母亲留给孩子的东西,想到在离开母亲后,依旧保存在我们身体里的东西。

最终，茨威格把他成长过程中最重要的三因素，即维也纳、他的母亲和犹太教进行了出色的融合：它们构成了教会他放下执着的缪斯女神。茨威格在自传中描述过他如何成为使用多种语言、离开他母亲和布雷特豪尔家族去远行的世界主义者后，把维也纳也描述为使他成为"一个超民族主义者、一个世界主义者、一个世界的公民"的城市。茨威格与布伯的通信表明，他认为犹太教的最大贡献不在于提升适应性，而是号召人们去感同身受。每个犹太人通过他们的犹太历史意识，将认同的对象扩及世界上的各个民族。他在信里告诉布伯，犹太人目前的处境因这个原因"而是所有人中最光彩夺目的；这个没有语言、没有束缚、没有家园，纯粹是因为我们同一性的本质……而我们需要明确的一点，就是不要用耻辱之心，而应像我一样用关爱和认识，去对待和感受这种状况"。作为永恒的外国人，犹太人神圣的使命是充当"折磨'肮脏的民族主义野兽'的牛虻"，直到民族主义失掉其理智上的镇静。因此，民族主义者解散的趋势，"有助于我们摆脱自己死亡的过去，摆脱'永恒的昨天'"，茨威格写道，"这些没有国家的犹太人，将是未来那些'优秀欧洲人'最好的帮手"。

1904年春季，就在茨威格起初想避开赫茨尔，赫茨尔坚持握着他的手，告诉他没必要那样做的那天，茨威格肯定已经对赫茨尔接下来要说的话做好了准备。从茨威格日渐增多的旅行中，赫茨尔怎会看不出他对自己及复国主义运动的疏离？茨威格在维也纳待的时间越少，就越没有时间见赫茨尔或参与他的犹太复国主义运动。

茨威格已经开始了逃离。

他们两个人面对面站在市政公园的路上,周围是鸟鸣和孩子们玩乐的声音,混杂着衣着优雅的散步者安静的谈话声,或许还有衣着寒酸者的咕哝——最后,赫茨尔先开口了。"我赞成你经常到国外旅行,"他突然说,"这是我们唯一的办法……我所知道的一切都是在国外学到的,一个人只有到了国外才能自由地思考问题。"赫茨尔继续说,在维也纳将永远不可能有勇气产生建立犹太国的构想,纵使有这种构想,也会被扼杀在萌芽中。"但谢天谢地,这种构想是从国外带来的,一切都已在国外想好了。人们无可奈何,只能对我横加挑剔。"

赫茨尔接着苦恼地抱怨维也纳。他说他在维也纳遇到了比欧洲其他地方更大的阻力。当他走进剧院时,在场的犹太人就会喃喃低语地嘲讽:"陛下驾到!"赫茨尔这个绰号来自克劳斯的小册子《锡安山上的国王》(*A Crown for Zion*),克劳斯嘲弄赫茨尔想将"犹太人的鹰钩鼻变成荣誉勋章"。维也纳的首席教士在赫茨尔的《犹太国》(*The Jewish State*)出版前,似乎已接纳了犹太复国主义这一理念。但在书籍出版后,立刻撤回了他的支持,并将赫茨尔这一计划称作布谷鸟蛋,他认为这项计划将会使犹太人孤立无援,被赶回犹太区。《新自由报》直接对犹太复国主义视而不见,拒绝在报纸上任何地方刊登与此有关的文字。赫茨尔说,若非有来自奥地利境外的邀请,有来自东方和美国的邀请,他早就被自己的事业折腾得筋疲力尽了。"如果我现在的健康状况像我的意志那样坚强,那么一切都好说。可是逝去的年华是再也赎不回来的。"

茨威格陪赫茨尔走回了他的房子。两个人在玉米街(Türkenstrasse) 9 号门前握了握手。"你为什么从不来看我呢？"赫茨尔在告别时问，"你从未到家里来看我。来之前先打个电话，我肯定会腾出时间的。"

茨威格答应了，实际上他已下定决心不去履行自己的诺言，"因为我愈是爱戴一个人，我就愈珍惜他的时间"。

茨威格说，这是他们最后一次会面[1]。会面中，这个犹太家园的先知赞同茨威格的漫游是解决犹太人困境的唯一方法。这个场景传达出的，除了哲学上的论争，还有赫茨尔伸出手时那种人类孤独的纯粹的剧痛。茨威格没有践约，将赫茨尔遗弃在自己的孤独之中。或许茨威格不忍心让他的老朋友发现自己如今离他有多远。

在他们这次城市公园偶遇的几个月后，赫茨尔去世了。那个 7 月，茨威格看到了他之前从未见过，也将永远无法再见到的场景。从世界上的每个角落，每个省份，每个国家来的犹太人挤满了维也纳的火车站，不管白天黑夜。"他们是来自西欧和东欧、来自俄国和土耳其的犹太人；他们从各个省份和各个小城市拥到这里，脸上还带着闻到噩耗而惊愕的神情"。茨威格描绘了全世界犹太人的一次规模庞大、不可思议的集会，这个场景只出现在《圣经》中的先知和赫茨尔自己的梦想中。只不过，这次集会的地点不是耶路撒冷，而是维也纳的中央公墓。当送葬的人到达墓地后，没有实现先知们长久等待的回归和因此产生的兴高采烈，现场反而爆发出一阵激烈的、极度悲哀的尖叫、哀号、哭泣，"猛然爆发的绝望"。

---

[1] 在《昨日的世界》中，这并非二人最后一次见面，茨威格后来曾去看过赫茨尔。"那已是几个月以后的事了。当时他已病魔缠身，终于突然倒下了，所以我到他那里去，也仅仅是为了送他走上黄泉路。"

茨威格在多年之后为约瑟夫·富歇写的传记中，呼唤世人写一首"流亡的赞歌"。他用一种感慨的语调询问："有哪个诗人曾歌颂过这种力量，它铸就了命运，使那些意志消沉的人重新振作，在孤独可怕的压力下重整灵魂中涣散的力量？"茨威格补充道，人类收到的最重要的讯息都是来自流亡，来自流亡中的摩西、基督、穆罕默德、佛陀、但丁和尼采。而正如茨威格的散文家朋友阿尔弗雷德·波尔加（Alfred Polgar）所说："哦，异域的风光是那么美丽——对依旧还有家乡的人来说。"即使茨威格未雨绸缪，抢先进行了几次流亡，但某些时刻，甚至远在他从萨尔茨堡离开之前，当他想到自己有可能要永远去流浪时，茨威格仍会忍不住浑身战栗。

茨威格对犹太复国主义的反对是不可动摇的。他无法在认识到欧洲犹太人岌岌可危的处境后，仍天真地寄希望于在巴勒斯坦建造一个犹太人的家园，尤其是，这项计划似乎注定要重复欧洲民族主义运动灾难性的结局。茨威格回避了赫茨尔富有罗曼蒂克色彩的政治宣传，对他尽力将犹太复国主义这一政治事件变成能引发无限热忱的超凡场面也不太感兴趣。但茨威格还是把赫茨尔看作一个饱经磨难的空想家——对他的自我牺牲表示尊敬和同情。此外，茨威格非常清楚，赫茨尔没有其他备选方案。

20世纪20年代的某天，茨威格正与奥托·萨里克一起在德国旅行，两个人在慕尼黑参观了一个古董家具展。茨威格在画廊附近转了转，然后在一些中世纪木制床头柜前停下脚步。

茨威格突然问："你知道这些床头柜里哪些是犹太人的吗？"萨里克不确定地盯着——它们的做工都很好，都没有明显的所有者标记。

茨威格笑了。"你看到这两个了吗？它们都装着轮子。这是犹太人的柜子。在那些日子里——实际上几乎所有的日子里！——犹太人从不知道警报何时会响起，大屠杀何时会发生。他们必须随时准备好逃走……是的，这些有轮子的床头柜正是犹太人命运的醒目象征。"

第五章 重 聚

洛特眨眨眼。她年轻的好奇心偶尔会战胜对茨威格情绪的顺从。纽约中央车站附近的比特摩尔酒店仿佛飘浮在范德比尔特大道上方的一座意大利花园，它除了令人难忘的空中美景外，还有九百个房间。整个酒店的外形很像马蹄铁，有着棉花糖般的气味。酒店有自己专门的火车乘客出站口，还有从车站直达总统套房的私人电梯。专门的出站口又被称作"接吻室"，因为许多人会在那座著名的青铜大钟下的出站口吻别。菲茨杰拉德（Fitzgerald）把比特摩尔酒店里的棕榈阁描绘为爵士乐时代空间魅力的典范。他和妻子泽尔达（Zelda）在此度蜜月时曾因过于吵闹，在浴缸里还放着水时就被赶出了房间。比特摩尔酒店曾是国家民主党的总部，而此时是欧洲笔会开幕的宴会场所。

茨威格1941年5月出席笔会的开幕活动，表明他觉得自己身上依旧有某些无法躲避的责任。但他还是向洛特的家人抱怨，这次庆祝活动恰是"一次我终生都在躲避的千人晚宴"。但我认为茨威格在那个晚上还是勉强克制了自己的不悦——起码不会让与会的洛特因自己愉快的心情而感到愧疚。茨威格和洛特或许还在酒店里转了转，才鱼贯进入著名的小瀑布舞厅。舞厅里有个手动的滑动屋顶，宾客们可以在用餐时欣赏夜空。

茨威格、洛特同文学界的其他名人一同在贵宾席落座。洛特希望"那些花了 3 美元来参加这次盛会的人在看到作家与普通人没什么不同时不要失望"。洛特发现自己的位置在卡洛·斯福尔扎（Carlo Sforza）伯爵和萨默塞特·毛姆（Somerset Maugham）之间。斯福尔扎伯爵是意大利的前任外交部长，现在被墨索里尼流放。毛姆可以说是当代最著名的作家——克里斯托弗·伊舍伍德（Christopher Isherwood）称他为"那个老之又老的鹦鹉"。毛姆"细长的黑眼睛总是眨着，非常热心，有着温文尔雅的气度和让人昏昏欲睡的口吃"，总之，与洛特想象中那个"严厉的"毛姆截然不同。在写给家人的信中，洛特兴奋地说毛姆"非常友好"，事实上，整个夜晚"非常有趣，非常愉快"。茨威格骄傲地看到，宴席上的洛特"非常聪明而健谈"。弗里德里克描绘的那个在茨威格晚年里消沉的"沉默的女人"，显然未能完全概括洛特的性格特征。当晚是洛特第一次参加大规模的公开晚宴，她表现得非常健谈。在酒店房间里待了好几个月，除了工作和担心外，她什么都不能做，一有机会当然要好好放松一下。

晚宴的组织者对每个发言者的时间都进行了严格的限制，因为短波电台操作员要及时把所有的发言传遍欧洲。在美国最具影响力的女性中仅次于埃莉诺·罗斯福（Eleanor Roosevelt）的新闻记者多萝西·汤普森（Dorothy Thompson）谈到，在希特勒看来，"真理之言的武器"要比"飞机、炸弹和机关枪"的威力更大。成立了欧洲流亡笔会的朱尔·罗曼宣布，欧洲作家拒绝"接受欧洲遭受的实质性挫败"。毛姆断言，这场战争真正的目的在于决定真理是否胜于谎言——"获得正义的唯一方法是否就是强权"。

但发言人中最引发轰动的当属茨威格。他出人意料地把他的十分钟用来为纳粹给全人类造成的苦难而道歉。"我们这些德语作家感到一种隐秘而痛苦的羞辱,因为这些压迫的法令全都是用德语来构思、设计的,我们用来写作和思考的,也正是同样的德语。"尽管茨威格承认,他不再认为现在的德国是德国人的,但仍坚持说:"我感到自己有责任,公开请求你们每个人的原谅,为今天所有那些打着德意志精神的旗号施加到你们的人民身上的所有事情。"

与会者全都受到了震动,记者们也兴奋不已。茨威格的发言被译成英语,在各个报纸都被当作头版的标题,《纽约时报》报道此次聚会的文章则大段大段引用了茨威格的原话。《基督教科学箴言报》(*The Christian Science Monitor*)上的标题是"茨威格代表德国为罪行道歉",还提到,茨威格的发言得到了"最长时间最响亮的喝彩"。

托马斯·曼刚刚加入美国国籍后,在被问到德国的纳粹化时,他的回答是:"我在哪儿,哪儿就有德国文化。"尽管有欧洲的杀戮,曼向他的读者保证,高尚的传统仍舒适地隐藏在他庞大的头脑中。茨威格在比特摩尔酒店的发言也揭示出,他同样相信,只要他在哪儿,哪儿就有德国文化——除此之外,他已经大不如前了。就像德国文化一样,茨威格也遭到了摧残。

德语对中欧的犹太人来说,有种特殊的诱惑,其中的维也纳方言也因其独特的文化和精神意蕴以及其柔软、圆润、慢吞吞、微带些鼻音而最为诱人。我在小的时候,就感受过这语调的魅力。我的祖母在某些特殊的时刻会做极其精致的甜点,她简单地称之为"维也纳千层蛋糕"。蛋糕上铺满了摩卡奶油，在奶油层之间分别夹着杏子酱、杏仁膏和黑巧克力糖霜。在弗吉尼亚北部沉闷的高层公寓里，祖母手持餐刀切开蛋糕，然后，那些不同的味道在我的嘴里不可思议地融合。在我很小的时候，祖母和我的父亲说的德语与我记忆中那些可口的甜点总是联系在一起。这两者之间存在某种感觉上的共通，每当我看到那些蛋糕时，总会想起她说话的语调。

犹太人对维也纳德语特殊的情感为他们的流亡增加了更多痛苦，尤其在牵涉到何谓正统的德语这一问题时，谁说的是真正的德语和哪些人属于正宗的德语圈了，一直以来都存在着争议，德国和奥地利之间的关系史是令其雪上加霜。在铁器时代，日耳曼部落在中欧的土地上人数颇广。到了罗马帝国时期，他们更是赢得了彪悍战士的声誉；塔西佗（Tacitus）描写日耳曼人的著作随着种族优越观念的诞生，开始在德国流行。德国历史学家中比茨威格早了一个世纪又颇为冷静的一位，在其中选取了一个不为人知的故事。威廉·舍雷尔（Wilhelm Scherer）讲述了塔西佗的这个故事：一个日耳曼人在掷骰子比赛中输掉了自己所有的财产，又在最后一次比赛时赌上了自己的自由，然后又输了，于是他立即站出去，自卖自身成为一个奴隶。塔西佗评价说，这个故事表明了"日耳曼人的坚韧程度，即使是为了坏事"。流亡者们曾讽刺说，如果一个德国人想在一个聚会上引人注目的话，他甚至会从窗子里跳出去。"缺乏节制似乎是我们智力发展的祸根"，舍雷尔哀叹道。

一般的奥地利人，特别是奥地利的犹太人，自认能缓和德意志精神的持久压力，并利用德国的理性成果去影响其他文明。"我们架起了连接德国和世界的桥梁，"茨威格1938年时就奥地利文明对一位纽约的作家说,"这座桥梁现在已被铁斧彻底摧毁了。"朱尔·罗曼理解茨威格对德国的留恋是真情流露,因为那是"他理性意义上的祖国",但茨威格的祖国,正如罗曼形容的那样,是"一个不用边疆为国界,而是以它的文化和伟大的代表——歌德、贝多芬和海涅(Heine)为国界的永恒的德国"。茨威格告诉罗曼,他一直觉得维也纳的气氛"比柏林更加愉快"。另外,他承认,维也纳与德国的关系要比奥匈帝国里的其他地方都更亲近。"我们所求的只是可以不被政治打扰",茨威格说。德裔学者格舒姆·肖勒姆不久前移民到了耶路撒冷,将这种哪怕在纯文化方面维也纳人也属于德国的感觉形容为"一种苍白的、悲惨的幻觉",而茨威格、施尼茨勒和很多犹太作家尤其受到这种幻觉的影响。但肖勒姆同样也注意到,少数几个能抗拒这种幻觉的说德语的犹太人——比如弗洛伊德、卡夫卡和本雅明——即使身处以色列的土地上,也从未感到自在。这些优秀的艺术家即使与德语联系紧密时,"也从不向那种舒适自在的幻觉妥协",肖勒姆写道,因为他们与其他人根本不在同一个世界中。

茨威格明确地觉察到,完全不受政治的干扰,纯粹充当和善的德国文化经纪人这一角色似乎行不通。直到生命的最后一刻,他依旧在担忧这个问题。茨威格在和一个同样流亡到彼得罗波利斯的德国犹太人朋友的最后一次谈话中,忽然开始谈论奥地利,他认为这个混杂着斯拉夫民族因素的国家有着比他了解的更多的"合理性"。"我们奥地利人从未意识到这一点,"茨威格说,"我们太倾慕德国人了。"

纳粹党人并未试图去缓和德国人身上这种被塔西佗称作"即使是为了坏事"的异常的坚韧，反而力图将这种品质放大。受瓦格纳（Wagner）歌剧中北欧神话和欧洲种族主义哲学中的雅利安理论的启发，他们想要复活古老的日耳曼民族本色。纳粹在对他们塑造的超人身上的情感力量进行巩固之后，还将其放入奥地利帝国兴衰的更大的历史序列之中。纳粹历史学家认为，神圣罗马帝国即"第一帝国"的建立是纳粹早期的里程碑之一。它的领土不仅包括了今天的德国和奥地利，还有很多低地国家。神圣罗马帝国从15世纪早期起便由哈布斯堡王朝统治，直至拿破仑战争时王朝倒台。因此，作为哈布斯堡权力中心的奥地利，便（虚弱地）统治着德国的其他城邦。19世纪时普鲁士对德国其他公国的统治，也被看作民族主义的又一胜利。1866年，7周普奥战争造成了奥地利帝国与崛起的普鲁士王国间的紧张关系，最终以普鲁士军队在柯尼希格雷茨战役[1]中太败奥地利帝国而告终。（在20世纪30年代，很多德国人开玩笑说，希特勒就是奥地利人对柯尼希格雷茨战役惨败的报复。）1871年，德国统一，俾斯麦领导下的第二帝国成了另外一个至关重要的里程碑。但在所有能替纳粹张目的历史事件中，影响最大的是《凡尔赛和约》（Treaty of Versailles），它激发了民众对希特勒的热切拥护。

第一次世界大战后，协约国提出的投降条款重新划分了欧洲的版图。很多德国人被划分到其他国家，更令他们无法忍受的是，条

---

[1] 普奥战争中的决定性战役，1866年7月3日，奥地利军与普鲁士军在波希米亚柯尼希格雷茨附近的萨多瓦村进行大会战。激战8小时后，奥地利军队被击垮，英法人称为萨多瓦战役，大多数人称其为柯尼希格雷茨战役。

约罔顾两国的意愿，禁止奥地利与德国的合并。希特勒用古老的德意志精神对这一20世纪的条约进行了抨击，又煽动性地在其中填充了许多近代历史间的愤恨和种族血统理论。

在德奥合并多年之前，奥地利学校的课程就为了反映泛德意志主义情绪而进行了调整。修订后的教科书宣称，在远古时期，奥地利这片土地上便生活着德意志人。我父亲是在这些变化发生之后在维也纳接受的教育，并在相当于美国小学教育的中期离开的。当我问他在维也纳读书时学到的奥地利和德国统一的原因时，他就像被锤子敲到了膝盖般本能地回答说："因为那样能形成一个说德语的群体。"我问，是否还有其他原因？"呃，纳粹觉得两国有着共同的历史。"父亲说。我又继续追问。"他们使用同样的语言"，父亲回答，而后有些无奈地耸耸肩。这是他能回忆起的被教过的所有内容，德语是德国血统的口头表达。

茨威格遭遇的语言问题开始于"Deutschtum"（德意志精神）一词。这个词在以德意志之神秘为话语基础的柏林与多语种、多民族的维也纳的含义截然不同。即使在关注德国人民的神秘因素之前，普鲁士为了统一德国，其军队的领袖已开始用形而上的夸夸其谈为赤裸裸的侵略辩护。卡尔·克劳斯有次说，"德国人民的问题不在于发射炮弹，而在于他们把康德的话刻在炮弹上"。被普鲁士化的德语中充斥了大量绚丽的陈词滥调，来为侵略的暴行掩饰，希特勒又用很多神秘主义的因素对官僚政治的普鲁士-德国进行了划分。20世纪30年代，一个纳粹的早期追随者将希特勒声音中催眠般的效果比作"仿若置身于一个强有力的磁场之中，无论对他心怀排斥还是被他吸引，都会不由自主地感到亢奋"。流亡的维也纳精神分析学家恩斯特·克里斯（Ernst Kris）在1940年写道，希特勒曾说过，大众是如此愚蠢和没有主见，他们会相信你用蛊惑人心的语言口号式地说出的一切。克里斯解释说，"真相无关紧要，只要包含某种意识形态，某种可以激发想象力的东西即可"。

对那些被迫通过收音机收听，或在报纸上读到希特勒演讲的犹太人来说，希特勒的语言听起来几乎是毫无新意的滑稽，而他所有的表达全是一种暴怒。茨威格写过他在1938年美国巡讲途中经历的恐惧。火车刚刚离开休斯敦时，他忽然听到一阵"响亮、疯狂的德语的吼叫"，原来是某个乘客无意中打开了收音机。茨威格僵硬地坐着，火车驶在得克萨斯一望无际广阔的平原上，希特勒愤怒的声音始终在车厢中回荡。

但是当反对希特勒的人真的去听他的演讲时，他们从中感受到的就是某种强烈的愤怒。据传，希特勒演讲时常常激动，激动到不由自主地去咬自己的手帕，还会去咬垫子，然后猛地趴到地上，开始咬地毯的边缘。一个美国记者在1933年评论说，戈培尔为希特勒提供的内容"把德语变成第三帝国人民神秘的音乐，听起来非常悦耳，甚至还很虔诚"。另一个评论说希勒特"悦耳的男中音，像一个地道的奥地利人那样拉长元音……演讲者的声音总会被比作某种乐器，而希特勒洪亮的声音简直就是整个交响乐队"。

相较于茨威格嗓音中的音乐性——一个听过茨威格演讲的人把它形容为"极其柔软，又具有丰富的表现力"，这个交响乐队般声音的本质是什么？奥地利电影导演贝托尔德·菲特尔（Berthold Viertel）认为，茨威格的风格从"本质上来说是拉丁式的。他的德语中缺少哥特式的元素"。一个德国记者告诉过我，茨威格写作风格对她的吸引力源自那种"巴赫似的"多种共鸣。在现存少数几个茨威格的录音中，有一个是他朗读自己作品。茨威格的声音在无数的音区起伏，颤抖着、抑扬顿挫的，穿插着"o"和低沉的"r"，拉长调子的元音和清脆干净的辅音。那是一次精彩的朗诵，除了抑扬顿挫的韵律感外，还传达出更多的东西。茨威格的声音听起来非常的柔软、生机勃勃，又会突然充满厌世之感。

很显然，并非每个人都对茨威格这种混合的声音特质保持同样的看法。在他无数的追随者外，也有很多人不喜欢他，不喜欢他的为人、声音和作品——谴责他油腔滑调的老练和潦草马虎。茨威格作品的一个狂热爱好者曾声称，从他的中篇小说可以看出，茨威格已经精通了地球上的所有语言。对此，卡尔·克劳斯讽刺地回应道："有一种除外。"这似乎非常巧妙地总结了针对茨威格德语的批评。

希特勒在《我的奋斗》中着魔般地关注保存正宗的德语，使它免受斯拉夫人和犹太人的污染。希特勒写道，德国人民并没有真正理解德语在奥地利，尤其是维也纳，被四处围攻的程度。他得意于自己虽然在维也纳生活多年，但从未学过维也纳方言，正是因为这种方言受太多非德国的影响。即使在第一次世界大战前，对维也纳心怀同情的观察者也都发现了这座城市性格中无可救药的模棱两可。维也纳是"理智和伤感的，世故和天真的，品位过于精致和直觉非常原始的"——在民族和心理上如此混杂，甚至可以称其为"一个维也纳种族"，散文家爱米莉亚·冯·恩德（Amelia von Ende）这样说。

归属的梦想困扰着茨威格生活的那个年代，是今天我们这些没有过永恒家园幻想的人无法理解的。那种发现自己可能不属于任何地方的震撼，对当时的人来说是非常新鲜的体验。西方社会大规模的无国籍现象从第一次世界大战后才开始出现，那时的俄国革命，巴尔干半岛上国界的重置，土耳其境内对亚美尼亚人和亚述人的迫害等事件导致数百万人无家可归或失去了政府的保护。这也导致了在跨国旅行时不可避免地要出具国籍证明。

维也纳长久以来便对移民有着磁铁般的吸引力，其居民有斯拉夫人、匈牙利人、德国人和意大利人。"归属感"对这里的人来说通常意味着他们还属于其他地方——如此一来，在当下的情势下，维也纳就在移民选择上略占优势。法国天主教诗人查尔斯·佩罗（Charles Péguy）在这种情况下发现了犹太人的一个特殊品质："心处他乡，是这个民族最大的罪恶，最隐秘的美德，最神圣的天职。"维也纳这种无论其种族根源如何都可以在别处生活并属于别处的特质，使得这座城市的民众对国家忠诚这一问题尤其凸显。这些问题往往在学校和官僚机构就是否可以使用除德语外其他语言的野蛮论争中表现出来。

希特勒写道，他在年轻时并不是一个反犹分子，实际上，他觉得教会把犹太人妖魔化的行为是迂腐陈旧的。但他又补充说，在他长大的林茨（Linz），他几乎没有见过犹太人。到了维也纳后，这种情况发生了改变，他仍能准确记得第一次意识到自己没能搞清楚反犹主义意味着什么的时刻。

有一天，他在内城散步时，突然看到一个身穿长袍，留着黑色卷发的人。"我的第一个反应就是——'那是个犹太人吗？'。"希特勒回忆说，"林茨的犹太人不是这样的。我偷偷地观察着那个人，对着那张陌生的脸看了很久,观察着一个又一个的特征,我的疑问从'那是个犹太人吗?'变成了'那是个德国人吗?'。"希特勒最终对语言问题的关注是因为,他认为犹太人能"说上千种语言",假装拥有德国国籍"单单取决于他们的语言模仿能力",犹太人光凭语言就能够"成为"真正的德国民族的一员。而且,假如犹太人掌权,他们很可能会强迫所有人去说某种国际语言,比如世界语。《我的奋斗》的开篇就呼吁奥地利和德国重新合并,并最终膨胀为一种反对流亡的歇斯底里的赞歌:"所有那些被迫与故土分离的人,为神圣的本民族语言奋斗的人,为忠于自己的祖国而受到迫害、饱经磨难的人,所有那些痛苦地渴望重回挚爱的母亲的怀抱的人,我这番话是说给他们的,而且我知道他们肯定会理解我。"

希特勒在维也纳内城遇到犹太人的场景,与茨威格在流亡开始后不久与奥托·萨里克在伦敦发生的事情,形成了怪异的对应。他们二人某个晚上一起去意第绪剧院(Yiddish Theater)观看一出名为《恶灵》(Dybbuk)的演出。萨里克写道,这是一场令人印象深刻的演出,将俄国一个犹太人居住区的生活场景表现得栩栩如生。但表演结束后,茨威格激烈、紧张的烦乱令萨里克非常吃惊。"这些老犹太人,"茨威格说,"身着奇装异服,从不修剪胡子,眼睛通红,这些哈西德派的信徒……他们是我们的同胞。"茨威格告诉萨里克,正是由于他们二人的曾祖父们决心同化,才使得他们和这些犹太人看起来完全不同。如果不是他们血缘亲近的先祖,他们二人可能也会"信奉像他们一样的信仰",将"在西方世界中的生活看作是短暂的过渡——我们,同样也会彼此庇护,共同梦想着最终'返回我们祖先的土地'"。茨威格几乎要脱口而出,"如果不是上帝眷顾,我也会变成那样"。但萨里克注意到茨威格的语气里满是绝望和听天由命，毕竟——正如他表示的那样——他还没有完全摆脱那种可能。不论其他，他也只是伦敦城里又一个中欧的犹太移民。诗人席勒在一个类似的场景中曾经宣称："我是作为一个世界公民在写作。早些时候，我用我的祖国交换了全人类。"茨威格努力想模仿席勒这种精神，但他既无法摆脱对德语的依恋，又无法令自己确信，随着希特勒的掌权，他已完全同德语分离。汉娜·阿伦特在战后被问到，在纳粹崛起前的欧洲中，她最怀念什么以及那个时代的什么最后保留了下来。她著名的回答是："希特勒之前的欧洲？我可以告诉你，我并不怀念那个时期。至于什么保留了下来……语言。"她的对话者追问她，在最痛苦的时期是否也会是这个答案。"永远是，"阿伦特回答，"我曾扪心自问，我该何去何从？出问题的并不是德语，而且，永远没有什么东西能代替母语。"

阿伦特的话强有力地反驳了茨威格语言上的绝望，但我不敢确定这种观点在今天是否已经为人接受。或许，一种语言的某些部分可能会出现问题。此后，茨威格继续阅读他的歌德和里尔克（Rilke），但身为世界历史舞台上的活语言，茨威格拥有铁证，说明德语即使没有问题，起码也已经遭到了挟持——从语言学层面来说，已经被分解、重组。维克多·克莱普勒分析了德语单词"狂热"（fanatisch）的命运。在希特勒崛起之前，这是一个完全的阴性词，指的是与现实和理性的脱节。到了第三帝国时期，"狂热"开始与勇气、奉献和永不投降合并到了一起。在希特勒生日当天，德国的报纸上全都是祝贺的信息，交叠重复着"狂热的誓言""狂热的声明"和对帝国不朽的"狂热的信念"。到了战争后期，随着纳粹形势的越发绝望，媒体上开始出现铺天盖地的"对最终胜利的狂热信心"的宣扬。因此我们可以说，一般意义上的"狂热"已经被流放。茨威格 1936 年写给罗兰的信中说，很有必要形成"一种狂热的反法西斯主义"——这一表达表明，茨威格本人也是这种综合征的受害者之一。

这种德语与其原意的分离，使茨威格充分认识到他与这个世界的疏离——这是一个被包裹在有形问题之中的形而上的问题。当茨威格被禁止进入主要的德语国家后，他该如何继续用本来的语言来对自己进行界定。因为茨威格同样相信没有什么东西可以取代一个人的母语，所以他的困境显得尤其严峻。在比特摩尔酒店时，茨威格讲述了自己因纳粹的暴行油然而生的耻辱感——那些"试图通过自己的作品去传承同样的德国文化的名义"的暴行。他承认可能会令观众们吃惊的是，他和他那些流亡的同胞仍在用德语工作。茨威格宣称，虽然"一个作家可能会离开他的祖国，但永远无法同他用来思考和工作的语言分离"。

马丁·贡佩尔特曾写到，他作为一个英语不流利的流亡者来到纽约，意味着来到一个"又聋又哑"的地方，意味着一个人被迫陷入"十足的没有尊严和病态"。原本是美妙旋律的声音，突然之间变成了"声响"。对一个"处于更高智力水平"的人来说，这种语言的缺失简直是"一种无法克服的冲击"。茨威格身为犹太人、奥地利人、欧洲人的多重困境，可能与其他人有着细微的不同。但我认为，这种被剥离的绝对的冲击，肯定也刺激了茨威格促使他做出国际笔会上的演讲。他摆脱了一贯的克制，开始直抒胸臆地哀叹："这就是我们终生用以对抗自我神化的民族主义的语言！这也是我们用来对抗那摧毁了我们的世界并将人类的尊严碎成齑粉的恶魔仅有的武器！"

德国和奥地利的犹太人仅有的武器又被他们的敌人调转过来，对付了他们。

聆听着丈夫的演讲和周围突然爆发的掌声，洛特感觉自己也得到了认可。她在茨威格写作这篇演讲稿的过程中发挥了重要的作用。在写给哥哥曼弗雷德和嫂了汉娜的信中，洛特说她一直忙着"准备、翻译、修改、更正、缩减、再翻译"，以致一连好儿天没见到伊娃。除听到她帮忙修改的句子被大声讲出来，她对那个晚上还有种似曾相识的感觉。"我们曾经读到过的大部分欧洲作家都在场"，她惊喜地说，像托马斯·曼、安德烈·莫洛亚、西格里德·温赛特（Sigrid Undset）、利翁·福伊希特万格、弗朗茨·韦尔费尔等。她在家里藏书上经常看到的那些名字，突然之间全都活生生地出现在小瀑布舞厅，出现在她的面前。

7年前，洛特与茨威格的恋情开始时，肯定也有很多这样的时刻。我想起了茨威格的中篇小说《一个陌生女人的来信》，这篇小说完成时他还没有认识洛特。茨威格在小说中描述了一个著名小说家和一个年轻、天真、热情的女人的恋情。这个女人写出了她爱的表白："你自己还没有进入我的生活，你的身边就出现了一个光环，一种富有、奇特、神秘的氛围。"看着这个作家的东西搬到了她家附近的公寓里，故事的主人公想着这个男人肯定有许多"漂亮的书，这些书他都读过，他还懂那么多文字，那么有钱，同时又那么有学问"。

在见识到茨威格交际广泛的朋友圈后,洛特忽然发现,自己其实正在同那些长期以来代表了文化参考点的人会面。同茨威格在一起肯定使洛特感到了某种程度的晕眩。这个人的名字在每家书店、那么多报纸和文学期刊上出现过——他的作品甚至有可能成为整个欧洲文学的缩影——而现在,他居然就在她面前,在让人头晕目眩的旅行的间歇和她一起休息,在火车站、豪华的饭店和酒店同她约会,冷静地将她放入自己已排满的人生之中。

洛特家族也有不凡的成就,虽然还没到茨威格这种世界闻名的程度。洛特出生于1908年,在法兰克福长大。她的曾外祖父,著名的拉比参孙·拉斐尔·希尔施(Samson Raphael Hirsch)是公认的现代正统主义的奠基人。希尔施在捍卫自己严格的信念时使用的是优雅、古典的德语,而不是他的祖先会选择的希伯来语或意第绪语。他还是犹太社区中推动进步性社会福利方面的先锋军。洛特的外祖父孟德尔·希尔施(Mendel Hirsch)是法兰克福一所犹太名校的校长。她的母亲泰瑞莎(Therese)是一个非常虔诚的犹太教徒,在这所学校里教书。洛特的父亲约瑟夫(Josef)后来成了商人,他求知若渴,自学了很多种语言,还是一个出色的钢琴家。

弗里德里克在有关她前任丈夫茨威格的传记里,对洛特的介绍并不友善,而且更多的是赤裸裸的同情,而不是模糊的赞扬。弗里德里克声称,洛特能和茨威格在一起,得益于她在伦敦时想为丈夫物色一个能干的秘书。"在我们的顾问推荐的一个漂亮女孩被证实过分耽于享乐后,我决定到那所优秀的犹太难民机构沃本之家(Woburn House)寻找更合适的候选人。"弗里德里克带着嘲讽地写道,"我从那些人里选中了一个非常严肃甚至有些忧郁的姑娘,她的忧郁看起来似乎是同无数同胞一起默默忍受着命运,这使得我最终选择了她。"(弗里德里克这段关于介绍洛特与茨威格相识的故事,一直以来都被认为是杜撰的。)"洛特·阿尔特曼小姐,"弗里德里克继续写道,"她的沉静让人忘掉了她的年纪。她被迫中断了大学学业,现在非常高兴能找到有意思的工作,即使是短期的。"这段话给读者留下的印象是,由于身体不好或思想迟钝或两个原因兼而有之,导致这个迟钝、无趣的犹太姑娘从大学里退学。弗里德里克的读者可能还在德国讽刺作家库尔特·图霍尔斯基(Kurt Tucholsky)的讽刺漫画里看到过同样的内容:"她来自法兰克福,并不年轻,有着黑色的头发,孤身一人。她每晚穿着不同的裙子,安安静静坐在那里读文学书籍。她是斯蒂芬·茨威格忠实的追随者,说到这儿,就什么都明白了吧。"

从洛特父亲约瑟夫的通信中可以看到,洛特被迫中断学业是因为反犹太主义政策,那些政策早在希特勒当上总理前就已开始实行。20世纪20年代后半期,洛特本该开始她的高等教育,但由于《凡尔赛和约》造成的德国的耻辱,也影响了很多学科——其中受影响最重的是洛特非常属意的哲学研究。

在国际笔会上,洛特与她的文学偶像见了面,而在了解到与会者为了那些依旧被困欧洲的人民已经实现了会议更高的目标后,她感到更加振奋。她在之后写给家人的信中说:"我们都非常吃惊,许多人都进行了公开的捐赠,每个人几乎都捐出了三四百美元。"虽然会议最终募得上千美元,但她注意到,那"只够支付十个人的旅费,而且他们只能通过最不可思议的路线逃出来——经由俄国和日本,或经由非洲和马提尼克岛,只有少数几个里斯本的本地人可以直接来到美国"。上千名宾客——包括真正捐了钱的人——只有十个人能离开欧洲!

对茨威格来说,这又是非常辛酸的时刻。除了他的第二故乡法国所有的卓越人物,在场的还有十几个维也纳和德国的难民,其中许多人都是他自年轻时就认识的。起码,在这个晚上,他旧日世界的一个碎片得到了修复。

茨威格在会前只是表达了对所有"在那些环境中形成的小气作家"的厌恶。他在给洛特家人的信中写道,那些自我中心主义者无法理解洛特和我这样的人,"他们会很高兴不用坐在那里看戏,而是起身离开,将这些琐细的看起来荒诞可笑的事情抛诸脑后,在世界上有房子被炸毁,无辜的人被杀害,有关全人类的重要决议正处于利害攸关的时刻。奇怪的是,就是这些人写出了优美的诗句,在他们的书里表现出了睿智和深刻的人性"。在会议结束后,他安慰没能在收音机上听到他演讲的汉娜和曼弗雷德,"你们没错过什么,所有的演讲都不值得一听"。

茨威格对这场笔会集会心怀不满的原因,指向了流亡的另一个伟大的悖论:流亡除了意味着要与心爱之人被迫分离外,还同样会带来可怕的重聚。茨威格向洛特的家人描述过,他在之前的冬天"和很多另一个世界的鬼魂"一起坐在瓦尔特的包厢里,观看了一场由布鲁诺·瓦尔特指挥的音乐会。希尔德·施皮尔在描述一场纽约上西城的聚会时,讲述了这一经历。她写道,那些宾客,"除少数几个外,全都是过去和遥远之地的遗迹,是解开某些已经死去或消失的东西的密码,是在墓地游荡的孤魂,比起我在其他聚会上看到的访客,尸体般的他们,似乎还更有活力些。有时……我会想,他们聚在一起,作为社交的一分子和作为个人的躯体,完全出于他们的怨恨、忧郁和回忆。但他们的确是聚在一起"。贡佩尔特简单地评论说,"移民造就了一种悲伤的伙伴关系,很大程度上由不和与敌意组成"。

茨威格在自传里描述现代反犹主义的神秘之处时,把流亡的这一内涵定义为一种被迫结为兄弟般友谊的关系。茨威格讲述了他在移居伦敦后找到了西格蒙德·弗洛伊德的那种欢乐,并宣布,在纳粹对犹太人的攻击中,最具悲剧性的事情就在于,犹太人完全不能理解他们被赶到一起遭受迫害的原委。他写道,起码他们中世纪的祖先知道自己受苦的原因:"是为了自己的信仰,为了犹太人的律法。"但20世纪的犹太人早就不是一个群体了,而且这种状态已经持续了很久。他们也没有什么共同的信仰,也不希望一起说希伯来语。只是纳粹将他们驱赶到一起,就像街道上的尘土:"这些犹太人中有的是住在柏林豪宅里的银行总裁,有的是正统犹太教堂的执事,有的是巴黎的哲学教授,有的是罗马尼亚的马车夫,有的是出殡时雇来哭丧的妇女……有的是诺贝尔奖获得者,有的是音乐会的女歌唱家,有的是作家,有的是酿酒工人;有的家财万贯,有的一贫如洗。他们中有大人物也有小人物,有虔诚的教徒也有思想开明的人……"在一阵撕心裂肺的哭泣中,茨威格追问道:"我为什么要逃亡?你为什么要逃亡?……我既不认识你,又不懂你说的哪个国家语言,我也不了解你的思维方式,我跟你毫无关系,为什么我要和你一起逃亡呢?"如果夏洛克那个著名的问题——"如果你刺我们,难道我们不流血吗?"——是为了表现犹太人和全人类有着共通的人性的话,那么,茨威格对反犹太主义的不公正的追问,就揭示出在所有犹太人中总体缺失的共同根基。

甚至连弗洛伊德,"我们那个时代头脑最清楚的天才",在人生最后几年之中,也经常同茨威格谈论这些问题,并为这种现象感到困惑,而且"没有人知道答案"。茨威格在伦敦和弗洛伊德最后一次谈话时,他那种被迫与毫无关联的人混为一谈的感觉——连同着流亡生活——似乎已经成为流亡经验的定义。

就在茨威格正要开始努力消化那些管理着他"理性的祖国"的德国人已经不再将他看作是德国人这一情绪时,他却发现,正是那些帮他摆脱了纳粹迫害的人,又将他认定为德国人。休战后通过的英国《外国人身份法案》(Aliens Act)的后果,就是英国在宣战后将所有的德国和奥地利难民立即视作"敌国公民"。他们必须得遵守宵禁,被严格控制出行,有时还会要长时间滞留在拘留营。即使早在"二战"爆发之前,伦敦最大的难民援助协会就已提醒流亡者们,要尽力避免各种显而易见招致嫌疑的行为,要小声说话,还要——后来在美国也出现了这个问题——尽量避免在公开场所说德语。这些警告反映出的不仅是担心难民有可能会被当作潜在的破坏者,还恐惧英国的反犹分子可能会受到德语的刺激而觉醒——已成立的英国犹太协会对后者尤其敏感。

茨威格在 1939 年 9 月发现自己被认定为一个"敌国公民",但他似乎对英国人将他看作是一个德国公民而更加愤怒。"我从来都是奥地利人,"茨威格向他的出版商许布施抗议,"我觉得新的信息部至少应学点儿德国文学,这样他们就会清楚我并不是什么'敌国公民',而是一个(和托马斯·曼一样)比其他人更有用的人……

不要忘记我，老朋友，也不要因我而感到耻辱，只因他们在这儿给我贴上'德国人'的标签！"

茨威格被迫留在距巴斯（Bath）中心五英里（约合8千米）的范围内活动，除非得到特别许可。他告诉许布施："你会理解的……我58年来都不喜欢坐在等候室里，还有这些年里我做过些实质性的工作……从现在起我将尽力避免任何'优待'。"

弗洛伊德去世时，茨威格被邀请在9月26日的私人葬礼上发表悼词。当时正值英国对德国宣战的几周之后，茨威格因此申请出外旅行。从巴斯到伦敦旅途中的灯火管制太过痛苦，几个小时空等在黑暗的火车站，什么都不能做。葬礼当天雨下个不停。

"在我们年轻之时，我们都热切地渴望能过一种英雄般的生活。"茨威格用德语对葬礼上的一小群弗洛伊德国际上的盟友说，他们之中有很多是来自中欧的流亡者。"我们梦想着能亲眼见到这位精神上的英雄，使我们变得更好，不在意任何诱惑、声誉和虚荣，拥有完整而有责任感的灵魂，并献身于他的使命之中。这个使命不仅使个体受益，而且充实全人类。我们亲爱的弗洛伊德，实现了我们年轻时的这个热情的梦"。

安娜·弗洛伊德（Anna Freud）和奥地利一位著名剧作家的女儿米里亚姆·比尔-霍夫曼·伦斯（Miriam Beer-Hofmann Lens）站在一旁，她们全都惊讶于茨威格德语文笔之优美。恩斯特·琼斯（Ernst Jones）悲痛地承认，茨威格的德语无疑已升至令人惊讶的高度。但茨威格的英文悼词，则像是呆板、空洞的摘要。这篇演讲未被翻译成英语。贡佩尔特写道："我们从童年时就听过、学过、记住的词语全都有甜蜜或可怕的象征义，对我来说，英语中的

'dead'（死亡）不等于德语的'Tod'（死），'mother'（母亲）永远不同于德语的'Mutter'（母亲），'war'（战争）也不可能是德语的'krieg'（战争）。"

英国对德宣战时，茨威格身为一个犹太人的所有矛盾的情绪与他语言学上的绝望融合到了一起。他曾对一个朋友说，他已成为一个无法想象的异类，"用一种已从我们身上夺走的语言进行交流和思考，生活在一个我们只是被容忍的国家之中。犹太人失去了宗教信仰，甚至失去了想成为一个犹太人的意愿"。一直被茨威格当作逃离这个世界手段的语言，现在变成了一个陷阱。他担心自己现如今正沉浸其中的新语言最终会侵蚀掉他的德语。"现在我开始了另一种生活，不再自由和独立。"茨威格在1939年9月3日的日记里用英语写道，"我只是遗憾没有机会去写作，因为我无法用英语写作。在这里，没有人能改正我的错误，为我想说的话润色。最令我烦恼的是，我被囚禁于一种无法使用的语言之中。"

第六章　到咖啡馆去！

在纽约的生活中，茨威格永远无法适应的就是缺少地道的咖啡馆。在很多地方的咖啡馆里都能喝杯咖啡，但那并不是真正的咖啡馆。茨威格说，经典的维也纳咖啡馆是世上一种独特的存在，它既是办公室，又是精神家园和民主俱乐部，只需一杯咖啡的价钱，就向所有人开放。另一个奥地利流亡者抱怨："我不明白，为什么美国其他的东西都非常文明，却没有地道的咖啡馆。"美国并没有欧洲这种典型的"泡咖啡馆的人"，他们可以整天坐在一张小桌子旁，注视着其他的顾客并端详整个世界。

画一张欧洲的地图，"沿着茨威格最爱的咖啡馆，在某些时刻你总能遇到他。他或在看报纸，或在下棋，总是乐于甚至可以说急于见见朋友和结识陌生人"，奥托·萨里克说。"或是维也纳的'贝多芬咖啡馆'（The Beethoren）和'赫伦霍夫咖啡馆'（Herrenhof），或是布达佩斯多瑙河畔的'韩格利咖啡馆'（Hangli），苏黎世的'露台咖啡馆'（Terrace）或巴黎的'圆顶咖啡馆'（Café du Dome）"。即使在伦敦时，茨威格依旧设法把摄政街（Regent Street）上一家安静的咖啡馆变成他流亡的总部。萨里克回忆说，"他会坐在那里，等着被移民大潮丢到这自由国家海岸上的人"。那些茨威格认为已经去世或被囚禁在集中营的人，可能会突然出现在帕拉迪恩剧院对面他的"圆桌"旁。一旦逃离达豪集中营（Dachau）或布痕瓦尔德，他们就会知道该怎样找到茨威格。在流亡开始时，咖啡馆成了比那些跨国绿洲更重要的存在，而且并非只有茨威格认识到它们的新地位。"如果一个人生活在流亡中，"茨威格的朋友赫尔曼·凯斯滕评价说，"咖啡馆就同时成了家、国家、教堂和国会，一个沙漠和朝圣地，幻想产生的摇篮和墓地……在流亡中，咖啡馆就是生活得以赓续的地方。"

但在纽约却没有这样的场所，这个城市没有能令人沉静或专注的地方。纽约人即使在吃饭时，也总是同时做着其他事情，比如看报纸、制定商业决议。"游民在纽约没有立足之地——他猛然冲入持续不断的洪流之中，就像洪水中的一段浮木！"茨威格如是说。即使那些打扮奢侈无所事事的女人，也总是在反反复复地忙着锻炼和追求时尚。博物馆里也有着无数的活动——总是有演讲，根本没有安静沉思的地方。在轮船和火车上时，有人会因为要在一两个小时内被迫保持静止而备受煎熬。他们在享受闲暇方面看起来毫无经验，会在每个站点冲下火车去买报纸，去赌博，去抽烟，去随便做点什么，无法保持那些咖啡馆里知识分子的经典姿势，安静地和一杯咖啡相伴。

精神分析学家弗里茨·威特尔斯（Fritz Wittels）观察到，维也纳的咖啡馆永远不可能在美国兴盛起来。"他们说那样赚不到钱，他们是对的。"他写道，"一个人永远无法把这种来自近东的咖啡馆精神移植过来，那就是东方市场的精神。一个人在咖啡馆可以做生意，见自己的朋友，听听八卦、童话和音乐，坐下来一小杯一

斯蒂芬·茨威格在萨尔茨堡的一家咖啡馆里（图片提供：the heirs of Stefan Zweig and a private collection）

小杯地喝黑咖啡。咖啡馆这种难以名状和无与伦比的魅力，肯定与《一千零一夜》有关。普鲁士士兵的正步走和维也纳的咖啡馆是无法共存的。"

1939年纽约世界博览会筹备期间，委员会提议设立一个主题为"德国的昨天和明天"的"自由馆"，来纪念纳粹之前的文化成就。斯蒂芬·茨威格的作品将被放在最显眼的地方，连同托马斯·曼、阿尔伯特·爱因斯坦和西格蒙德·弗洛伊德的作品一起。

纳粹听说了这项计划后，立即开始了大规模的政治宣传，反对这项在他们眼中"为犹太'垃圾'设立的自由展馆"。这项计划虽然得到了世博会的很多组织者和美国国务院的强烈支持，但最终没能实现——部分是因为它看起来"充满了火药味"，可能会把美国拖进与希特勒的斗争中去。

尽管存在这些争议，所有筹备者都有志一同地希望实现"对每个自由的德国精神的支持"，展馆原计划要精心重现维也纳的咖啡馆，包括维也纳招牌的浓缩咖啡、穿着维也纳传统服装的侍者——或许还会有演奏华尔兹的管弦乐队。经典的维也纳咖啡馆体现了被纳粹党人危及的奥地利和德国文化的价值。

19世纪后期，茨威格在维也纳咖啡馆的生活开始于格林斯坦特尔咖啡馆（Café Griensteidl），他在那里加入了推动奥地利现代主义文学发展的"青年维也纳"。自那之后，茨威格又到过中央咖啡馆（Café Central）、赫伦霍夫咖啡馆（经常来这里的还有茨威格认为非常严肃的俄罗斯难民托洛茨基［Trotsky］），以及内城周围无数其他的咖啡馆。维也纳的咖啡馆里有报纸、艺术杂志、文学期刊和活力四射的对话，正如茨威格在自传里描述的，是"了解一切新鲜事物的最好的教育场所"。这些咖啡馆是各种新运动的温床——是"兴趣相同的集体的力量，我们不是用两只眼睛而是用二十只乃至四十只眼睛去"关注全球艺术动态的地方。

茨威格在1935年重新回到了维也纳的咖啡馆。那时他已流亡到了英国，这次回维也纳是他自出生后的最后一次长时间停留。茨威格住在他童年住所附近待客友善的女王酒店（Hotel Regina），就在感恩大教堂（Votive Church）对面。1853年，皇帝弗兰茨·约瑟夫（Franz Joseph）在教堂的原址上被一个匈牙利的民族主义者刺中了颈部。幸亏礼服厚厚的高领，他才得以保住性命。

茨威格本打算在他关于玛丽·斯图尔特（Mary Stuart）的传记出版后就离开维也纳，但他的母亲病得很重，他不忍在这种时候离开。后来他又被告知，自己那一连串的牙科治疗不能再拖延。本是计划几周的停留，现在被迫拉长到了几个月。在那段时间，茨威格似乎又重新在这个大都市里生活一样。尽管有焚书和大量新的出版限制，《玛丽·斯图尔特》（*Mary Stuart*）还是出现在了书店里，这部传记成了茨威格的另一个胜利。茨威格发现，维也纳的每个地方几乎都有恣意放肆的花天酒地，这在他看来简直就是精神错乱。《纽约时报》在那个秋天某日的头版头条是《灾难重重的奥地利人依旧在纵情享乐》。奥地利国内的货币币值已经稳定，旅游人数上涨了四分之一。除了具体的经济数据外，《泰晤士报》的报道中还写道，人们无法忽略"奥地利人的性格，他们的魅力，他们愉快的文化——还有自由放任。奥地利人充分认识到了笼罩在欧洲上空的阴影，但今天他们感到自己这片独特的天空比之前还要清朗"。

茨威格却不是这样。他被贫困的作家所包围，并对维也纳这种虚假的乐观主义充满厌恶。"你绝对想不到……这里作家的情况有多糟，"他在给罗斯的信中说，"一点点钱对他们来说都是天文数字。我见到了许多人，包括一些我从未预料到的。这太恐怖了，我巴不得我的书能尽快印出来，好马上离开这里。"茨威格的老朋友、德国作家埃里希·埃贝迈尔到酒店来见他，希望他继续留在奥地利，还讲述了他和他的朋友参与的反纳粹活动。茨威格的回应是："我无法一直坐在这儿，眼睁睁地看着德国一步步逼近萨尔茨堡。"

诗人希尔达·杜利特尔（Hilda Doolittle）当时正住在女王酒店，接受西格蒙德·弗洛伊德的心理分析治疗。她回忆说，酒店正前方的"空中偶尔会落下像节日里五彩纸屑般的东西，有绘着纳粹标志的镀金纸张，还有狭长的打印纸条"，上面都写着"言简意赅、切中要害"的格言，"其中一些纸上用入门级德语写着'希特勒给人面包''希特勒给人工作'诸如此类的话"。

茨威格在后来的两年中又短暂地回来过，维也纳实际的前景和外表的光鲜之间的不协调越发明显起来。茨威格在1937年最后一次维也纳之行中，被这种分裂弄得晕头转向。这一年的年底时，炸弹爆炸和激烈的抗议变得司空见惯起来，到处都是穿着代表纳粹党的紧身白色及膝袜的年轻奥地利人。纳粹标志在墙上、门上处处可见，甚至还有人用粉笔画在人行道上。每种公众的集会都成了暴力的借口。在1937年春季德国对阵奥地利的一次手球比赛中，有4.2万人观看——德国取胜后，1万人发起了暴力庆祝。他们唱着纳粹歌曲，殴打外貌像犹太人的路人，闯到咖啡馆攻击客人。

1933年至1938年期间奥地利的政治一直试图在德国与欧洲之间尽可能保持有利的位置，但当奥地利除了战略位置外再无其他任何筹码时，情况就突然从很坏变成了糟糕，然后是更加糟糕。茨威格写道，奥地利的总理恩格尔伯特·多尔富斯（Engelbert Dollfuss）在1932年底掌权后，鉴于英国和法国的壁上观，为了保持奥地利的独立，他转而投靠了最有可能庇护它的意大利。但墨索里尼为这种联盟提出的要求是奥地利完全成为一个法西斯国家，还要通过打击奥地利国内势力最大的社会民主党来表明忠诚。这个提议并非只是墨索里尼的提议，多尔富斯政府内部和大批奥地利平民都想建立法西斯统治下的独裁政权。还有少数人相信，第一次世界大战后保留下的奥地利完全可以自给自足。帝国的断尾求生刺激得很多维也纳人远远退缩到幻想之中。"我将依靠残躯生活，并想象那依旧是整体。"弗洛伊德在1918年的一封信里写道，捕捉到了前帝国首都中普遍的情绪。一则逸闻也反映出民众对国土消减的情绪：两个提洛尔人打算一起徒步，其中一个人建议"我们围着奥地利走吧"。"不，"另一个人回答，"我不想午饭前就回到这里。"这种软弱行径的实际后果就是依赖更有权势的国家以求生存。20世纪30年代末期，德国流行着一个笑话，讲的是希特勒、戈林和戈培尔坐在一起商量，假如第三帝国崩溃的话，他们该怎么办。戈林说："我会穿上平民的衣服，没人能认出我来。"戈培尔说："我会闭口不言，没人会知道我是谁。"希特勒耸耸肩："我什么都不用做。我是一个奥地利人，那些有权势的国家会保护我的。"

如果在希特勒崛起与德奥合并之间，选取两个在奥地利政局中至关重要的转变的话，第一个应该是1933年多尔富斯剥夺了奥地利议会的权力，并成立了奥地利－法西斯政权。随之而来的极端天主教、泛日耳曼主义的奥地利乡村掌控了维也纳。第二个是多尔富斯在1934年2月——迫于墨索里尼要求的优先事件，还有来自希特勒、奥地利右翼军队势力的压力——对奥地利的社会民主党发动的短暂而血腥的内战。在这场暴行中，上百工人死去，上千人受伤，而很多社会民主党领导人要么逃走了，要么被绞死了。希尔德·施皮尔想起那段时间从收音机中听到的威尔第（Verdi）的《安魂曲》(*Requiem*)，"我们觉得，那是对我们失去的同志的悲悼，过去一周发生的事象征着我们世界的终结"，她在自传中写道。她将

1934年2月这个事件看作比德奥合并还要可怕的转折点，对那些质疑她观点的人，施皮尔反驳说："西班牙战争多年之后，马德里落到了佛朗哥手中。伦敦的一群流亡者指责他们之中的一个女人没有哭泣，女人回答说：'我已经为巴塞罗那哭过了。'我们全都在那个二月哭过了。"

但在维也纳内城宫殿和资产阶级公寓沉重的大门之后，身着晚礼服的宾客们依旧活跃在光彩的宴会中。茨威格警告他的老朋友和熟人们，末日就在眼前。他把自己多年之前在萨尔茨堡预见到的告诉了他们。茨威格在自传里写道，他的老朋友们对这些警告哈哈大笑。他们"嘲笑我，讥讽我，说我还是那个老'耶利米'"，暗指他在第一次世界大战期间写的那部《圣经》里先知的寓意戏剧。茨威格写道，他们大笑，邀请我参加下一次聚会，然后挤进漂亮的商店里去采购圣诞节物品。他想对他们说："难道你们不理解吗？所有的这一切在几个月内都会消失。你的家园会被掠夺，你身上的衣服也会变成囚衣。"但是无论他走到哪里，他在维也纳无忧无虑的氛围中听到的，用一句维也纳格言可以概括，这句话他曾经也非常喜欢："你不会出什么事的。"茨威格四年后在奥西宁沉思，或许，他们全都比他要聪明。为什么要让那些不想烦心的人去烦心呢？茨威格用他自己那种甜蜜的维也纳式的自由放任扪心自问。克劳斯·曼在这一年也来过维也纳，他发现这个城市里"所有的一切都已停滞和衰落"。

但在1935年，事情还没有变得太糟。虽然依旧持着悲观主义，茨威格还在继续他的巡游。茨威格在那几个月里见过很多人，其中一个经常见到也并不需要他接济的是赫尔曼·布洛赫——他同茨威格一样，有着丰厚的家资，家族里同样有纺织厂，只不过三年后被夺走。每个人都说布洛赫是个极友善的人。维也纳的著名艺术家通过打压新人来确保自己地位的现象屡见不鲜，但布洛赫从不这么做。他骨架很大，眼神温和，嘴里总是叼着烟斗。布洛赫喜欢和茨威格谈论如何培养精神的民主，主张给予民众投票的权力，但不能赋予他们治理的权力。

在那些日子里，布洛赫经常会谈到詹姆斯·乔伊斯（James Joyce），茨威格也认识他。茨威格曾在苏黎世见过乔伊斯，当时他到苏黎世等待第一次世界大战的结束，而乔伊斯正处于一种自我放逐中。茨威格在奥德翁咖啡馆（Café Odeon）的一角见到了这个严肃的年轻人，他留着棕色的胡子，戴着厚厚的眼镜。当他们二人互相介绍时，茨威格惊讶于乔伊斯直截了当地说自己和英国没有任何关系。

"我想要一种超越一切语言的语言，所有的语言都将为它服务。"乔伊斯宣称，"英语不能完全表达我的思想，我不会因这种语言而受传统的约束。"茨威格那时并没能完全理解乔伊斯，但后来他对德语那种依恋又陌生的分裂情感让他不禁又想到了乔伊斯的话。茨威格感动于乔伊斯把《一个青年艺术家的画像》（*Portrait of the Artist as a Young Man*）唯一的样本借给了他，还有他的剧本《流亡》（*Exiles*）。茨威格打算把这个剧本翻译出来，后来也的确帮忙出版了。乔伊斯非凡的语言知识令茨威格震惊，他圆而凸的前额"在电灯灯光下简直像瓷器一样光滑"，里面似乎装着"所有习语的全部词汇"，茨威格写道。

乔伊斯在20世纪30年代已经卓有声名，他在面对自己得到的荣誉时那种优雅自信令布洛赫非常着迷。布洛赫和茨威格经常谈论维也纳那些努力想要被瞩目、努力挣扎求生的作家。布洛赫说到刚从瑞士返回维也纳的年轻作家埃利亚斯·卡内蒂,卡内蒂也曾见过乔伊斯。布洛赫极为坦诚地表示出对卡内蒂与乔伊斯相识的羡慕之情。卡内蒂在举办于苏黎世一个精美房间的聚会中朗诵自己的剧作《虚荣的喜剧》(The Comedy of Vanity),引起了乔伊斯的注意。布洛赫对茨威格说,卡内蒂非常有天赋。卡内蒂虽然在文学界有很多熟人,但他的《康德引火》(Kant Catches Fire)还是找不到出版商。这并不是一本易读的书,但只要出版就会令人印象深刻,布洛赫对卡内蒂说。"它太深刻,太可怕,因此不可能会被忘记。"布洛赫清楚地告诉茨威格,卡内蒂需要一点帮助。

茨威格一直致力于帮助年轻的俊才。他25岁住在维也纳的单身公寓时,就在贝多芬咖啡馆优雅明亮的房间里培养了十几个比他还年轻的作家。在一家小仙人掌店旁的普切尔咖啡馆(Café Pucher)里,茨威格耐心地读完了勒内·菲勒普-米勒(René Fülöp-Miller)的诗歌。勒内当时刚刚14岁,从家里跑出来,饿得要死,据他回忆,自己当时正在与"一种绝望的宇宙的诗歌"搏斗。茨威格对年轻人的资助在战后越来越多。德国诗人沃尔特·鲍尔曾在茨威格如日中天时给他写信,鲍尔当时在一所小学当老师。令鲍尔惊讶的是,几天后他就收到了茨威格的回信,"信是用紫罗兰墨水写的,字迹非常流畅"。茨威格在信中向他保证:"我将永远支持你,你可以信赖我,我也会关注着你——只要你需要帮助。如果我们不能互相帮助的话,那还能做什么呢?"鲍尔写道,从那一刻起,他感到自己已经处于茨威格友谊的"庇护"之下了。他猜想,茨威格从他的第一行诗里应该看到了"一种年轻的精神,渴望跨过边境,笨拙却急切地寻找那些后来成为格言的词语:欧洲"。茨威格的关怀中有种母性的品德,但同样也表现了他有志于在年轻一代中传播世界性的包容。

茨威格还忙着他的新出版商赫伯特·希勒的一堆事。1935年春天,希勒想把自己的事业从德国的因泽尔出版社(Insel)转移到维也纳。他们两个经常通过电话联系。除了自己的事,茨威格还帮着希勒介绍新的作家,帮助他将新事业运转起来。

茨威格某一天在牙医那里接受过一场尤其残忍的治疗后,漫步到了帝国咖啡馆(Café Imperial)。这家咖啡馆和歌剧院在同一条街上,古斯塔夫·马勒、西格蒙德·弗洛伊德和卡尔·克劳斯都是这里的常客。茨威格走到咖啡馆后面的房间,独自在一张桌旁坐下,手捂着嘴。拔牙之后,他非常难受。他为自己现在的样子感到窘迫,想在咖啡馆休息休息。女王酒店里还有四十个电话等着他去回复,他没有秘书,却也并不急着回去工作,反而翻阅着一份报纸。茨威格现在不想被人认出来,但在那个非常受欢迎、房间很多很宽敞的咖啡馆里又不可避免地保持着知名作家的样子。

美国通讯记者约翰·龚特尔(John Gunther)在那一年的几乎每一天都会到帝国咖啡馆来收集新闻。他非常喜欢帝国咖啡馆,因为这里总有20份维也纳的报纸和四五十份国外的报纸,全都整齐地放在一个大橱柜的藤筐里,由一个永远找不到你想要的东西的侍者管理。但是,只需一杯咖啡的价钱,你就可以坐在这里,读所有的报纸。龚特尔首先看的是《新自由报》,然后又把其他的都看完了——全都"像保龄球一样相似",龚特尔写道。他的工作就是收集当地人的看法。1935年春天很平常的一天,《新自由报》上刊登了一篇对智利硝酸盐工业的深度分析文章,下面是荷兰对曼哈顿岛的殖民统治的一篇小品文。第一页上是关于华盛顿、巴黎、布鲁塞尔和北京发展的四篇文章,第二页上是有关德国的消息,第三页上的新闻来自伦敦、布达佩斯和索非亚,第四页上才首次提到奥地利——对总理一次演讲的普通报道。维也纳的报纸比美国的要严肃得多,龚特尔写道,但他关心的是奥地利的消息,"而我没找到"。他翻了一份又一份,寻找当时的新闻。"我没有找到。"所有20份维也纳的报纸,没有一份报道了当下究竟发生了什么。现在的确是——就像希尔德·施皮尔写的那样——一个"模糊不清的"时代。

当茨威格独自坐在帝国咖啡馆,手放在嘴上时,埃利亚斯·卡内蒂正好经过。茨威格对他有些了解,还记得布洛赫说过卡内蒂想发表自己的小说。虽然不想被人看到自己现在的样子,茨威格还是招呼卡内蒂过来,请他坐下。

茨威格小心翼翼地把手从嘴上挪开。"我从布洛赫那里全听说了,"他说,"你见过乔伊斯。如果你的书出版上需要帮助,我可以把你推荐给我的朋友希勒。请乔伊斯为你作序,你的书绝对能得到关注。"

卡内蒂怒不可遏。茨威格的提议是绝无可能的!我绝不会请乔伊斯那么做,他说。乔伊斯从没看过我的手稿!他的眼睛几乎看不到东西了,根本读不了任何东西!即使他的眼睛没问题,我也绝对不会向他提这种要求!我绝不会请任何人作序!如果有人想读我的书,那也只会是因为书的内容!它不需要任何帮忙!

有一刻，卡内蒂都被自己突发的愤怒弄得措手不及。

"我只想帮助你，"茨威格说，"但如果你不需要……"他的手挥了挥，又回到自己的嘴上。对话就这么结束了。

卡内蒂大步离开了。他写道："我那么坚决地拒绝他的提议，没有丝毫的遗憾。我保住了自己的骄傲，没有失去任何东西……乔伊斯为我的书作序的想法，先不论他会在序言中写什么，都让我难以接受。我鄙视提出这个建议的茨威格。"

茨威格依旧独自坐在帝国咖啡馆后面的桌子旁，忍着嘴上的痛。

这件事过去后没几天，卡内蒂收到了希勒的出版社的一封信，让他把手稿寄过来，只字未提序言的事情。即使在卡内蒂那样对待他之后，茨威格还是悄悄帮了他的忙。"不枉我没那么鄙视他（茨威格）"，卡内蒂坦言。

但没有证据表明，卡内蒂曾想过要就此事向茨威格道谢，更不用说道歉了。他为什么需要道歉呢？他在另一篇文章中写道，茨威格只不过是一群靠"完全不务正业"而成名的人中的一员。

人们总是习惯用一种亲昵戏谑的眼光去看待历史上作家和艺术家之间的争执，总是能从那些交锋中发现某些可爱的地方，或者争辩中那些辛酸的证词都表明，在逝去的岁月中，理念世界对这些狂暴的创造天才来说，起码还是至关重要的。

但如果大致了解德奥合并前维也纳的艺术界和新闻界的话，人们从中瞥到的只有混乱的愤怒和残忍的战争，这同样对业已瓦解的政治产生了影响。

从 20 世纪 90 年代茨威格描绘的格林斯坦特尔咖啡馆里那些田园牧歌般年轻的美学家讨论会,到 1935 年帝国咖啡馆中卡内蒂不管不顾的怒不可遏,其间的过渡包含了多个阶段的敌对。这些阶段在外部特征上互相模仿,从而有助于掩盖他们日益增多的毒害性。

茨威格笔下的那个令人眩晕的第一阶段,也有其自身的复杂性。那个时期的主流是对全新感觉的激情和深厚的友谊,这也扩展了他理性宇宙的视野。在这个基础上增添的艺术追求,成为文学发展势不可挡的动力:将被窒息的年轻天才从沉重的学校体制中解救出来,给他们自由;从权威之下释放出欲望、自由等。

学生之中的志同道合更多是在军事方面,而非审美方面。茨威格对艺术在自己年轻时期的维也纳发挥作用的描述,满是战争和革命的隐喻。他和他的朋友们全都是新力量的"突击队",迫切地想参与到这"为新艺术而进行的激烈并常常是粗暴的战斗中"。为了将他这一代中杰出的霍夫曼斯塔尔和里尔克的影响传达出去,茨威格把他们同"使整整一代人激奋起来"的拿破仑·波拿巴相提并论。我们都已意识到,茨威格说,我们的时代已经来临——年轻人终于获得了自己的权利。他们年轻的血液躁动着,呼唤着紧跟"加速的时代"的艺术。"青年维也纳"中的作家和新艺术派(奥地利艺术上的新秀,就是追求"年轻的风格")中的艺术家们采用了神圣之春——这个术语源自古意大利萨宾人的一项仪式,参与的孩子们在仪式之后会被流放,直到最终建立自己的青年定居地。茨威格写道,青年"就像某些动物那样对气候剧变具有特殊的敏感",而且,他们能比任何人都更早地发现即将到来的革命——他们会为之奋力拼搏,"只因为它是新的"。

也难怪艺术家 - 知识分子间的竞争在茨威格年轻时期是那么惨烈：他们一点点的反抗和憎恶，最终会以欧洲大部分地区的毁灭为结局。现如今，我们谈到艺术家搬到龙蛇混杂的地方，通常是为中产阶级创造了有利条件；在思想领域中，艺术家进入其中时，通常只是中产阶级化——或再度野蛮化——的第一步。这一领域的思想已过于资产阶级化。在房地产领域和文化领域中，问题的焦点始终是，紧随艺术家之后迁入的是谁——换言之，艺术家如此艰辛地拼搏，是在为谁打拼？

茨威格在自传中写道，因为他和他的朋友们过于着迷于生活中的美学，甚至没有注意到他们帮忙催生的艺术领域里的转变，"只不过是许许多多意义更为深远的变化的波及和先兆；这些变化将动摇和最终毁灭我们父辈们的太平世界"。茨威格重点强调的是"只不过"。可是，如果我们改变他的强调之处：这些狂野的艺术家所有的努力都是难以言表的结局的"波及和先兆"，或许，他们的含义比这还要多。布莱希特对克劳斯的那句著名评价——"当时代死于自己之手时，他就是那只手"——通常被看作向克劳斯反对不负责任的维也纳新闻界的致敬，但同时也暗示着，克劳斯也是导致这个时代自我毁灭的不容忽视的武器。

克劳斯在审视了云集在格林斯坦特尔咖啡馆的其他作家之后，列出了他们身上的共同特征："缺乏才智，过分讲究，装腔作势，自大狂妄，郊区女孩，打着领结，矫揉造作，假丫格，单片眼镜，神秘兮兮的神经质。"茨威格的朋友赫尔曼·巴尔（Hermann Bahr）是"青年维也纳"的领袖，克劳斯主要的讽刺对象，"头脑空空且没有能力去表达自己的观点，这就是所谓的新闻记者"。据说巴尔曾在《火炬》开始发行后不久，找了些朋友在克劳斯最爱的咖啡馆把他痛揍了一顿。至于茨威格，克劳斯在20世纪20年代说过，若非没有辛苦修炼而成的反抗力量，他肯定会淹没，甚至会迷失在茨威格深刻的句子中。克劳斯写道，就像同时代大受欢迎的爱弥尔·路德维希（Emil Ludwig）一样，茨威格在想方设法剥夺了语言的含义后，又用空洞的陈词滥调填充到公共领域之中。更糟糕的是，茨威格和路德维希的这番做派，被中产阶级当作了世界文学的典范，从而认为没有必要再去读其他真正有意义的东西。通过他们这种粗暴的简单化，这些具有代表性的欧洲闲谈作家就成了"文化的电梯"，让观众们以为自己已经到达了艺术的最高殿堂。而实际上，大多数人依旧在地下室里打滚，只因自己的无知而备感安心。

阿图尔·施尼茨勒著名的戏剧《轮舞》（La Ronde），围绕着社会上一系列环环相扣的情色关系展开，但维也纳真正的"轮舞"是循着在作家、艺术家、建筑师和音乐家间具有传染性的憎恶展开循环的。施尼茨勒的假面舞会上传播的性病，仿佛并不是什么痼疾，而只是一般的感冒。我曾和一个了解20世纪30年代维也纳的女士有过一次交谈。当我问她对那座城市最深刻的印象是什么时，她回答："哦，就是维也纳人！他们大笑，微笑，然后就在他们要离开时"——她的拇指和食指紧紧捏在一起——"会用力地掐你！"

茨威格花了很多笔墨，赞颂遍布在维也纳各个生活层面的对艺术的热忱。每个文具店里都有著名演员的画像。城堡剧院"对维也纳人而言、对奥地利人而言，不仅仅是一座演员在上面演戏的舞台",而是"反映大千世界的小天地,是五光十色的生活反映,社会本身可以从舞台上观察到自己。这座剧院是唯一真正具有高尚情趣的'宫廷侍臣'",旁观者可以从中学习如何穿戴,如何走进房间,以及如何谈吐。战前的维也纳从政治发展的聚光灯下脱离出来后,大部分人都同茨威格一样痴迷艺术,尤其是戏剧。但生活在一个渗透着"舞台上的现实"的另一个后果,就是所有的一切——包括政治——都开始具有戏剧的特征。所有的社会行为都具有表演性的感觉,就像奥地利小说家罗伯特·穆齐尔(Robert Musil)所写,导致整个国家中"一个人的行为永远不同于他的想法,他的想法永远不同于他的行为"。(这些普遍的模棱两可,当然也成为精神分析理想的展现之地。)讽刺剧作家约翰·奈斯洛伊(Johann Nestroy)通过他笔下的荷罗佛纳(Holofernes)说:"我很想让自己与自己对抗,只为看看作为主体的我和作为客体的我,哪个更强壮些。"这句台词很有可能剽窃自茨威格日记里抒发内心分离之绝望的内容。

很多观察者认为,皇帝之所以积极培养维也纳人的优柔寡断,是出于政治上的考量。他希望维也纳中不同的种族会因此互相中和,就像一个人被矛盾的冲动所麻痹一样。作家爱米莉亚·冯·恩德把这种策略的成功归于维也纳人戏剧般的性格。爱米莉亚写道,民众总是想要模仿统治者的"温文尔雅",无论是有意还是无意,"直到温文尔雅也成了他们的性格。他们学会了用微笑来支持压抑,那微笑最初是卑躬屈膝的,然后是强作的温文尔雅,最后定格为典型的维也纳微笑(Wiener Lächeln),隐藏了人们的真实自我。自从进入帝国时期,奥地利最主要的外交目的就是,在某些不受欢迎的事件濒于发生之时，阻止事情的发生，人们也不知不觉陷入了这种憎恨行动的思维模式之中"。无能和懒散成为通向宽容的权宜之策。

维也纳特权阶层中出现的这种言行不一，很可能会使茨威格同时代中那些没那么世故或没那么小心翼翼的听众在语言越界变得粗俗时信以为真。施尼茨勒1908年的小说《通往旷野的路》(*The Road into the Open*)中，一个角色讲述了一个根据维也纳议会真实发生的事情而改编的场景。议会里的一个犹太议员在发表演讲时，另一个国会议员恐吓他，反复地喊着："犹太人，闭上你的嘴！闭上你的嘴，犹太人！"会议结束后，这两个人一起去喝了酒。小说中的另一个角色听完这个故事后，感到难以置信。"别说不可能，奥地利人，"讲故事的人说，"我们的愤慨和我们的热情，都是虚假的。在这里，只有妒忌和仇恨才是最真实的。"施尼茨勒还在其他地方引用了一个19世纪80年代非常流行的笑话："犹太人理解了什么是反犹主义之后，维也纳的反犹主义才流行了起来。"

维也纳人很久之前就开始担心，这种戏剧性的脱节不知何时何地会把这城市里马赛克般虚构的文化影响掀翻。"我们拥有的只有僵化的生活，陈腐而荒凉的现实，以及无奈认命的顺从"，诗人兼剧作家胡戈·冯·霍夫曼斯塔尔在19世纪末写道。那种带有催眠效力的恐惧的愤怒和猛然迸发的歇斯底里，在议会、咖啡馆和卧室中弥漫开来。事实上，很多维也纳艺术中的情色部分，最引人注目的不是它的露骨，而是手淫、倦怠和性交后的筋疲力尽。这些性欲让人觉得与当代无异，不是因为它的放纵，而是因为它的孤独。

斯蒂芬·茨威格在维也纳的战争档案馆（图片来源：Arquivo Casa Stefan Zweig，图片提供：Alberto Dines）

值得称赞的是，茨威格从维也纳人最爱的背后中伤和慢性毒害的室内游戏中及时退了出来，开始在国外寻求新的活力之源。他很早就在比利时诗人爱弥尔·维尔哈伦身上找到了自己正在逐步形成的艺术哲学的试金石。"一个人欣赏的东西越多，拥有的就越多"，茨威格写道，他接受了维尔哈伦这种惠特曼式的哲学。茨威格在和一个朋友的谈话中，表达了对维尔哈伦的喜爱："他一点儿也不理智。（我不相信理智的人，因为他们太消极，不能拥有温暖的爱。）"茨威格在一篇研究维尔哈伦的论文中写道，对于真正的艺术家而言，"否认是贫瘠的……只有赞同、接纳、喜爱和热情能把我们放到与世间万物真正的关系之中"。实际上，他总结说，"我们所有的努力必须要克服自身的消极，不去反驳任何东西，消除我们的批评精神，提升自身的积极因素，尽可能地赞同"。

如果说茨威格曾计划构思一份特别宣言去激怒卡尔·克劳斯的话，那么这份关于"批评无用论"的说明绝对做到了。

第一次世界大战使维也纳的艺术界陷入致命的不和之中，于是，对团结和行动的呼吁，肯定会轻易地使大部分人在面对爱国流血的前景时失去其伦理的支撑。茨威格在《昨日的世界》中对主要的奥地利 - 德国作家在冲突早期的所作所为非常不赞同——所有"只会没完没了将'战争'押韵为'胜利'和将'匮乏'押韵为'战争结束'这些诗句的诗人们"。茨威格声称，由于自己多年在国外，因此免疫于那些迸发的战争狂热。在奥地利宣战之后，茨威格写道，他一直窝在维也纳慵懒的战争档案馆里，做一名虚荣的图书馆员。直到他逃到了瑞士，积极参与到和平主义者的运动之中。"我并不认为……能在第一时间内就意识到欧洲这种无知无觉的毁灭性的自杀行为，并用我所有的道德力量去反对战争，有什么值得称道的地方。"茨威格 1922 年在自传的草稿中写道，"对我而言，这个群体，欧洲的团结，就像是呼吸一样，不需要再做任何说明。"就在茨威格写下这些句子时，他怀着厌恶之情去了萨尔茨堡——这是对他而言的"去维也纳化"，这是他当时常用的字眼。他不会忘记家乡的那些老朋友们，这些原本热情的利己主义者最近沉迷于鲜血的味道，开始当面指控他是一个假奥地利人。

需要注意的是，正如卡尔·克劳斯在这段时间里指出的那样，茨威格在冲突的第一阶段极力为战争宣传，定期向战争档案馆发行的民族主义期刊《多瑙流域》(*Donauland*) 投稿。他在 1914 年写了大量颂扬奥匈帝国道德和政治复兴的文章，称赞德国在战争中的努力，并支持德国入侵比利时。茨威格甚至还为《新自由报》的圣诞版写了一首甜蜜的诗歌《残疾者》(*Der krüppel*)，用浪漫的手法描绘了一个在战争中受伤的士兵。

可以肯定的是，茨威格在战争中的经历，事后总是令他非常痛苦。当刚刚宣布战争时，正在比利时的他登上了最后一趟跨越国界的火车，并在写给弗里德里克的信中说，他不久将作为一名列兵进军波兰。茨威格说，这个前景令他黯然伤神，尤其是对他的母亲来说。（弗里德里克声称这是她第一次听茨威格充满爱意提到他的母亲。）在格拉茨的弗里德里克跳上一列火车，到维也纳去拦截茨威格。从身边流水般经过的火车上，满是叫喊着奔赴前线的男人。她在一家茨威格心爱的咖啡馆里见到了他，他已暂时安置了下来。令弗里德里克忍俊不禁的是，茨威格留起了胡子，想让自己看起来更有男子汉气概，更富牺牲精神。她恳求茨威格放弃那些荒谬可笑的想法，想让他意识到自己生来不是做士兵的料；她还恳求茨威格用笔去战斗。可茨威格还是去参加了体检,被当场宣布不适合服役。

也正是在这段时间里,茨威格写到自己"伟大的志向"就是"和你一起在军队里并肩作战、征服法国",来恭维他的德国出版商基彭贝格(Kippenberg)。但又在日记里表示了悔恨:"我不相信任何逆全世界而行的胜利——我想倒头睡上六个月,不知晓任何事,不经历沉没中的世界和全然的恐怖。今天是我一生中最糟糕的一天。"尽管认识到这些,茨威格的作为还是和其他所有人一样,直到战争的后半期。那时,茨威格代表档案馆走访了"最黑暗的加利西亚",这使他看清了平民的痛苦不堪,于是写了戏剧《耶利米》(Jeremiah)。这部作品对欧洲和平主义者的情绪产生了振奋作用。茨威格的朋友理查德·弗里登塔尔(Richard Friedenthal)回忆说,"这是德国剧作家写的第一部明确反对暴力观念的戏剧"。他的大部分朋友都没有勇气公开地反对战争,在那些名人中,只有茨威格这样做了。

第一波热情浪潮之中的几乎每个人都是有罪的。弗洛伊德宣称,他所有的性冲动都奉献给了奥匈帝国,并骄傲地表示,奥地利向全世界展示了它的阳刚力量。赫尔曼·巴尔运用自己新闻工作者的天赋,开始对德奥这一战争机器歌功颂德。霍夫曼斯塔尔依靠有影响力的朋友得到了一个舒适的办公室工作,还公开表示"奥地利的美从未像1914年8月时那样光彩夺目"。巴尔在一篇文章中把霍夫曼斯塔尔写成一个狂热分子,说他身着军官制服,在得意扬扬地进入被征服的华沙时,还就着战鼓声背诵波德莱尔的诗歌。阿尔弗雷德·波尔加、里尔克和茨威格一起在战争档案馆工作。对不舒服的气味、灰尘和噪音非常敏感的里尔克身着制服,僵硬地坐在战争办公室最整洁的桌后的场景让茨威格忍不住发笑。罗伯特·穆齐尔在报纸上发表了一篇长文，吹嘘自己对德国战争目标的赞同。维也纳这些著名的知识分子全都是战争的帮凶，除了两个名人：阿图尔·施尼茨勒和卡尔·克劳斯。

但克劳斯担负着自己沉重的罪恶感。"在独裁者产生之前，我们的时代中就已制造出对知识分子独裁者的崇拜"，穆齐尔写这句话时，心中想到的是克劳斯。克劳斯是个恶霸，他要求除少数优秀者之外的所有人完全服从——连芝麻绿豆的小事都会恶语相向。克劳斯曾在咖啡馆里对侍者肆意辱骂，直到有人告诉他，一个被惹毛了的侍者可能不会骂回去，但绝对会在他的杯中吐口水。自第一次世界大战爆发前夕，直到20世纪30年代早期，克劳斯在维也纳知识分子精英中的影响非常之大，以至于卡内蒂（也是犹太人）承认，他最终也有了供他谴责的"犹太人"——"当我与他们在街上的餐厅擦肩而过时，被我刻意冷落的人，不值得我屈尊去看的人，生活与我无关的人，对我而言是不法之徒和被流放的人，碰触会玷污我的人，我真心不将其看作人的人：那些卡尔·克劳斯的受害者和敌人。"

最终，克劳斯讽刺的才华也被运用到了个人无情的复仇活动中，因此他几乎单靠自己就造成了维也纳自由主义分子的四分五裂。假使他能表现出一点点团结的话，可能就会召集更多的力量，来反对奥地利新兴的法西斯主义。

如果说维也纳的作家和知识分子之间从未有过意气相投，到

1918年时这两群人就已经开始痛恨对方——部分是由于他们之中的每个人都能让对方回想起的罪行：他们共同的罪恶助长了几乎毁灭了欧洲的战争。"（但是）我们已返回家乡，徒劳无功且伤心欲绝，遍体鳞伤，我们这一代献身于死亡的人，却被死亡鄙弃。"约瑟夫·罗斯写道，"调查委员会的裁决是不许上诉，'被认定不适合死亡'。"也恰是由于这溃烂的良知，他们不得不悄悄潜回家共同承担这份罪恶感。在战后的岁月中，维也纳咖啡馆中弥漫着一种神话里原始场景的味道——或许正像弗洛伊德在《图腾与禁忌》（*Totem and Taboo*）中想象的血腥盛宴，这些年轻的谋杀犯在杀死他们的父亲后，聚在一起，通过享用父亲的尸体来进行哀悼。

希特勒被任命为德国总理后，咖啡馆里的人全都被惊得目瞪口呆，甚至连《火炬》都未发一言。卡尔·克劳斯后来解释自己为什么会保持沉默时说，"希特勒让人头脑空白"。

咖啡馆之梦为什么让我们如此迷恋呢？茨威格的维也纳乡愁可以追溯回他文学生涯极度兴奋的最初几年。茨威格在流亡到英国后，立即成为伦敦市中心一家咖啡馆的常客，在这段时间里，他尚能倾听那些向他求助的难民的悲惨故事。等茨威格到了纽约后，他最想找到的就是像维也纳那种曾度过无数时光、朋友和陌生人都知道在哪里能遇到他的咖啡馆。等茨威格最终来到里约热内卢，他惊喜地发现这座城市里有无数的咖啡馆——几乎每条街上都有一家，这些幽暗的房间里散发着诱人的光。但我认为，茨威格之所以对里约热内卢的咖啡馆这么兴奋，不只是因为咖啡馆里有什么，同样还因为里面不会有什么。咖啡的味道非常棒，你可以一连坐好几个小时——他那些维也纳的老朋友在这里出现的概率非常之低。巴西的咖啡馆满是继续生活的蓄力，而没有昔日生活的幽灵，它们是在脑海中构建咖啡馆乌托邦的最佳舞台。

1938年3月，整个帝国酒店从咖啡馆到最顶层的套房，都被纳粹用来接待希特勒。元首出现时，在红地毯前停了一下，嘴上有一丝茫然的笑。他回想起自己年轻时曾在晚上路过帝国酒店，"那时我无所事事，连买一本书的钱都没有。我看着那些汽车和马车驶到入口，前门那个白胡子的看门人对他们深深鞠躬，而我就算走近他，他也不会和我说话。我能看到门厅里的枝状大吊灯和里面灿烂的灯光，但我很清楚自己根本不可能走进去……多年来我一直在等这一天，今晚我就站在这里"。希特勒对维也纳的征服以及在帝国酒店隆重的登场——据跟随希特勒的一名记者所言——代表着"了结往事，清除宿怨"。帝国酒店在"二战"时期一直被纳粹官员占据着。

现在帝国咖啡馆里的椅子、小隔间和地毯全都是深蓝和淡金的色调。我在一个周六的下午去了那里，当时咖啡馆里几乎没有什么顾客。一个商人在角落里读一本商业书籍；一个留着棕色长发的年轻漂亮女人和两个看起来非常正派的身穿黑西服的男人坐在一起，他们用俄语飞快地交谈，点了一道道的菜。服务生们在冷清的房间里来回飞奔。当我问起咖啡馆在20世纪三四十年代的历史时，所有的服务生都耸肩，脸上的表情好像我刚刚在用非常大的声音问洗手间在哪里一样。

奢华的旧维也纳歌剧院与帝国酒店在同一条街上，战争末期被美国人的炸弹击中。歌剧院的三分之一成了奇形怪状不伦不类的泥土和碎石，堆在精心设计的拱门和浮雕旁。曾被茨威格描述为代替了但丁天堂的舞台，横梁已然掉落，就像一场表现主义的恐怖电影的背景，像卡里加里博士的一场噩梦。歌剧院在精心重建后，已见不到这些痕迹了。如今游客云集的中央咖啡馆的宣传刊物上，还记载着咖啡馆在1943年停止营业的事情，却没有提到咖啡馆连同四分之一的维也纳在1945年被炮弹炸成废墟的事实。

从歌剧院和帝国酒店走几分钟，就能到维也纳城市历史博物馆，里面自底层向上逐层展示着维也纳从石器时代开始的历史。在参观过环城大道的建筑和皇帝弗朗茨·约瑟夫最后岁月的展览后，我准备去上面一层，看看维也纳"一战"时的历史，却找不到向上的楼梯。我非常笃定应该有这样一个展区，以至于抬高的脚险些踩空。或许维也纳的近代史展览在地下室？我有些窘迫地告诉售票处那个看起来很严肃的高个子光头中年男人，我没找到维也纳近代历史的展览。

"那个不在这里，"他告诉我，"这里的历史展截止到第一次世界大战前。"

"维也纳的城市历史博物馆的展示只到第一次世界大战前？"我默默地重复。

"没有足够的空间，是的。"他微微耸肩，轻轻叹了口气。"很抱歉，没能让你看到战争中究竟发生了什么。你知道，炸弹还有……"他的声音低了下去，"抱歉。"

我又问他，在维也纳是否有其他关于这段历史的博物馆。"据我所知还没有。"他说，然后转身走开了。

我走进 9 月的黄昏里，穿过灰黄色的雷塞尔公园（Ressel Park），走向博物馆咖啡馆（Café Museum）。我想到斯蒂芬·茨威格在维也纳的最后两天，他逛遍了所有熟悉的街道，"每一座教堂，每一座花园和每一个古老的角落"，"心中却怀着'永远不会再回来了！'这样无声的绝望"。

我继续走着，思索着这座城市特殊的魅力，直到看到约瑟夫·奥布里希（Joseph Olbrich）的分离派展览馆。一颗由许多镀金树叶构成的圆球如流星般撞向清澈光滑的屋顶，金色的细流从展馆正面涓涓流下。展览馆的拱顶下刻着："每个时代有它自己的艺术，艺术有它的自由。"我盯着看了一会儿，然后走进阿道夫·路斯（Adolf Loos）设计的博物馆咖啡馆。里面灰绿色的墙和波浪形的红色曲木椅子形成的空间，被路斯的学生称为现代室内设计的摇篮，其他人则将其命名为虚无主义咖啡馆（Café Nihilism）。我喝的是维也纳招牌浓缩咖啡，有些苦，也有点甜，很浓，很刺激。我不由得想到咖啡馆朴素的风格与装饰之间突兀的反差，然后是整个城市的反差。

电影《第三人》（*The Third Man*）拍摄于第二次世界大战结束不久后的维也纳（这个剧本受到彼得·斯莫尔卡[Peter Smolka]的诸多启发，也正是这个魅力超群、雄辩机智的人介绍茨威格和洛特相识），当时城市中大部分地方都没有灯光，很多建筑旁都是深坑和看起来像是黑色雪堆的石丘。电影中的大坏蛋哈利·莱姆（Harry Lime）通过制造假药过着花天酒地的生活，并在他童年时期的朋友霍利·马丁斯（Holly Martins）发现了他在维也纳的所作所为后安慰说："别那么沮丧，毕竟，事情并没有那么糟——有个家伙说过：意大利在波吉亚（Borgias）统治下的30年间有战争、恐怖、谋杀和血腥——但是他们孕育了米开朗基罗、达芬奇和文艺复兴。瑞士的人民有兄弟般的爱，有500年的民主与和平，可是他们创造了什么呢？布谷鸟钟。"

茨威格在自己生命的末期总会忍不住思索，在世界毁灭时期的艺术创造究竟意味着什么。很多他认识的艺术家和知识分子未能阻止任何事情，甚至无法停止他们自己痛苦的内耗。"我无法充分理解现在那些仍在创造'文学'或能够发声的人，"茨威格在1940年末写给弗里德里克的信中说，"那在我看来更像是一种人性的缺陷，而非什么美德（但或许艺术真的总是由人的缺陷决定的）。"

我们一直坚持咖啡馆的神话，或许是因为假设我们真的屈服的话，那在我们失去一切的时候，我们同样也会失去在某处依旧有出路的梦想。咖啡馆是那些被现实流放的人最后的避难所。

第七章　全球轮盘

过了段时间后，茨威格唯一关心的事情就是离开纽约。

茨威格和洛特在1941年6月到大西洋城待了两天。茨威格去大西洋城除了要见负责处理他私人事务的律师外，夫妻二人想仔细观察这座城市才是最主要的原因。他们走在滨海大道的木板路上，在衣着精致的散步者中间穿行，经过临时搭建的巨大演出帐篷，里面有杂技演员在高空钢索上舞蹈，还有马匹从高高的平台上跳向大海，残忍得让人紧张不已。

看起来，茨威格和洛特在大西洋城时就已反复讨论过在这座城市休息一段时间的可能性。洛特在写给英国家人的信里说，这个"美国的超级布莱顿"非常舒适。在大西洋城里，茨威格能否安静地进行工作？在这座城市里，他们能否展开自己的生活呢？他们能否租一间小小的房屋，不被人打扰，同时又不致与世隔绝？这里能感受到拂面而来非常令人舒适的海风，而且，最重要的是，他们能远离曼哈顿的炎热。

但他们接下来又想到，这里一旦到了旅游旺季，熙熙攘攘的人群，绝对不会令人愉快。而茨威格对这里奢华的大酒店和庸俗的赌场满是鄙视。纽约城里配有空调的酒店能让他一天多出四个小时的工作时间,但在这里,他说,为数不多几个装有空调的酒店"对我而言太过昂贵和时髦。我在这样豪华的酒店里很不自在——即使在我能负担时也不想待"。大西洋城并不合适,他们不得不寻找另一个栖息之地。

茨威格和洛特曾多次到长岛海峡去拜访亨德里克·房龙(Hendrik von Loon),这位著名的历史学家和插画家是荷裔美国人,他身材庞大,丰满的鼻子和巨大的手酷似极有可能是他祖先的伊拉斯谟。房龙在1938年出版《我们的奋斗:对独裁者的回击》(*Our Battle–Being One Man's Answer to "My Battle" by Adolf Hitler*)后,就被禁止进入德国。房龙作品数量惊人,并致力于宣扬政治上的宽容,其经久不衰的魅力吸引了越来越多的读者,这使得他与茨威格惺惺相惜起来——他的作品有时也会像茨威格的那样,招致很多刻薄评论家的愤慨。房龙的房子是白色的,非常宽敞,透过蓝色的百叶窗可以俯瞰格林威治海峡(Greenwich Cove)。茨威格夫妇在房龙家温馨的火炉旁天南海北地畅谈数小时,宾主尽欢。房龙也有与茨威格同样的感觉,他仿佛也被迫成了一个单人的慈善组织。房龙在粗算了夏天的花费后才意识到,单就食物一项,他在两个月里就额外提供了647次早中晚餐。"我几乎请美国的每个流亡者都来吃过一次饭,"房龙说,"他们之中有一半迟到了。为什么这些流亡者不能有点礼貌呢?"

房龙的脾气乍看非常暴躁,其实特别和善。这也深深触动了茨威格,他们变得更加亲近了。房龙开始保证,茨威格和洛特肯定能在这座老格林威治镇子里找到他们的栖息地,并为他们寻找能租住下来的合适房子,茨威格也并没有表示过阻止。或许,房龙的镇子真的就是他和洛特能安顿下来的地方。这里和大西洋城一样,有着清爽的海风,又不会吸引很多人过来度假,与纽约的距离也能在他们和难民之间提供必要的缓冲。

我脑中浮现出茨威格和洛特在这个小镇安静的街道上漫步的场景,他们估算着距商业区的距离,斟酌着当地的资源,试图去熟悉这个地方。这里有家小书店,可惜没有多少文学方面的书籍。这个镇子有一种令人着迷的古怪,可惜它太小了。而且,除了房龙外,他们不认识其他任何人。茨威格不由踌躇了。房龙和他的第三任妻子"吉米"(Jimmy)——她之前在格林威治镇经营疯帽匠茶室——试图劝茨威格留下来,最终也为茨威格找到了一所合适的房子。茨威格虽有意住下来,却没有明确答复。他们也并不催促。

在茨威格与洛特美国漫游的早期,本·许布施曾建议他们在马萨诸塞州的剑桥安顿下来。哈佛大学的图书馆是首屈一指的,但许布施又用一种轻描淡写的语气提到,他听说"剑桥对陌生人似乎并不太友好"。波士顿在这点上要更好一些,虽然"有些偏僻",但那里有波士顿交响乐团,还有很多音乐方面的吸引力。新英格兰气候非常宜人,他坚持道——除了"冬天和早春时分会很冷、多雨"。可以想象,这对患有哮喘的洛特来说有多糟糕。

他们还考虑过普林斯顿,托马斯·曼、爱因斯坦和布洛赫都住在那里。但许布施提醒,"普林斯顿完全依靠大学,而且与城市离得太近了,会让你不舒服的"。

那么费城呢?许布施列举了其中的利弊。费城的图书馆同样也是一流的,但那里的气氛——他警告茨威格——还不如波士顿。"费城,"许布施总结道,"不伦不类,它最大的优点就是距纽约只有两个小时的车程。"

茨威格还可以选择洛杉矶。他之前以无法确认自己的旅游签证能否延期为借口，没跟随那些赫赫有名的难民一窝蜂地奔向美国西部，但他肯定也知道，这一借口对他这种身份的人来说又太过牵强了。但如果选择洛杉矶的话，茨威格就又会重新面临这个问题：他是否想要生活在昔日那群幽灵之中？或许，他已经知道了他的老朋友阿尔弗雷德·波尔加对洛杉矶的评价。波尔加与弗朗茨·韦尔费尔、弗里德里克乘坐同一艘希腊客轮逃到了美国，他说："好莱坞就是一个天堂，它的大门上写着，'捐弃一切希望吧，由此进入的人'。"

在美国找寻合适的避难所时，我肯定，茨威格的思维应该开始在1938年他曾做过演讲的美国城市逡巡。这一个。那一个。另外一个。还有这个。他曾向许布施赞扬"了不起的城市"旧金山——"真的，我想住在那里"，茨威格说。沿着"非常迷人的"海湾开车而行，肯定是极好的体验。但细想一下，盐湖城也是个很好的选择。在整个旅途中，那里的观众是他见过最棒的。他在那些大学生的陪伴下，重又感到了激动人心的振奋！犹他州的沙漠气候说不定能治愈洛特的哮喘？茨威格和洛特在一个周末去了巴尔的摩，之后是华盛顿，他们还在纽黑文住了几个月。纽约、大西洋城、旧金山、剑桥、洛杉矶、费城。在这段时间拍摄的照片中，茨威格总是穿着西装打着领带，看起来胖了一些，抹了发油的头发垂在汗津津的额头上，带着一种恳求的笑直视镜头。洛特则是衣着时髦，泰然自若，她的脸总是微微朝下，眼睛避开镜头，一条腿紧紧地贴着另一条。他们似乎被闪光灯永远定格在一地与另一地之间——如果一直静立不动的话仿佛就会消失。

流亡者中流传着这样一个故事,在一切变得一团糟之前,不来梅的一家旅行社有一个犹太人长相的男人,正站在一个很大的地球仪前,显然还没有决定要移民到哪里。那个男人的手指在地球仪上来回滑动,在澳大利亚的位置上停了停,然后又停在南非,又转到了上海,但接下来又是从头开始。最后,他痛苦地推开地球仪,问旅行社的职员:"嘿,你这里还有其他地方吗?"

意大利国内法西斯的崛起造成的新难民,最初就似涓滴之流。法西斯在西班牙境内的胜利将这股细流变成了溪水,50万西班牙人在巴塞罗那沦陷后涌入了法国。纳粹的泛滥首次将这股溪水变成了喷薄而出的涌流,然后是一场大洪水。在希特勒控制德国之后,将近80万难民蜂拥过了国界,到了法国。犹人人离开德国化了若干年的时间,而德奥合并后的奥地利人,却因对纳粹在当地暴行的恐惧,在几个月里就倾巢离开了。除了上千名被送到集中营的犹太人,还有很多犹太人逃离了自己的故乡,犹太人的数量在一年之内就减少了60%。当时的历史学家推测,这种突如其来的离开可能会使奥地利的流亡者——相较于长期过着痛苦生活的德国流亡者——更有可能对之前的生活抱以玫瑰色的回想。

瑞士由于相对自由的入境签证,成了奥地利流亡知识分子的首选。这些奥地利人希望能经由瑞士到巴黎和伦敦去,然后再到纽约。克劳斯·曼和艾丽卡·曼回忆说,"美国是他们的希望之星"。1939年4月和5月间,在湖边的小径上,在苏黎世的咖啡馆里,在朋友们的家里，开始出现越来越多熟悉的面孔。似乎有一艘大到无法想象的巨轮，载满了作家、艺术家和音乐家，不知怎的撞到了阿尔卑斯山的山麓。

两年后，成千上万不太出名的难民开始跨越一个又一个的国界，像是在玩国家版本的抢椅子游戏。地图上可以停留的国家一个接一个地消失了，到1939年底时，法国境内逃亡而来的外国人已经人满为患了；荷兰也已经接收了上千名德国流亡者，宣布不再欢迎任何没有返回祖国许可的人。瑞士允许无家可归的人停留几个月，但很少发放工作签证，也不允许他们停留的时间超过临时签证规定的期限。瑞士各城市，以及布拉格、阿姆斯特丹和哥本哈根冷酷的"外国人事务局"里上演着种种悲剧，在阴郁的等候室长长的椅子上的人"或是紧张地交谈着，或是沉浸在自己的思绪中，等待被召唤去经历可怕的诘问，等候着谁会被驱逐"。克劳斯·曼和艾丽卡·曼写道，"驱逐——但驱逐到哪里？根本没有其他国家会接纳这些被放逐的人"。

曼氏姐弟写下这些字句的一年之后，法国沦陷了——这对将法国看作自己第二故乡的茨威格而言，代表着欧洲真正的终结。当带着纳粹标志的旗帜在埃菲尔铁塔上飘扬的消息传到英国时，茨威格正和他的英国出版商戴斯蒙德·弗劳尔斯（Desmond Flowers）在一起。"我从未见过……一个人这么心烦意乱，"弗劳尔斯回忆说，"他无法说话，沉默得像个木乃伊。"法国这个主要避难所的失去，使一切陷入了混乱，迫使很多流亡者不得不在一个国家与另一国家之间来回窜逃。圣路易斯号（St. Louis）客轮载着将近一千名乘客从比利时出发，驶向古巴；当古巴拒绝让这些难民登陆后，圣路易斯号不得不回到安特卫普。然后,很多旅行者从那里前往难民营。

涓滴。细流。洪水。世界上到处都是涌动的人群,从天空落下,被海水抛起,被拼命转动的红黑色车轮狠狈地甩下。茨威格在自传中描述了伦敦旅行社里挤满难民的场景,几乎都是设法逃到地球上任何地方的犹太人,"北极的冰天雪地,或者是撒哈拉大沙漠火炉般的盆地,只要能离开英国就行,只要能继续有处可逃就行,因为他们的居留许可已到期"。茨威格曾见到自己认识的一个维也纳工业家,他也是奥地利最有知识的艺术品收藏家之一,现在一派老迈,双手无力地扶着面前的桌子,询问能否获得去海地的签证,"竟然战战兢兢地希望到一个他从前在地图上从未好好看过一眼的地方去,只是为了……继续在异国他乡过得过且过的日子"。茨威格写道,这是一幅令人心碎的画面。

美国是众多人心目中最向往的地方,但真正能到达美国的概率却是小之又小。尽管美国人经常抱怨他们的国家里挤满了"成千上万的难民",实际上能真正到达美国的难民却少得惊人。由于战争、经济大萧条和官僚体制的签证限制,美国在1931年到1945年间的移民数量是百年之内最低的。更令人惊诧的是——根据战后一个社会学家组成的委员会进行的一项研究发现——那些年实际用到的签证配额平均值只有17.5%。1931年到1944年间,美国准许获得移民签证的人数总额是377597,尽管根据当时既有的移民法,美国应接纳超过两百万移民。除了这个委员会的研究外,这37万难民在纳粹统治的核心十年中,实际能到达美国的数量只在20万到30万之间。

通过别有用心的宣传和社会上普遍的怀疑心态,美国人感觉自己已被移民包围,无数的工作,甚至美国的民主都岌岌可危。在纽黑文附近的一个工业小镇上,一个被四处散播的谣言说,美国当地人将会被不分青红皂白地解雇,为那些难民提供工作机会。劳动部对该城市中的六大主要工厂进行调查后,发现"这些工厂中只有一家雇用了一名难民担任电梯操作员,这个工作也是为他专门设的,没有雇员被取代"。纽约1938年爆发了一场"政治诽谤运动",有人散播谣言,说各大百货公司雇用难民、解聘美国人的情况越来越严重,以致来购物的顾客得随身携带德语词典。这个谣言传得越来越邪乎,所有这些百货公司的负责人都被迫公开否认。布卢明代尔(Bloomingdale)百货公司宣布,在公司2653名员工中,只有1个德国移民被聘为销售员。"我们在任何时候都不会解聘员工来为移民让路",百货公司斩钉截铁地说。

狂热的美国爱国者谴责为了收容难民而破坏移民法,而在希特勒统治期间,美国只通过了两项有关移民数量的法案:1934年的法案同意接收50个菲律宾移民,1943年的法案同意接收105个中国移民。在了解到欧洲儿童尤其凶险的处境后,一项法案在1939年春天被提交到国会,打算将2万德国儿童难民接到美国,并负担他们在美国的住宿和护理——"保证他们不会成为靠政府救济的外国人"。但就是这样一项法案也未能通过。直到1938年夏天,留给德国和奥地利的移民配额只用掉了一部分,因此,已经移民到美国的父母希望能将符合要求的孩子接到美国来,这应该会相对容易一些。但在这一年里中欧局势恶化,申请配额签证的成年人数量激增,甚至超过了配额数量。在20世纪30年代后期,欧洲领事馆最可怖的场景之一,就是数不清的儿童申请材料在早已堆满的房间里越堆越高。我们总是听说600万犹太人死在了欧洲——大约占犹太人总数的1/3。人们不太清楚的是，在160万遭到纳粹迫害的儿童中，只有10万人幸存了下来——远远不到总数的1/10。最终，逃到美国的成年男女数量大体差不了多少，儿童则都落到了希特勒的魔掌中。

生死有命这件事，开始侵扰那些难民。很多流亡者在被问到他们的新生活中变化最大的是什么时，他们未列举环境上的变化，提到的全都是被迫与他们的挚爱分离。对移民进行信息采集的官员也注意到，在涉及海外直系亲属时，难民们大多写的是"如果仍然活着"，或只是在关于父母的那条记录后打上一个问号。

美国国内对他们未能逃出的同胞的漠不关心，令难民们愤慨，也加剧了他们独自逃生的愧疚感。奥地利的一个前政府雇员来到美国后，在匹兹堡找到一份绘图员的工作。他提到，现在任何欢乐的感觉都会引发良心上的痛苦。"这些思绪，"他说，"比任何东西都能将我们同那个过去的祖国联系起来。我喜爱并挚爱的德国文化、科学和文学，在我的印象里慢慢变淡了；仍在波兰的兄嫂和他们的小女儿、我岳父和两个姐妹的悲惨命运，在我生命中打下的烙印却越来越深。为什么得救的是我而不是他们？这就是我无法享受这里生活的主要原因之一。"

随着流亡的继续，茨威格因这些问题而产生的焦虑越来越强烈。等他到达美国后，这种命运全不由己的感觉甚至战胜了可能会被纳粹发现的恐惧，侵蚀着他仅剩的刚毅。在关系到接下来该何去何从时茨威格表现出的听天由命的心态，由于他的幸存而愈发雪上加霜。茨威格生前举办的最后一次演讲，是在巴西为战争中的犹太受害者举行的募捐集会上。"你们（巴西人）慷慨地赞美我，欢迎我，"茨威格在那次集会上说，"我应当感到骄傲和高兴。但我必须承认，在这样的时刻我高兴不起来，也无法有骄傲之感。相反，在面对你们这般的友好时，只要想到无数犹太人、其他民族的人正在受苦，我的心中就非常沉重。作为人类的一分子，尤其是作为犹太人，在这样的日子里没有快乐的权利……从毁灭的索多玛和蛾摩拉中被救出的我们这些少数人，绝不能自认为这是因为我们特别或者有什么过人之处。我们并不比那些在欧洲被逮捕被驱逐的人更好，更有资格。"

我记得我父亲唯一一次谈起他从他父母那里得到的集中营印象时的场景。他蓝绿色的眼睛里闪过痛苦的光，声音也低了下来，仿佛在讲一个秘密。他被告知，越是优秀的人，越是难逃被消灭的命运。一个孩子在听到这种论调时该怎么办？结合茨威格对传统美德的忧虑，他可能会从这种论调中推断出其逻辑上必然的结论：只有不上进的人，才能活下去。而且，当人们的脑中有这样的准则时，还能挑选到哪里去开始新生活吗？

直到希特勒大权在握，茨威格才开始坐立不安起来。如果他无法继续留在奥地利，那决定到哪里去避难就变得非常必要了。不过，茨威格在1934年2月防患于未然地流亡到英国后，仍不断地往来于维也纳和萨尔茨堡之间。在接下来的5年之中，茨威格打算先迁居伦敦，然后再搬到巴斯。其间但凡有机会到法国进行演讲，他都会迫不及待地穿越海峡，欣然前往。或者，正如他写给朱尔·罗曼的信中说的那样，哪怕只为用"一丝拉丁的愉悦"减轻这清醒而无情的英国的负担。巴黎是茨威格最熟悉的避难之地，他还同样往返于法国南部，与聚集在海岸边的德国流亡社团会面。

即使在1933年后，狂欢在法国南部依旧很常见，尤其是在已成为难民中心的萨纳里（Sanary）。茨威格与在那里旅居多年的反战斗士奥尔德斯·赫胥黎（Aldous Huxley）成了朋友。赫胥黎组织人们在夏天明月下的树林里，或不远处波光粼粼的海滩上野餐。宾客们饮着赫胥黎独家配方调制的潘趣酒，享用着肥美的葡萄和无花果，怀着一种安享一日阳光后的宁静和超然，玩着各种随性想到的古怪游戏。

但这并不意味着赫胥黎有多喜欢这些德国流亡者。"其实是非常阴沉的一群人……已经表现出了流亡灾难性的后果。希望汤姆·莫斯利（Tom Mosley）掌权后，我们不用逃亡。"赫胥黎在一封信里这样写道。

德国移民作家西比尔·贝德福德（Sybille Bedford）曾写到，曼家族的人、福伊希特万格、韦尔费尔和布鲁诺·弗兰克（Bruno Frank）在萨纳里都有别墅。亨利希·曼住在邦多勒，布莱希特、爱弥尔·路德维希和斯蒂芬·茨威格带着他们的妻子、秘书、翻译、代理人和崇拜者过来做客。主人在花园里招待来客，在午后的太阳下，源源不绝的酒水饮料被送上来，花式小蛋糕在阳光下融化。贝德福德回忆说，曼、弗兰克或他们之中的某个人每周都会向大家朗读自己正在写的作品，"托马斯·曼坐在凉台贵宾席的中心，他的三个同事坐在旁边。然后就是他们的妻子和艾丽卡·曼。在这个平台下面，台阶上、垫子上、花园椅子上，到处都是赶来聆听的人"。之后，在这群精英享用雷斯林白葡萄酒和鸡肉沙拉时，平台下的人就会得到派发的什锦水果和饼干。这些流亡者的自尊心令赫胥黎一家非常吃惊，贝德福德回忆说，"他们总是表现出高人一等的样子，全都自命不凡。而他们的女人称呼他们为 Dicterfürsten，意为诗坛王子。虽然他们出于对纳粹的恐惧团结到了一起，但远远算不上什么和乐融融的大家庭"。

茨威格同样还经常往返瑞士，去拜访聚居在日内瓦湖畔的流亡者朋友。除了远赴美国的长期旅行，他还曾到意大利，到更遥远的大陆上的海滨胜地。茨威格在那些年的活动轨迹，就像一个执拗的孩子用颤抖的手画出的航班路线图。茨威格具体在何时被某个国家驱逐，并不明确。但从 1933 年后，他这种游走于流亡者据点的行动就具有了一种朦胧的特质——半是自愿，半是强制，仿佛是在永久离开欧洲之前的一场漫长而华丽的带妆排演。

虽然比大多数的流亡者都要富有，但茨威格与很多同辈人一样，这种被困在幽闭大陆上的感觉早在希特勒取得胜利之前就已十分严重了。这种心理定势变得如此根深蒂固，在他们离开欧洲之后依旧有着强大的影响力。"每个欧洲人都遭受着同样的精神禁闭，"马丁·贡佩尔特在新世界对其他流亡者说，"我们曾多么向往自由的乌托邦，但我们现在已无法逃往别处——因为我们已经在逃了。现在我们只是在焦急地寻找困住我们的牢笼。"他说，连自由本身都已成为忧郁和不安之源。

茨威格物质上的富裕反倒令他心理上受禁锢的感觉更加强烈——于是他期盼着贡佩尔特描绘的那个更宏伟的欧洲现象。随着未来封锁预兆的大幅增加，他的旅行也变得更狂乱，更不加节制。一个朋友在20世纪20年代把他称作"飞翔的萨尔茨堡人"。茨威格在20年代中期给一个熟人的信里说，"时代的急促节奏不知怎的吞没了我们"。他在1930年告诉维克多·弗莱彻（Victor Fleischer），目前他最关心的"只剩下了逃离"。而茨威格迷失了方向，对早年德国大选的认识不清表现了出来。纳粹党的支持率上次选举时刚刚超过2%，现在猛增至18%。选举的结果使茨威格对德国的年轻人大加称赞，认为他们的行动"也许并不明智"，却是精神旺盛地指责德意志社会中单调乏味优柔寡断的传统民主政治的良性反映。克劳斯·曼震惊于茨威格判断的离谱，并向一家报纸写了一封公开信。在信中他写道，虽然可能看起来有些诡异，但他必须得提醒那些上了点儿年纪的作家，年轻人把激情看作绝对价值的倾向，但很多年轻人"现在却把本该为了更好目标而储备的所有热忱和坚定，用到散播退化和野蛮行径上"。曼一贯把茨威格看作是一个"成熟的思想家"，因此他带些难为情地责备，"年轻人的反抗可以令高尚之人和卑鄙之人获利"。

但茨威格长期以来专注于所谓的道德伦理学，以致在面对德国境内气氛彻底的转换时，他也反反复复踌躇不定。茨威格在第一次世界大战之前研究爱弥尔·维尔哈伦的论文里说，"我们所有的演化只可能是……让我们的情感尽可能与更多的人进行交流"。彼时，欧洲似乎正从上个世纪的停滞中挣脱出来，得到了辉煌的发展。茨威格坚持认为"除非处于愉悦、运动不止的永恒兴奋状态",否则人类无法真正了解宇宙的真正内涵。实际上,茨威格认为,不是"很明显的绝对公正",而是他从某种意义上认为"被过高估量的"热情,代表了一种更高形式的公正。

朱尔·罗曼了解茨威格令人眼花缭乱、不加区别全盘肯定的习惯,因此在1939年巴黎一场有关茨威格的告别演讲中引用了这篇文章,只是为了指出,在目前这样的时期,"每个人在付出各自的代价后都会认识到,对任何事物感到兴奋,大声宣扬自己的爱和热情,或着迷于某物,都是危险的"。据此,他问道:"现在人类的灾祸主要有什么?其中对人类最具威胁的是什么?……是不是过度的镇静、理性或批判意识?当然不是。"罗曼声称,这个时代最主要的危机,恰恰是"对所有批判意识、所有明晰的理性肆无忌惮地禁用"。茨威格在读到他老朋友的这段文字时,怎能不脸红,不会想到他曾经做出过的很多断言,比如他曾经宣布的"批评无用论"。

茨威格对热情的盲目崇拜,总是为了表达肯定,而不是挑起愤怒。而且,"一战"应该让他彻底认识到,这种高亢的赞赏之情可以轻易变成邪恶诱惑的对象。结果茨威格却是一再犯错——尤其是在1930年犯下的大错。到1939年时,罗曼仍在怀疑,茨威格"总是尽力不对现如今某些伟大的冒险表示同情,尽管他明明有上千个理由对这些冒险进行责备和痛恨"。茨威格认为,通过一个包容一切的拥抱,"我们将会比那些不去紧紧把握整个人生,而只满足于些许人生的怯懦者更加富有"。这句话体现了他崇拜的民主主义英雄惠特曼的精神。但是20世纪前半期的中欧,并不是这位布鲁克林吟游诗人口中19世纪的美国。茨威格也是通过惨痛的历程才认识到，这种广阔的欣赏、慷慨大度的肯定也可能会助长那些毁灭世界者的气焰。

无独有偶的是，茨威格也正是在1930年冬开始撰写玛丽·安托瓦内特的传记。按茨威格的说法，这位王后的窘况奇异地成了他个人命运的预兆。"命运先以妖魔般的诡计多端来宠爱这个女人。……当她成为少妇，命运就极为挥霍地把优雅和财富的各种赠品，加在她身上……"茨威格写道，"但是命运这样迅速而又轻易地把这个女人拽上幸运的巅峰，却诡计多端地让她越来越残忍，越来越迟缓地往下坠落。……（她）不甘心不习惯身受的一切苦难，她进行反抗，不愿逆来顺受。她……设法逃脱。但是那只通晓一切的灾难之手，以艺术家坚毅果决的精神，不从他的素材中逼出最高的张力，逼出最后的可能性绝不罢休。那只灾难之手也总要锤炼这颗柔嫩、孱弱的灵魂，使之坚毅、卓绝、镇定自若……还没有从她身上形象生动地逼出来之前，绝不会放过玛丽·安托瓦内特。"

在希特勒掌权后，茨威格人生的走向开始神秘地仿效他小说和传记中的情节，迫使他直面赞同流亡的哲学论争中的深意，正视年轻人改造世界的冲动中所具有的力量，正视年老艺术家退守自然界的典范行为。茨威格声称可以预测未来世界的历史事件，大部分只是夸口而已。但他又有种奇怪的能力，总能将自己未来的际遇和命运编织到他笔下主人公的身上。

茨威格在1930年写那位法国王后的故事时，突然感到无法忍受在萨尔茨堡度过寒冷颤抖的冬季。一个经常旅行的朋友告诉他，巴利阿里群岛（Balearic Islands）应该是一个理想的避难所，他大概可以在那里安静地写作。茨威格立刻制订了出游计划。除了不难理解的需求——包括能享用当地正宗的美食，完全的安静和环境宜人外，他还需要一个宽敞的房间，可以在里面踱步思考自己的作品，还要有一张可以放下他所有书籍和文稿的书桌。"如果向窗外眺望，能看到马特洪峰或那不勒斯湾的话，那当然是他求之不得的乐趣。"弗里德里克冷冷地说。

她和茨威格在1931年新年时登上了去西班牙的火车。但当他们抵达马略卡岛的帕尔马时，茨威格发现那个安静的岛屿充斥着建筑噪音。另外，由于西班牙货币稍稍贬值，吸引了一群堵在岛上领取救济金的吵吵嚷嚷的英国人。到达那里48小时之后，茨威格和弗里德里克又登上了一艘开往巴塞罗那的慢船。他们将从那里搭乘一列东行的火车，奔向茨威格之前经常造访的法国里维埃拉一连串的休养地。但这里的一切仍让他们感觉不对劲。他们行经的每座建筑的风格，都与法国里维埃拉的酒店雷同。在他们快要绝望时，茨威格终于在安提布岬的最南端发现了一座和酒店不同的建筑。那是一座优美的白色大厦，装有黑色的双重斜坡屋顶，正好俯瞰着大海。他们经过了很长的盘山路，路过广阔的花园和无数地中海松树。这一切看起来都合茨威格的心意。在进入大厦并咨询了里面的员工后，茨威格欣喜地得知，这座大厦正如他所料想的那样，最初是私人住宅，而且还具有他最看重的那种出身：最初由《费加罗报》（Le Figaro）的创始人建造而成，现在成了一家酒店，由莫泊桑家族负责管理。茨威格和弗里德里克漫步在酒店附近，现在正值旅游淡季——这点至关重要！——没有那些游泳的人，只有寻求休息的人。滨海区房间雅致的阳台恰好能将蔚蓝海岸壮美的景象尽收眼底。这里也没有厨房嘈杂的声音,因为他们的三餐是到豪华的艾登-豪客饭店解决。这家饭店被设计成一条船的甲板,突出在海面之上。饭店下方山崖上被开凿出了岩洞和池塘。太完美了。茨威格他们入住了。

虽然茨威格找到了理想的避难所,但他无法忍受身边没有好朋友陪伴。茨威格想到了经常喝酒喝到疯狂的约瑟夫·罗斯,他刚刚从巴黎的三桩诉讼里逃离——其中两桩是被他的出版商起诉,另一桩是被他的继父,正在马赛因感冒而颤抖。茨威格联系到罗斯,坚持邀请他过来。罗斯答应了,所以现在,至少茨威格非常满意——虽然他仍坚持隔天就会更换工作地点,从酒店房间的书桌挪到一个小酒店或咖啡馆。在酒店的餐厅里用过精美的午宴后,三个人会信步走入昂蒂布这座要塞小镇,总会到司机相聚咖啡馆歇歇脚。罗斯和茨威格总是乐滋滋地看着咖啡馆里一个接一个的司机邀请弗里德里克去跳舞。(我们只能揣测,茨威格是多么渴望不用单独和弗里德里克在一起。)在咖啡馆里继续工作和做笔记之后,茨威格总会像小学生般兴奋地和罗斯到文具店去,纵情地购买钢笔、笔记本、铅笔和特殊的墨水。当茨威格安静下来,表示自己准备重新开始玛丽·安托瓦内特传记的写作时,罗斯和弗里德里克就会一起漫步到打靶场,进行射击练习。弗里德里克屡次射中靶心,而罗斯总会梦想着他在战壕里的那些岁月。

三年之后,当茨威格与洛特相恋时,旅游——在过去很长的

与斯蒂芬·茨威格在旅途中的洛特,他们当时刚刚确立关系
(图片提供:the heirs of Stefan Zweig and a private collection)

时光里一直是他最大的乐趣——变成了一种折磨,他那种备受纠缠的感觉也愈演愈烈。实际上,茨威格与洛特的亲昵关系开始于旅途中并非偶然,还在某种程度上因为他想要重温过去那种精神上的欢愉。洛特受雇于茨威格后不久,就和他一起追随着玛丽·斯图亚特昔日绝望逃亡的脚步,到苏格兰进行了实地考察。可能正是在这段旅途中,二人开始了情感上的纠葛。洛特在这次旅行结束后不久拍摄了一张照片。照片拍摄于一条微风拂过的海边小路,洛特穿着短袖上衣和浅色裙子,微微侧对着镜头,胳膊下夹着一摞文件,另一只手正把落在脸上的黑发向后抚去,她的唇角有一个羞涩、愉悦的笑。她当时26岁,看起来好像刚刚20岁,无拘无束,深陷爱河。

"我又重新开始学习了,就像一个高中生,"茨威格在那段时间兴奋地对约瑟夫·罗斯说,"我又再次不确定起来,又再次充满了好奇。现在,在我53岁的时候,我爱上了一个年轻的女人。"也正是在同一时间里,茨威格提到他政治上的悲观情绪几乎是无边无际的。"我相信肯定会爆发一场战争,就像其他人信仰上帝一样。但也仅仅是由于我相信这点,我的生活现在更加紧张。"他写道,"我渴望能再次全面地去看这个世界,在它被摧毁殆尽之前。"

如果茨威格和洛特的关系开始于欧洲北部的话,那在法国南部时他们几乎公开了。在苏格兰的研究之旅结束后没多久,洛特又和茨威格与弗里德里克一起到了尼斯。虽然他因奥地利这些年的崩溃而痴迷于英国平凡的温和,但在1934年秋天时,茨威格发现自己受困于一种"致命的倦怠"。除此之外,"从长远来说,休养地白色的墙壁开始令人无法忍受",他对罗曼说。于是,茨威格决定到蔚蓝海岸居住一段时间,毕竟他的朋友,比如罗斯、托斯卡尼尼、安德烈·莫洛亚、朱尔·罗曼、H.G.威尔斯(H. G. Wells)和肖勒姆·阿舍都在那儿。

弗里德里克则非常高兴地发现——正如她自己写到的那样——洛特的气色没有过去"那么苍白和阴郁了"。由于自己的女儿不在身边,弗里德里克乐于帮助这个病恹恹的姑娘多晒晒南部的太阳。洛特和茨威格他们的房间在同一层,弗里德里克灵机一动,在阳台上安置了一台打字机,这样就可以使她在工作时也能享受海风吹拂。

每天工作结束后,三个人就一起去观赏美景、寻找乐趣。他们曾到一个知名友人的别墅去拜访,曾到摩洛哥观看托斯卡尼尼指挥的音乐会,曾驾车欣赏壮丽的海岸线。在开车去蒙特卡洛的途中,

洛特在蒙特卡洛，1934 年（图片提供：the heirs of Stefan Zweig and a private collection）

弗里德里克发现，洛特比以往稍有了谈兴——因为通常来说，这个姑娘看起来总是对外部事物无动于衷。他们有一次驾车行驶在沿着傍山崖修建的滨海公路上时，公路蜿蜒在波浪般起伏的天蓝色、白色、青绿色的地表和银绿色的橄榄树林之上，弗里德里克建议停下车，让洛特好好欣赏一下这壮美的风景。

"这是徒劳的，"茨威格说，"她根本无法从中体会到任何东西。"弗里德里克后来评价说，茨威格当时的粗鲁令她大吃一惊。但如果这是真实发生的，那只能是他对弗里德里克的嘲笑，意在突出她对洛特智商贬低的荒谬。

距 1935 年 1 月，茨威格计划前往美国的日子越来越近了。洛特打算到瑞士一家山间度假地好好疗养几周，弗里德里克写道。一天,茨威格让弗里德里克去趟美国领事馆,帮他领取旅游签证。但当弗里德里克到领事馆后,发现自己虽然带上了各种文件,还是忘记了茨威格的永久居所证明和偿付能力证明。她突然想到,他们卡普齐内山上的房子还没有售出,茨威格有那所房子的房契,这完全可以同时证明他的永久居所和偿付能力。于是弗里德里克又赶回酒店,奔向书房,而卧室正是通向书房的必经之处。

"那真是个不合时宜的时刻。"弗里德里克后来写道。虽然她想要把发生的事情描述为一场悲剧,但读起来却像是一出法国闹剧。不管弗里德里克突然闯入时茨威格和洛特是何等沉迷,那一刻洛特从浑然忘我中惊起,极为尴尬;茨威格则"非常惊愕"。弗里德里克则感到了羞辱,她用一种颤抖的声音解释自己回来的原因。然后,她写道,三双猛烈颤抖的手在书房里搜寻着,直到找到那份萨尔茨堡的房产证明。弗里德里克抓着房契冲出门,再次奔向美国领事馆。

"我当然对那个女孩非常失望。"弗里德里克事后坦诚地说,"但或许我不该那么对她,或许她生平第一次被尼斯耀眼的阳光晒昏了头脑。我决定装作这件事没有发生过。"或许这种忽视是个错误,她后来说,如果她对茨威格大发雷霆,让他把洛特赶走,茨威格可能把她的抗议看作是"一种在所难免又合情合理的爆发"——还很可能对她的要求表示默许。但这并不是夫妻二人主要的互动方式,弗里德里克坦言,更重要的是她和茨威格是"朋友,最好的朋友"。

于是,弗里德里克对茨威格报以冷冰冰的不理不睬。虽然茨威格一向喜欢安静,但弗里德里克的做法还是立刻让他感到无法忍受。他爆发了,对弗里德里克承认错全在他——而这只是令事情更糟糕。在足足三天时间里,洛特和弗里德里克没有任何交流,她们被迫尴尬地同处于雅致的美好时代酒店中,悄悄躲到有着粉色门面的甜食店和棕榈树后,快步绕过那些角落,走进阴影中,把门紧紧关上,避开彼此的目光。最终,洛特鼓足勇气给弗里德里克写了一封信,发誓说这一切只是场荒唐事,她对弗里德里克仍一如既往地尊重。弗里德里克写道,在收到信后,她们有过几次短暂的交流。"洛特将会在近期离开,我真的非常同情这个孤独的女孩。之前发生的事情太糟了,但是从目前来看,这太过微不足道,还有些愚蠢,我们决定将其一笔勾销。在出行之前的这几天里,我的丈夫将和我单独待在一起。从美国回来后,他也只会在伦敦做短暂停留,然后同我在奥地利会合。这几天里,茨威格在创作他伟大传记的结局,不应该受到打扰。洛特离开后,让人送来了一束玫瑰,重申了她的感激之情。我的丈夫则因我并未像戏剧舞台和现实生活中经常见到的那种人一样大吵大闹而非常高兴。"

但事情并未就此结束。

弗里德里克和茨威格又在尼斯住了些日子,然后他们一起去了停靠着远洋轮船的维尔弗朗什(Villefranche)。茨威格急于向弗里德里克展示轮船公司特意为他安排的特等舱,但弗里德里克心情非常沉重,因为30多分钟后,她的丈夫就会乘船远航。

他们踏入了茨威格华丽的舱室,而在他们面前的桌子上最夺人眼球的就是一封来自洛特的信。"不要担心,"茨威格说,"绝对无关私情,祝愿一路顺风而已。肯定没什么。"

但之前两人间的氛围荡然无存。他们重新走上甲板,见了在口岸和轮船间摇摆的渡船上来为茨威格送行的朋友——每个人都能看出这对夫妻间肯定有什么不对劲。汽笛声响起,弗里德里克走下轮船,客轮开始驶离。就在广阔的海水将他俩隔开时,茨威格用他独特的潇洒风范,把那封信递给了站在弗里德里克身边的一个人。

这个动作表明了茨威格对洛特全然的信任,也显示出了他对弗里德里克的谨慎。弗里德里克写道,茨威格非常确信"这个羞怯的女孩绝不会在信里写任何带有一丁点儿亲昵意味的东西"。而弗里德里克也非常清楚自己此时应该扮演的角色。她应该把这封未开封的信直接扔进大海,然后用一种幸福的感激的目光看向茨威格。"一个天使在当时会选择这么做,"弗里德里克说,"但我是个女人。我在这个孤独的港口读了洛特的信。"她的视线在信纸上穿行。弗里德里克写道,这个据茨威格声称无关紧要的东西,却是"一封热情洋溢的情书,似乎是一个死板的人写下的生平第一封情书"。

"最亲爱的,我发现自己变成了一个可悲的懦夫,我害怕当你收到这封信时身旁有其他人。"洛特在信中写道,"我想要再次告诉你,我之前从未说过我有多么喜欢你,还有你的友谊给我带来多大的快乐。虽然我看起来非常冷漠,可能面对你时也这样,但我依旧非常渴望爱情和友谊,所以,对这些你已经给予我的,我非常感激——比你能了解的要感激得多。你不知道,在你出现之前,我有多么的寂寞。虽然我在伦敦也没什么可抱怨的……我们在一起时你给了我那么多的快乐,能和你在尼斯待那些日子已经让我非常幸福了。一切都太美妙了,尽管惧怕和不自信让我沮丧,毕竟我也非常喜欢你的妻子……说再见很难,我相信你已经发现了这点,我多希望你能在这里——只有我们两个人。你的那些熟人(在温泉这里的)都非常友好,但无论如何都无法代替你。衷心的祝福。想你,想我们可以在一起……"

或者应该说，这是弗里德里克存档信件的文字版，她在存档时还附了一张手写的便条，说明这是茨威格在去美国途中递给她的那封信的拷贝。

弗里德里克是否对那封信有过修改？还是完全地抄录，只不过加了些之前没有的段落？抑或是弗里德里克完全的臆造？因为弗里德里克销毁了原件，所以没有人能知道。但弗里德里克非常擅长在她的秘密计划中加入些真实的内容来增加自己的可信度，我想，这段话里至少包含了许多洛特的原话——弗里德里克利用这些话来表明，洛特正是靠着这种痴心和逆来顺受的柔弱诱拐了她的丈夫。

正如弗里德里克表明的那样，这样的婚外情并不是头一次。这件事的独特之处在于，之前"偶尔有类似这样的调情时，他总会不管有没有必要，我喜不喜欢，坦白地告诉我。我们在一起期间从未有过被藏起来的信件，在他所有的关系里，谁都不可能像我们这么亲密"。"那么这些是如何发生的呢？"弗里德里克在她创作的茨威格传记中自问道。"酒店并不是自己的家：这句话里更深刻的含义是，它是受到摧毁的房屋。"弗里德里克把他们萨尔茨堡房子的失去，归因于他们之间不再坦诚以待。因为他的风流韵事总是出现在旅途中——旅行，而不是流浪。对流亡的幻想将茨威格从一个无伤大雅的风流男子，变成一个笨拙的家庭破坏者。弗里德里克声称，基于被夸大的政治原因，茨威格开始认为，萨尔茨堡不再是久留之地。她永远无法原谅茨威格把山上那座童话般的城堡，那座"在20多年里被称作'我们的'"城堡当作"一堆废物"卖掉，只因为茨威格一旦下定决心离开这个地方，就开始急躁起来。茨威格对萨尔茨堡越来越多的反犹主义感到忧虑，他担心纳粹党人拿着登山杖伪装成登山者，在晚上穿越国界来到奥地利。但这焦虑却忽视了一个事实，茨威格仍是这座镇子上备受爱戴的第一公民——受到市长和商人的尊敬。弗里德里克对一个朋友哭诉说："我将单枪匹马再为自己创造一个新家，虽然我不知道会在哪里。茨威格生活在虚构的移民精神错乱中，而我只喜欢待在我的家里。"

茨威格与洛特的早期通信里，满是约会地点和他跟别人约好要去的遥远地名。洛特要赶到某某车站与茨威格会合，然后再一起搭乘到某个更远的地方的火车。茨威格在信中屡次提到备用计划。如果他们没能在这里会合，那么该到哪里去寻找对方。茨威格将在巴黎的某个酒店停留两天，在苏黎世停留五天，然后是佛罗伦萨、罗马、玛利亚温泉市，然后再次回到巴黎，两周后再去尼斯待十天，最终回到伦敦再次去见洛特。伦敦是一个非常美好的城市，非常可爱，茨威格写给洛特的信里有一种调情的味道。这些鱼雁传书在某种程度上表明，洛特已经成了他的伦敦，而伦敦成了洛特。

这一切都使洛特如痴如醉。想象一下，她总是处于被从一座城市、一个国家、一个大陆诱拐到另一座城市、另一个国家、另一个大陆的刺激中——或者她的恋人将从她身边离开，去奔赴另外的约会。

洛特把握住了茨威格欧洲田园牧歌式生活的最后一丝光辉——大门敞开，墙壁不复存在，火车、轮船、汽车、飞机在港口和车站间穿梭，就像童话里的芝麻开门，在茨威格文学影响这把耀眼的万能钥匙下，壁垒和国界都消失不见。但现在他开始自由落体了，在经历了似乎永无止境的搜寻和犹豫不决之后,他们在 7 月突然搬到了纽约奥西宁,给人一种虎头蛇尾的扫兴之感。茨威格和洛特都知道,在当时,奥西宁正是最好的去处。在数月迟疑不决后,茨威格几乎已经不在乎了。或许,茨威格在同意搬到拉马波路的房子时,肯定想到了阿尔弗雷德·波尔加曾讲过的一个令人悲伤的逸事:

一个难民问另一个:"你打算到哪里定居?"

另一个人回答说:"厄瓜多尔。"

"但那太远了!"第一个人说道。

"离什么远?"第二个人耸耸肩反问道。

第八章 教育之债

昆虫的啾啾声从浓密的树叶中传来。无论你走到哪儿,都能在某处传来的割草机的轰鸣中听到邻居互相打招呼的声音。"今天应该是个好天气,对吧?"每次洛特到上街去时——奥西宁当地的居民把沿着绿树成荫的道路到四条街外的商店去称作"往城外的方向去"——这种漫不经心的、和善的生活气息立刻让她感到平静和偏僻。这里的镇中心很普通,只有一些两三层的老旧建筑物——"超级市场"、珠宝店、银行、服装店、糖果店、理发店、美容院、旅店和药房。当地人向陌生人介绍时总是说:"这就相当于提前打的预防针,免得你期待一会儿见到世界第八大奇迹。"到了炎热的日子,店面上方五颜六色的遮阳篷就像浮动的飞毯一样,店主懒洋洋地坐在阴凉里。你走到哪儿都能听到自动售货机和收银机的声音。难民们开玩笑说,美国人总喜欢听他们的钱发出的特殊乐音。

"超级市场"的规模大得出奇。茨威格一家在看到里面堆积如山的东西——肉类、黄油、罐装食品、新鲜蔬菜和所有你能想到的东西后,再想到与此同时世界上还有数百万人正在挨饿,总会忍不住内疚。他们和其他很多流亡者一样,都惊骇于美国的浪费问题。"大街上有被扔掉的面包,还有纸,"一个流亡者惊诧地说,"即使是在战争之前,德国的穷人也会把那些纸卖掉。"还有很多难民惊讶地发现,垃圾桶里并非只有剩余的食物——黄油、面包卷等,还有家具和收音机。橱窗里"几乎每天都摆满了牡蛎、龙虾,几乎任何人都能随时买到,1月份还能买到草莓",这一切都让人眼花缭乱。难民们注意到,德国的中产阶级都不可能弄到所有这些东西。闯入世外桃源的感觉,不仅仅来自这些杂货商店和堆积的垃圾,马丁·贡佩尔特写道,"无数的饭店、酒馆、自助餐厅、奶品店和冷饮柜台"也让很多流亡者瞠目结舌。他注意到,美国工人吃掉的蔬菜大约是欧洲工人的三倍,他们还喝掉了大量的牛奶,对生牛排"无可比拟的热情"维护着他们食肉动物的名号。贡佩尔特在《向饥饿敬礼!希特勒统治下的健康》(*Heil Hunger! Health Under Hitler*)中提出,希特勒并未能解决大部分民众的温饱问题,因此法西斯之所以失败不是由于战争,而是因为"罪恶的孪生子:饥荒和瘟疫"。他写道,"山姆大叔"现实中的原型是位于哈得孙河上特洛伊市的肉类加工商,这并不是偶然的。他在一周内屠杀了8000头牛,帮助美国士兵扭转了1812年战争的局势。目前的美国政府依旧持有相同的观点。《时代》(*Time*)杂志7月的封面是美国农业部长的肖像,背景是一片粮田,下面还引用了他的一句话:"食物将使我们赢得战争,缔造和平。"

虽然茨威格一家在拉马波路的房子里度过了大部分的夏日,但从他们的通信中可以看到,他们几乎很少离开房子。随着一周周过去,他们离开房子的时间越来越少,以一种狂热的节奏埋头于茨威格的传记创作。当他们第一次签下租约时,洛特因为终于可以安定下来的解脱感最为强烈,甚至对前景产生了一种热忱。"我们终于找到了可以度过夏天的房子,它符合我们所有的要求,有'做家务的人','附近车很少',地理位置很好,离伊娃也非常近"。她在6月底的信里这样对汉娜说。能离自己的侄女更近些,因此可以定期向她远在英国的兄嫂通报伊娃的生活状况,这很明显能缓和些洛特的负疚感:自己生活在一个供应品非常充足的国家,而家人却在故乡受苦。她继续用一种无忧无虑的语调写道:"你应该能想到我们有多忙碌,打包,安置东西,得见很多人,还尽量避免见某些人,诸如此类。"但洛特信中的"车很少"却被茨威格打上了星号,他用标志性的紫色墨水在边缘写上了注解:"并不是'无忧无虑'。"茨威格从未表达过对搬家这一举动的欢愉之情。在离开曼哈顿之前,茨威格心中充满了必须重新安置的焦虑感。他在写给洛特家人的信里说,洛特已经连续工作了两天。他们在里约时已经被迫舍弃了大量的书籍,现在他图书馆里的另一部分又要被扔在温德姆。"这并非易事,因为我随身携带的这些信件、文件、打印的副本、通讯录等,相当于一间办公室,你应该能想象到,我们多么渴望拥有一个家!"茨威格的意思非常明显,他这里说的家并不是奥西宁。他说,只要战争继续,他们就永远不可能有这样一个家,并补充道,"我8月很有可能得去古巴,或许还得再去其他的国家"。

还未抵达,茨威格在精神上已经准备再次离开了。这个"小小的房子"(他从未用其他词语形容过)只是他打算在两个月的租约中继续他写作自传的休息之地。对这里,连同这本书的读者本身,他没有任何其他的期盼。茨威格认为,能在美国的市场上取得成功的难民作家,只有那些写出了美国人想看的"激动人心的东西或耸人听闻的新闻的人,那些对自己笔下的文字字斟句酌的最优秀的作家反而是最受冷落的"。在搬进拉马波路的那个下午,茨威格就给本·许布施打了电话,试图邀请他过来做客。接电话的是许布施的妻子,茨威格恳求她可以自己过来一趟。为了能劝动许布施,茨威格后来还补充说,这个地方总令他想到他们过去经常去的萨尔茨卡默古特(Salzkammergut)。

茨威格试图在萨尔茨堡北部自然原始的阿尔卑斯山麓的度假胜地,与他们位于新新监狱上方崎岖山坡上的新家之间寻找相似之处的行为,看起来有点异想天开,自欺欺人。但随着流亡一天天的过去,流亡者越来越爱在身边事物中寻找与昔日生活的似曾相识之物,将现在的点点滴滴与他们过去的生活联系到一起。洛特则将他们哈得孙河上方的家,比作英国巴斯某个社区的房子。这两座房子从某些方面来说非常相似,虽然并不是房屋本身。她说,"这座房屋要更小一些,它们都坐落在山上,上山都要经过一段陡峭的山路"。与此同时,他们的女仆也和在英国时家里一个名叫罗达(Rhoda)的女仆很像。对茨威格而言,从他们林康山上的家俯瞰巴斯城市的风光,总能使他想到从卡普齐内山上的露台花园眺望萨尔茨堡的景象,而那里的山谷则会让他回想起第一次世界大战之前曾经住过的巴登(Baden)。茨威格后来搬到的彼得罗波利斯,则会勾起关于他对塞默灵(Semmering)的回忆,"只是更原始些,就像1900年的萨尔茨卡默古特",他如是写道。追随很多流亡者的足迹,我们就会发现,他们的活动不只是简单的跨越国界,同时还跨越了时区,以曲折的路线从过去来到了现在。

茨威格在拉马波路住了一个星期之后,向本·许布施转述了他在撰写自传方面惊人的进度——七天之内完成了七十页——茨威格又说道,"不幸的是,每当我投身到工作中时,总会有精神抑郁的倾向"。茨威格从未评价过奥西宁的周边环境。在这里住了几天,他就已经看够了这个地方枯燥单一的风景及建筑,并确信这里没有任何值得他欣赏的地方。仅此而已。到此为止。

茨威格对奥西宁的这种反应,总会令人想到马丁·贡佩尔特从其他流亡者那里听到的对整个美国的评价。"纽约的流亡者说,'这里没有树'。加利福尼亚的流亡者说,'这里没有云'。作家们说,'这里没有那种可以一坐好几个小时并进行写作的咖啡馆。这里没有村庄,没有小旅店,没有草地,没有弯弯曲曲的小路……这里没有阿尔卑斯山的山谷,没有真正的山峰,没有真正的海滩'。这里缺乏岁月的气息……没有松树、椴树、矢车菊,没有热腾腾的饭菜,瓦罐装的葡萄酒,没有野兔和野鹿。没有晚间的散步、室内音乐会、德语歌曲,没有芳香夏日夜晚里的露天集会。这里没有书店,没有熟悉的声音、面包和黄昏,没有春天和软糯的豌豆"。贡佩尔特写道,这一切都令人心碎——也让人感到荒唐。实际上,上述的很多东西都能在美国找到,甚至几乎可以找到完全相同的,他说,但他和那些流亡的同胞"凭着倔强的爱,凭着毫无意义的乡愁,对这里的一切提不起任何兴趣"。

这个问题还可以再深究。"世上还有比美国小城的主街更可悲的存在吗?"茨威格继续追问,"每个地方都是同样的商店,同样的产品,同样的海报,每个地方的建筑风格都是雷同的——殡仪馆、杂货店、电影院、社区中心。每到10点各处就没有了灯光,四处零星停着几辆车,一些卡车隆隆地驶过。除此之外,没有任何活动的迹象,就像身处坟墓一样。"

贡佩尔特接下来话锋一转,说道:"这很正常——但同样的,又并不正常。这种我们感到的凄凉和恐惧,同样存在于其他地方。柏林的北部有廉价的公寓,埃森(Essen)市有工人居住区……英国和奥地利维也纳也有贫民窟,勃兰登堡的很多小镇里空空荡荡,沉寂得可怕。"美国所有令流亡知识分子消沉的东西,也存在于欧洲。"但我们从未想过要听凭这世界各地死寂文化的摆布,"他写道,"不再有我们能避开的不利情况,不再有我们能拒之门外的痛苦。"

贡佩尔特认为,这些有特权的流亡者体会到的流亡异乡之感,与新、旧世界的实际环境无关,更有可能是因为他们社会环境的转变。突然之间,类似贡佩尔特和茨威格这样的人物失去了他们的阶级特权,而不得不去真正地融入——并不是茨威格在柏林时体验过的与下层社会浪漫的结合,而是同到处都是的普通中下层人民沉闷的接触。美国向这些流亡者揭示出了他们之前在欧洲生活时一直视而不见的经济真相。

"我们的自大给我们带来了什么?"贡佩尔特在所有人被迫流亡的前夕提出了这个问题,"我们忽然间开始正面欧洲大陆上悄悄壮大的普通民众——那是没有历史记忆、没有传统形象的一群不知名姓的人。对他们来说,旧大陆的风景和昔日的生活方式只不过是一个伪装、一个背景而已。为了证明他们正当的存在,得让他们接受教育、吃饱、穿暖。我们总认为自己是在替他们发声,其实我们根本不理解他们,他们也不理解我们。所有发生在政治领域、公共生活、精神或宗教之中的事情，都经过了不谙世俗的术语的伪装，对我们来说意义重大，对他们却只是胡言乱语。"

茨威格在不得不到曼哈顿去见律师、出版商、牙医或朋友的日子里，到达奥西宁火车站时总是繁忙的傍晚时分。海边的工厂里传来嘈杂声，还有附近街上放假的孩子们的叫喊声、踢罐子声和往人行道上投掷球的笑闹声。茨威格从喧闹的人群中穿过，总是炎热的天气，总是羞赧于自己的汗流浃背，总是小心他的德国口音，总是担心他的头发是否顺服，还担心黑发里渐渐增多的灰发。他的目光总是游移不定，从不和人对视。每当有出租车停下，他总是飞快地钻进去，接着车子驶向克罗顿大街长长的缓坡。茨威格只想让自己陷入门廊的黑暗中，然后召唤出昔日生活的精灵。一部自传需要的东西比一部小说要多，他在给许布施的信里说："作为自我关注的中心，你无法像其他人一样，能用正确的比例去观察自己。"茨威格意识到，在撰写这部自传时，他被迫舍弃了自己生命中许多重要的材料，这些材料足够去写一部书了。奥西宁坚硬的尖塔在他身后慢慢地消失了，那间黑色的小小的房屋在不起眼的山顶上安静地等待着。

洛特有时会从房屋的阴影里走出来，到宽敞的草坪上呼吸新鲜空气。起码那里非常安静，绿草如茵，洛特在给家人的信中这样说。当时已值6月底，纽约开始变得闷热、难闻。奥西宁虽然也没有凉快多少，但起码空气很好。她对她的阿姨说："如果说有什么味道的话，那就是花草的味道。"当伊娃过来住时，赶上当地没有什么消遣，这个姑娘就蜷在他们不大的客厅里读保罗·德·克鲁伊夫（Paul de Kruif）的《微生物猎人学》（*Microbe Hunters*）。洛特写道，看起来"好极了，她晒成棕色的皮肤，显得身体很健康"。这使得洛特可以信心满满地告诉曼弗雷德和汉娜，他们的女儿在这里过得很好。洛特与伊娃的关系也越来越亲密。茨威格一家住在巴斯时，由于伦敦的闪电战，伊娃被父母送来，第一次住到了他们家中。后来，随着炸弹攻击的愈演愈烈，曼弗雷德和汉娜决定干脆把伊娃送到美国，他们在那里还有几个熟人。茨威格和洛特在他们最初的巴西之行时，曾到洛特在美国的第一个住所看过她。他们返回纽约后，还帮伊娃找到了一个更长期的住所。久而久之，如何在美国更好地解决伊娃的教育问题，变成了他们二人所面临的最迫切的问题。

还在奥地利时，茨威格就经常抱怨弗里德里克的女儿苏斯和爱丽丝那种无所事事、放纵的生活方式。1937年他们开始分居后，茨威格在给弗里德里克的信里向她保证，他衷心祝愿她的女儿们"一切如意"，同时还表示，自己这种偶尔的不满其实有深层的原因，"我（在她们身上）没看到任何你我都非常熟悉，并且照耀了我们青春时光的那种如饥似渴的学习欲望"。虽然被茨威格批评过于懒散，苏斯和爱丽丝的做法令茨威格对她们的印象进一步恶化——她们也许认识到自己并不适合追求学术生活，于是开始寻找报酬优渥的工作。其中一个设法在萨尔茨堡的一家男子服饰经销商店找到了工作。茨威格听说后立即给女孩的父亲写信，他认为她这种思想偏狭的职业选择正在危害家族的声誉。

茨威格从不鄙视穷人，他只是瞧不起社会各阶层中那些只从物质层面提高自己的人。这种态度,更多的是因为他个人从未经受过经济方面的压力,而他远没有意识到这点,因此总会惹恼很多人,甚至一些和他非常亲近的人。"你说你向上帝祈祷,希望自己可以不被金钱束缚,"约瑟夫·罗斯在1933年写给茨威格的信中说,"千万不要这样说,亲爱的朋友!希望上帝能给我钱,一大笔钱!因为在今天的世道,金钱不再是万恶之源,贫穷也并非有福。坦率地说,那是不切实际的说法……我需要钱!有钱我才能写作,我需要钱来帮助六七个人生活。"

弗里德里克的女儿们在茨威格的眼中,表现出的就是那种狭隘的中产阶级精神——这在他的社会心理学的等级体系中属于最低级的那类。茨威格始终无法释怀的是,在他们一起生活的十五年之中,苏斯和爱丽丝一次都未提出想看看他收集的手稿。这种兴趣缺缺似乎是自私的一种表现,正是这种自私令她们在听说自己的父亲病重后的几个小时里,就若无其事地跑下卡普齐内山,到萨尔茨堡的舞厅里去跳舞。由这些无济于事的同情而产生的挥之不去的辛酸感,使茨威格确信,这些女孩应该是一种更野蛮的文化疯狂的预兆。

茨威格谴责的这种行为,在其他人眼中可能会被同情地视作典型的青春期症状。他这种心态,正触及了他在美国不顺遂的问题核心。茨威格早在移居美国之前,就把美国看作是引领公众追求"轻松娱乐"的文化趋势的发源地。这种娱乐包括全球性的舞蹈热、大众时尚、流行电影等将和谐的人性表述为"一种千篇一律的文化模式"。过去也曾有过这样的情况,茨威格在一篇文章中写道,巴黎的一种时尚流行起来后,好几年后才能传到乡下。"一种特定的界限保护人们和他们的习俗,使它免受时尚专横的要求。而在今天,时尚似乎一下子就在全球横行。纽约的女性一旦留短发,那么在一个月内,五千万或一亿名女性就仿佛被同一把镰刀修剪过似的,全都变成了短发。世界历史上没有一个皇帝、一个可汗能有这样的权力,宗教界的任何一条戒律都不可能传播得这样快。"茨威格在1925年时曾这样说,美国在"迷恋力量的同时遭遇了精神上的萎缩"。他认为,对最庸俗人群的那种简易、舒适生活方式的追求,最终只会造成个性被摧毁。"由于同样的妆容,人的面孔不可思议地变得越来越相似;由于同样项目的体育锻炼,人的身体条件也越来越相似;由于共同的爱好,人们的思想也变得相似起来……而且因为每件事都被设计成在最短的时间内完成,于是人的消费增加,因此使得真正的教育——在一生中有意义的耐心的积累——在我们的时代变成一个非常稀罕的现象。"美国开始了一场对大众的"奴役",在心理上早已为每种想要夺权的独裁做好了准备。如果说"一战"标志着欧洲毁灭的第一阶段,茨威格总结道,"那么,美国化就是第二个阶段"。

  茨威格在住到奥西宁并开始创作他的自传后,对这些问题进行更深层思考的行为,表明即使至今依旧能保持独特个性的人,现在也注定要在全球新闻即时传播的过程中失去他们的人性。由于无处不在的无线广播——"(这种)时间同步性的新机制,我们始终和时代休戚相关"——每个人都无法避免总是被卷入历史事件中。"如果炸弹在上海摧毁房屋,在受伤的人尚未被抬出他们的房屋以前,我们在欧洲自己的房间里就已经知道了,"茨威格在自传的序言里这样说,"发生在几千海里以外大洋那边的事,很快就会印成图片展现在我们面前,犹如亲临其境。面对这种不断的彼此沟通和彼此介入,也就没有什么可以躲避的保险地方了。没有一片可以逃遁的土地,没有一种可以用钱买得到的安宁。"虽然接受过高级教育的少数人有可能免受大众娱乐的诱惑,可新闻上 7×24 小时都在散播着全球的灾难,这将会使任何依旧能感受到灾难的人不堪重负。

茨威格来到美国之后,对美国的嫌恶愈加严重。他在纽约时给洛特嫂子的信里写道,"你简直无法想象,这些美国孩子的粗鲁、野蛮和傲慢,多令人厌烦"。很多难民父母也表示过相似的忧虑。20 世纪 40 年代的社会学家注意到,移民家庭中经常爆发的冲突总是围绕着诸如"漫画、收听某些广播节目、观看'西部片'"。研究显示,"在很多难民家庭中普遍存在的漫画问题上,父母通常会做出让步,因为他们发现很多学校把漫画当作一种教学工具。按照漫画在美国的流行程度,使一个孩子远离漫画,简直是超人才能完成的任务"。有时,这种任务也会引发某些别有用意的反抗。一个难民父亲就提到过,有一次他禁止儿子收听一场拳击比赛的广播,他的儿子拒绝睡觉,并花了好几个小时在自己的卧室里大声地叫喊:"打倒外国人!外国人不是美国人!"

由于这些侵略性的文化影响,茨威格开始对伊娃的礼仪进行纠正。事实上,茨威格在逗留美国期间,坚持同洛特家人通信的原因中,最令人惊诧的就是这个——在他对无数流亡者、大屠杀和欧洲灭亡的挽歌中,他总会沮丧地提到,自己无法劝伊娃经常给家里写信。当我们终于意识到隐藏在这种坚持写信的好习惯背后的文化价值观后,茨威格的这种吹毛求疵也开始具有了意义。

洛特每次从拉马波路到主街去购物时,可能会经过华盛顿学校。学校燕麦色的美术学院风格建筑，位于克罗顿街和戴尔街交会处。建筑物正面有"科学""语言""历史"三个单词，分别刻在高高的窗框之间的三块菱形石碑上。这些显眼的大写字母，明晃晃地呈现在草地上方，不禁使人想到茨威格关于教养的原则。那在茨威格的欧洲生活中至关重要的东西，在如今的新生活中，似乎变得无足轻重起来。

在美国传达教养这种理念的难处之一，就在于美国人有着自己独特但同样热衷于知识和自我完善的文化。正如艾斯·格罗皮乌斯（Ise Gropius）——包豪斯运动的发起人之一，德国流亡者沃尔特·格罗皮乌斯的妻子——在对美国的第一印象中所写："这个国家最令我们感到困惑的，就是他们对事实的强调。比如说，各种智力竞赛节目中展示出的数目惊人的知识储备，让我们和所有人一样感到困惑。照这样发展下去，我们感到，这可能会误导人们去相信，教育的目的就是要获取庞大的不相干的事实，而不是学习将我们遇到的事情加以整理，并在其中找到关联性的方法。"

艾斯·格罗皮乌斯列举的智力竞赛节目同样在流亡者中引发了一种共识。他们都认识到，美国人把世上的一切——包括获取知识和挣钱——都看作寻求消遣的一部分。坚持令万事万物都变得有意思的举止，似乎表明了一种文化上更大的不成熟。一个流亡者写道："美国成年人经常会令欧洲人感觉到，他们就像一群爱玩的孩子。"很多流亡者在听到老年夫妇把彼此称呼为男孩和女孩时，都感到非常惊讶。童年对美国人的吸引力，就相当于老年之于法国人，壮年之于德国人。奥登就曾说过，美国人看起来就像"上了年纪的婴儿"。美国人理念中的青年，在奥登看来，并不意味着无力去感受生命的沧桑,而是拒绝在自己的脸上显示出过去历史的印记。他写道,"传统意义上欧洲人的面孔,不应仅显示出欣喜和受难,还应保留住自己过去最具羞辱性和最难受的经历"。

难民们在这点上尤其敏感,因为流亡对他们的家庭结构造成的最彻底的变化,就是在老一代与新一代的关系上。通过在学校及家庭之外的地方活动,孩子们的英语总是比父母更流利,他们总能更快地适应美国的文化。"在国外出生的父母在自己家中发现'特洛伊木马',里面藏的就是他们的孩子。"一位"美国化"进程研究者这样写道。这个时代的社会科学家注意到,那些父母无力融入周边环境,干脆彻底放弃了反抗,变得像婴儿般无助,整日生活在对过去的缅怀中,甚至把一切都交给下一代去做。只有极少数的家长鼓励孩子并教会他们如何去适应。一个奥地利的难民医生就写过类似的事情,他的儿子在华盛顿中学读了两年之后,就让他的母亲开始做美国菜。"他告诉我们应该去看哪部电影、哪部戏剧。他入学读书后,我们的英语也有了极大的进步。他还说服我放弃了心爱的毡帽,在夏天戴草帽。我的病人都惊讶于我对棒球和足球的熟悉程度。我们俩甚至考虑提名我们的儿子担任科恩家族信息部及宣传部的经理,如果干得好的话,还会给他发工资"。

除了语言或特定的言谈举止外,年轻的难民还能从社会变动中汲取更深层的信息,使他们在美国更加如鱼得水。马丁·贡佩尔特在写及自己的孩子时,承认道:"当我们心怀疑虑、沮丧地执着于往日的经验时,在所有的可能性中,最糟糕的那种往往最有可能成真。我的女儿说,'我敢肯定,罗斯福一定会二度连任,因为在我的一生中,只有之前从未发生过的事情才会发生'。"成年流亡者被

第八章 教育之债

第二次世界大战弄得困惑不已，贡佩尔特说："我们在一种似曾相识的氛围中忍受这一切，但我们的孩子却更熟悉'奇迹'的作用。奇迹对他们来说，就相当于对我们而言的'安全'。他们能笃定地期待从未被期待过的一切。"

就这样放弃教育方面的权威地位，对茨威格来说是完全不可思议的。从茨威格和洛特写给阿尔特曼一家的一封封信中，就可以看出夫妻二人致力于要为伊娃找到最进步、最严格的美国教育，同时他们还在孜孜不倦地寻找更有利于伊娃性格发展的家庭氛围。最终，洛特到哈得孙河畔的克罗顿拜访了和睦馆，这个颠覆传统的儿童之家的经营者是本就声名远播的德国流亡者奥尔加·谢弗（Olga Schaeffer）和阿尔布雷希特·谢弗（Albrecht Schaeffer）夫妇。阿尔布雷希特是弗洛伊德的朋友，弗洛伊德把他称为"我的诗人"；生前最后一封信就是写给他的。和睦馆位于一大片绿草地上，包括一个菜园、一个果园和一个家禽农场。这里在任何时间都会住着十几个孩子，他们除了帮忙照料菜园和家禽外，还得整理自己的床铺、洗鞋子、帮忙端菜等。在一天之中的不同时间里，孩子们得讲法语或德语，而不是总说英语。（伊娃和茨威格一家住在巴斯时，茨威格就坚持所有餐间对话都用法语进行，来帮助伊娃熟练掌握这门语言。）洛特发现，在这里只有很少几条基本的原则，但必须得严格执行：守时，每周给家里写一封信，手要保持干净，良好的餐桌礼仪，不许看漫画，除特殊的节目外不许听收音机，只能看优秀的电影，不许嚼口香糖。她又补充说，尽管奥尔加和阿尔布雷希特都是基督徒，但这里除了"一种一般意义上的'基督教精神'"，并没有过分浓重的宗教氛围。茨威格对这种新情况的前景充满了乐观。他提到，阿尔布雷希特"出身于一个良好的新教徒家庭，是一个非常棒的作家——他所有的作品都是由岛屿出版社出版"。似乎能与茨威格在同一家出版社出版作品，这个人就已经具备了教育伊娃的资格。除此之外，茨威格还留意到，阿尔布雷希特最近对"哲学的、抽象的工作"产生了浓厚的兴趣，这似乎又是一个不言而喻的证据。阿尔布雷希特不仅为人正派，还是"一个完全不受物欲束缚的人"，他的妻子也"非常聪慧，思想活跃，充满慈母般的爱"。茨威格认为，他们完全可以信任她，"她并不贪婪，也没有那么市侩"。他和洛特的想法是一致的，都希望伊娃能在"一种由英国孩子、美国孩子还有不多的犹太孩子构成的安静氛围中"学习，这样将确保她能习惯于一种既简单又知性的生活方式，同时还能身处欧洲大陆的氛围中，而不是美国的氛围。茨威格只要一想到伊娃能身处于类似他们欧洲人那种"既严格又有秩序，且讲求理性和文化"的氛围中，就高兴异常。鉴于迄今为止他们在纽约见到的一切——所有人都缺乏思想，"难民的愚昧，缺乏真正的同情心"，这就变得特别重要了。

茨威格虽然从未明确指出他认为美国教育中缺失的是什么，但我猜他肯定会认同德国难民亨利·帕赫特（Henry Pachter）的分析。帕赫特在从欧洲逃出后，成为一所大学的教授。帕赫特在自传中回忆了他对美国学生身上"知识的贫乏、眼界的狭小、只注重分数和很难对世界意义上的问题产生兴趣"而生的苦恼。但直到他的女儿开始入学，帕赫特才开始真正理解"为什么美国教育未能激发并满足学生的求知欲"。他认为，美国大学中存在的问题，根源在于美国的高中和小学。鉴于他自己的教育理念"是源于欧洲精英教育的模式，总希望能提升大众的文化水平"，帕赫特写道，"而美国的教育似乎并不希望发挥精英最大的文化潜力，也不希望大众培养最有用、最适宜知识的最佳状态"。另一个更具同情心的观察者对这两种教育模式进行了区分，指出欧洲教育更多的是培养学者，而美国教育的主要目标则是培养公民。一位移民教授指出，美国教育可以促进"一种民主的社会态度和政治行为"。另一个流亡者提醒他的同胞，不要因为美国人"不熟悉《费加罗的婚礼》，就说他们没有教养或无知。在这个国家，人都想要变得更好，虽然他们表现的方式非常笨拙，本质上却是非常真诚的；虽然他们为了变得更好而走了虚伪的弯路，却一直非常坚定而得体。你在欧洲绝对看不到这样的人……但艺术从来不是他们生活中的一部分，这就会成为你的贡献。为此，他们的子孙后代会永远感激你的子孙后代"。

茨威格在1918年1月写给罗兰的信里说："我希望自己终有一日能成为一个道德权威，而不是什么伟大的评论家或文学名人。"这个理想听起来可能会令人费解，但茨威格却是认真的。他从第一次世界大战结束到1933年期间，就一直通过各种活动，将自己塑造成巡回传播和平主义、某种更高的文化理想和其他泛欧主义原则的智慧型教师。这种冲动不仅体现在作品中，还有他组织过的无数沙龙式的聚会，以及他在欧洲各地进行的声势越来越浩大的系列演讲中。茨威格在私人生活中也实践了他宣传的理论。当他和弗里德里克在 1919 年搬进萨尔茨堡的新家时,他们不得不同占据着房屋的一家人进行协商。那是园丁的遗孀和她两个自出生就一直住在这里的孩子。已经 19 岁的托尼,用弗里德里克的说法,"生父不明,母亲是个迷信的文盲",是萨尔茨堡当地最粗鲁的年轻人。托尼两年前参了军,后来在一场爆炸中受伤,"从那之后他的头脑就有些不正常了"。

由于新政府机构带有共产主义色彩,以及私有财产概念的薄弱,与这个年轻人正面对峙的话会有一定的风险。托尼在多年前因涉嫌偷盗一辆自行车被定罪,现在面临着牢狱之灾。弗里德里克说,托尼向她和茨威格展现了"一个有意思的教育问题"。茨威格后来为托尼聘请了一位律师,帮他成功洗清了被指控的罪名。托尼的母亲同意带着她养的山羊,搬到镇上的一个房子里。托尼的妹妹暂时留在茨威格家里做女仆,但她不久之后就死丁肺结核。所以,一家之中只有托尼留了下来。

茨威格一家让托尼住到花园的房间里,条件是不许他把过去住在主楼时身边那些粗暴的同伴带进来。但不久之后,托尼的住所里就开始举办起喧闹的聚会,随之传来的"美味",表明托尼已经成为附近山区偷猎团伙中的一员。这一次,茨威格和弗里德里克还是选择了不干预,托尼开始喜欢他们。后来证明这是件好事,因为托尼之后成为那些反叛的失业者中的一个头目。茨威格一家认为,托尼在共产主义理念的怀抱中还要去寻找新型的正义,是受艰难的世道所迫,这是顺理成章的事情。但他们为托尼这一代年轻人渴望通过新的战斗来纠正当时社会经济现状的行为感到担心。弗里德里克后来写道:"茨威格和我尽我们所能地去重新引导和安抚那些激昂的心。"

就托尼的事件来说,茨威格的反应与萨尔茨堡新兴的社会主义政府不谋而合。他们并没有采取社区园圃的做法,而是通过开设人人可以报名参加的"县教育课程",鼓励这些失业者进行文化方面的追求,不再在街上游荡。各地设立了专门的教室,提供免费的成人课程,萨尔茨堡的知识精英们也被请去在这些新兴机构里义务授课。茨威格和赫尔曼·巴尔都担任了文学方面课程的教师。这个角色令茨威格非常满意,因为帮助工人们了解、继承同样属于他们的欧洲文学、文化的经典,不仅能化解他们暴力激进主义的冲动,还能激发大众的精神潜能。弗里德里克也承担了70多名不同年龄、不同背景学生的法语入门课程。为了凝聚学生的向心力,弗里德里克在她的班级里举办了一次朗诵会。在会上,学生们用法语大声合唱。歌声非常响亮,回荡在萨尔察赫河的码头上。萨尔茨堡很多失业的语言教师无意中听到后,找到这个教学项目的管理者,要求聘任他们为领取薪水的教师,并坚持要向学生收取学费。而学生们付不出钱,原来那些知识精英又拒绝接受薪水。由于这些专业语言教师的压力,这项计划最终解体了。

自茨威格一家离开了萨尔茨堡后,他们就不清楚托尼的情况了,但他的故事却萦绕在茨威格人生故事的结局之中。托尼的故事,也的确概括了两次世界大战期间奥地利国内普遍存在的类似犹太人"问题"的难题。在无法找到固定工作时,托尼只能沦落到轻微的犯罪和政治激进主义之中——最初只是出于利己的动机,后来就有了更广阔的社会背景。是不是这些打着失业者旗号的活动,导致托尼在20世纪30年代加入了反对多尔富斯总理领导的天主教、法西斯政府的社会党叛乱之中？这场叛乱最后以失败告终，多尔富斯实际上借此摧毁了奥地利左派行动主义分子的力量，并为希特勒夺取奥地利清除了最主要的障碍。托尼最后是进了监狱还是开始了流亡？他是否也和很多奥地利社会党人一样，在希特勒德语国家的工人阶层越来越受欢迎时转投了纳粹阵营？茨威格的朋友阿尔弗雷德·波尔加非常喜欢引用莱辛（Lessing）的一段话：一个鬼魂被问到"世界上最快的东西是什么"，鬼魂的回答是"从善良到邪恶的转变"。托尼的故事究竟在哪里结束？在哪个墓地，哪片大陆，经历了怎样的人生，又因何而死亡？

茨威格坚持向更广泛的人群传播他的泛欧洲主义的理念，但他从未完全获得大众的真心支持，即使他的社会实践项目有时甚至会赢得政治上的赞誉。正如德国作家伊姆加德·科伊恩（Irmgard Keun）所说，茨威格留给别人的印象是"那种高贵的犹太人，非常敏感，易于受到伤害，生活在一个完美的精神世界之中，不具备伤害别人的能力"。另一个不太尊重茨威格的研究者在谈及茨威格留给后人的遗产时，把他的自传称作"用密闭的玻璃保存的思想记录"，指责他住在"稀薄的大气之中"，因而虽能对大众发出如此"高论"，却忘记了民众需要的是比知识分子的"乌托邦理想"更多更实际的东西这一事实。茨威格的为人能得到人们的喜爱，却也令很多同辈人怨恨——有的甚至还是他的密友。

赫尔曼·凯斯滕就曾提到发生在1936年的一件事。他、茨威格、约瑟夫·罗斯和伊姆加德·科伊恩一起隐居在比利时的海滨城市奥斯坦德（Ostend），躲避纷扰的世事。他们白天窝在酒店里工作，晚上活跃在很多高级饭店和酒吧之中，全是茨威格付账。罗斯在这些高级场所中，总穿着他仅有的那条破破烂烂的裤子。茨威格发现之后，主动带他去裁缝那里，为他做了一条新裤子。其间还经历了一番波折，因为罗斯坚持要把裤子裁成他喜欢的旧式奥地利骑兵制服的样式。裁缝起初拒绝在裤子膝盖下方做那些特殊的修饰，最后茨威格不得不为此多付了些钱。罗斯那天晚上穿着他漂亮的新裤子亮相时，茨威格感到异常的心满意足。第二天，凯斯滕在市场的一个酒吧里遇到了罗斯和科伊恩。侍者把三杯颜色鲜艳的酒放在罗斯面前后，罗斯开始有条不紊地把三杯酒接连倒在他的外套上，科伊恩在旁边大声地鼓掌喝彩。凯斯滕问："你在干什么？"罗斯的回答是："羞辱斯蒂芬·茨威格！"他对凯斯滕说，他将在他们外出的晚上穿这件弄脏的外套，以此来羞辱茨威格。"那些百万富翁都喜欢这么做！把我们带到裁缝那里，给我们做一条新裤子，却忘记买搭配的上衣。"许多人虽然直接受益于茨威格的慷慨，比如罗斯，他却依旧认为，茨威格因为太过富有而"搞不清楚状况"——他优雅的丝绸外衣，使他忽略了他人真实的处境。

对茨威格一生最具毁灭性的控告当属1943年汉娜·阿伦特在《建筑报》上发表的文章。《建筑报》是一份德国犹太人刊物，20世纪30年代在纽约创刊。阿伦特在撰写关于茨威格自传的评论文章时，不仅深入思考了欧洲犹太人的真实遭遇，还有犹太人自身的所作所为这一问题。她对《昨日的世界》的评价中，将茨威格及其同辈人视作那种未能未雨绸缪的失败的犹太人。

在最尖刻的段落中，阿伦特这样写道："茨威格描述的世界当然不是昨天的世界；这本书的作者当然没有生活在这个世界之中，而只是在世界的边缘。这个独特的圣殿里镀金的格子窗太厚了，剥夺了居住其中之人的视野和所有能打扰他们享乐的洞见。茨威格曾不止一次地提到，在第一次世界大战后的很多年里最糟糕的表现，也是对他的祖国奥地利的冲击比其他欧洲国家都要大的，那就是失业。"阿伦特表示，如果他和其他那些头重脚轻的人道主义者能从他们光芒万丈的奥林匹斯山上走下来，亲眼看看由于大规模的失业究竟引发了什么，那么他们可能就会因目睹的野蛮场景，开始真正在政治上有所行动。她的这篇评论与罗斯的恶作剧异曲同工，都是在说茨威格对那些不幸的人缺乏应有的好奇心。

茨威格作为一个非常有钱的人，再加上喜欢结交那些业已成名的伟大艺术家和年轻热情的男性诗人，总是遭人攻击，但不能就此指控茨威格对穷人漠不关心。事实上，在《昨日的世界》中，失业被茨威格看作希特勒受欢迎的原因之一。早在纳粹掌权之前，茨威格就在给罗兰的信里把他对维也纳一个工人阶层社区的走访称作一次朝圣。而且，这个过程使他非常愤怒。"因为那无数的悲剧，我握紧了拳头，"茨威格写道，"瘦得皮包骨的孩子穿着破衣烂衫跑来跑去。当我去他们破烂的茅舍里看时，能听到豪车以光速从这个地狱中穿行时的喇叭声。"在看到发战争财的人喧闹着走出萨赫酒店时，茨威格产生了一种从未体验过的对正义的渴望。他宣称，"我相信这些人签下了他们自己的死亡通知书"。但是，攥紧自己的拳头和用拳头去打人是两件截然不同的事情。

茨威格并非没有看到战争造成的失业，更不能说他完全未能看出这场大灾祸背后的权力关系，他死后出版的中篇小说《变形的陶醉》（*The Post-office Girl*）¹ 就是对这其中某些问题的直接描述。茨威格基本上是把那些类似布莱希特一样更倾向于马克思主义化的作家提出的"食物先于道德！"的口号，变成更接近于"教育先于面包！"的东西。相较于茨威格要下等阶层接受高等文化教育的主张，前者的口号听起来很明显要更实际。但希特勒同样理解到了这点，事实上，社会福利项目总是包含着某些道德信息，就像他的早期追随者倡导的那样："面包和自由！"纳粹发放食物，并且告诉那些前来领受的人他们之前挨饿的原因，也就是犹太人和《凡尔赛和约》制定者的经济剥削。犹太人将《塔木德》的书页蘸上蜂蜜，来引导学生探求知识，希特勒则将浸过苦胆汁的面包分发出去，刺激人们嗜血的欲望。如果说茨威格把通过高等文化理想和包容来推进教育看作避免社会崩溃的最佳路径的话，那他就是下错了注。理念上较传统的左派，在抵挡纳粹崛起的过程中是否发挥了更好的作用也并不明确。正如弗里德里克评价的那样，他们想通过辅导托尼，通过积极参与萨尔茨堡的县教育课程来树立榜样，可遗憾的是未能让更多的人效仿。她说，当涉及工人时，大部分中产阶级关注的只是"让那些布尔什维克明白"究竟谁说了算。

茨威格动不动就抛出"和平主义"和"人道主义"之类的字眼，使它们听起来非常抽象。但截至20世纪20年代末期，茨威格已经制定出了社会变革的行动计划书。使他有机会明确地表达这个计划的是意大利人，起初是1932年5月在佛罗伦萨的维奇奥宫

---

1 此作品第一部分写于1931年，第二部分大体完成于1934—1935年，于1982年在茨威格的遗稿中被发现。原稿无标题，德语原名 *Rausch der Verwanglung*，直译为"变形的陶醉"。

（Palazzo Vecchio），茨威格研究了造成民族主义扩张的历史趋势。然后是同年秋天，在罗马举行的久负盛名的沃尔特会议上，他发表了名为"欧洲的道德净化"（The Moral Decontamination of Europe）的演讲。之后茨威格又获得了一个非常重要的机会，能在一场国际论坛上阐述自己的观点。他的老朋友，工人出身的诗人沃尔特·鲍尔正是诸多年轻的追随者之一，并在多年之后依旧为后面这场演讲感到鼓舞。"新教育必须以新的历史观作为起点，"茨威格在演讲中宣称，"它必须建立在欧洲所有人相同之处的基础上，而非他们的不同之处。"演讲中还谈到了作家、艺术家和音乐家的职责，"所有我们这些属于精神群体的人"，都应通过展示每个国家中所有伟大的成就，来帮助引领年轻人朝着一个共同的理想而努力。"我们这些年长的人必须展示出，对他人的赞美不仅不会消耗一个人的精神力量，反而会因此予以补足。"茨威格声称，一个人只有学会了用对他人的热情支持来供给自己的热忱之火，才有希望重拾自己的青春生活。

茨威格将当下时代病诊断为某种重复的强迫症，自第一次世界大战后就一直潜存于他那一代人之中所有政治上的紧张和集体仇恨，只是从外部敌人身上简单转移到了自己人身上，政治上的宣传和经济上的萧条更是雪上加霜。但茨威格建议，依旧可以通过教育来进行缓慢地排毒。学校的课程体系也可以不再关注政治和军事历史，而是转向一种文化启蒙计划，来阐明欧洲各民族人民是如何同心协力创造"一个伟大而奇妙的精神大厦"。他呼吁建立一所国际性的大学，其分校位于欧洲各国的首都。

从奥地利社会党著名的领导人维克多·阿德勒（Victor Alder），

到特奥多尔·赫茨尔等奥地利诸多政治家，还有阿道夫·希特勒，全都喜欢通过壮观的场面来影响民众的心理，他们也都受到了瓦格纳美学的影响。茨威格却反其道而行之，主张隐退并潜心学习。在最终放弃了他的道德热情后，茨威格又开始提倡欣赏，而不是单纯的全身心投入。茨威格在提倡的彼此宽容的计划中，呼吁要把每个人教育成为世界主义者。

鲍尔对他与茨威格在第一次世界大战后的对话一直念念不忘，他望眼欲穿般渴望茨威格"能为了我们所处时代里这些迷惘的年轻男女挺身而出"，并能重复他之前做出的那些评论。但鲍尔也几乎肯定地知道，茨威格并没有真的挺身而出，即使是在面对罗马的观众时。有人提醒茨威格，与会的观众中会有很多大权在握的纳粹党人——包括戈培尔和阿尔弗雷德·罗森伯格，茨威格以另有安排为由，找了一个人来宣读他的演讲稿。在这次会议后不久，鲍尔自己也开始了长达六年之久的纳粹军旅生涯。茨威格最重要的一篇关于跨文化欣赏的演讲能在1932年回响在法西斯罗马庄严的大厅里，想象一下就会令人激动不已。但是这篇演讲通过其他人的声音传达出来这一事实又令人心酸，仿佛茨威格已经成了一个幽灵一般。

在茨威格所有的通信中最令人悲伤的时刻，当属他试图向洛特的家人解释，为什么他帮伊娃注册的那个讲求实际的教育项目是最适合的。"在即将到来的世界里"，茨威格认为，一个人将"必须非常有效率、可靠和独立，这样的世界中将没有梦想家的容身之处。她越早学会为自己着想，对她会越好……我越来越意识到，一个人只能依靠自己"。美国的流行文化似乎给了茨威格迎头痛击，总在提醒他那意在提升民众的宏大的教育项目的失败——正如他在最初制订这项计划时面临的威胁一样。当阿伦特指责茨威格从未离开过他镀金的格子窗时，茨威格却的的确确试图把那些穷人带进他在萨尔茨堡创立的向雅典学院致敬的机构之中。只可惜到头来，最主要的问题是没有足够的空间。但当这个避难所支离破碎后——虽然他永远不会这样承认——茨威格所能保有的，只是一大堆类似美国典型的自力更生。

茨威格离开奥西宁两年之后，他的《昨日的世界》也开始出现在美国的书店里。奥西宁已经表露出某些吸收自欧洲的特征，虽然并不是茨威格努力宣扬的美学思想。当地的一个记者描述了穿着制服的人源源不断步行经过奥西宁中学的情景，他还写道，在学校里产生了一种"新的秩序"。学校里已经开设了军事方面的基本课程，齐步行进也已经成为体育课的一部分，学校后方的运动场上也开设了突击队的课程。至于主街，这个记者写道，"在'超级市场'中推着载满物品的手推车的日子一去不复返了。现在，由于肉类、罐头食品的定量配给，咖啡、糖、帽子和鞋子的定量配给，再也没有毫无节制奢侈的购买了。我们把这看作是赢得战争的民主的方法"。

第九章　告别美国

这座狭窄平房里的三面山形墙,恰似三顶女巫的帽子。茨威格在屋里来回踱着步,往事一幕幕涌上他的心头。他在写给许布施的信里说:"我没有什么能告诉你的,除了此地非常安静,我努力地工作着,几乎没有受到任何干扰。"邻居们度假归来,孩子们去了夏令营,参军的年轻人从南方深处的堡垒回家休假。夏天的风暴席卷了整个镇子,切断了电力供应和电话线,还吹翻了河里的帆船。到 7 月中旬时,茨威格考虑在五十岁生日之后应不应该继续写他的自传。"你说得很对,"他对许布施说,"第三部分是犹太人所谓的'Gegeifer',即不断抱怨和指责,而我自问是否不要以跋作为传记的结尾比较好。"英国军队在叙利亚前线吃了败仗,在意大利战场也损失惨重;德国对莫斯科的轰炸也愈演愈烈;新新监狱的监狱长在把他 21 年工作生涯中最后两个杀人犯送上电椅后,光荣地退休了;当地乡村俱乐部的表演中,一群妙龄女郎把正步走改编成一种性感的舞蹈。茨威格对他的出版商说,"战争似乎越来越成为一种生活的常态"。

雷明顿打字机哒哒的声音从白天一直响到深夜,它穿过层层的墙壁,甚至压过了室外昆虫的嗡嗡声。伊娃和弗里德里克的一个女儿经常被叫来帮忙整理手稿，茨威格在几周之内写了足足四百页。自传的初稿眼看就要完成，茨威格开始考虑自传的标题：《我的三个人生》。他还向他的西班牙语翻译建议，标题可以定为《岁月已逝》或《那些逝去的岁月》。在写给许布施的信中，茨威格还权衡了其他的可能，比如《我们的时代》，或更具绝望情绪的《欧洲曾是我的生命》。他承认自己"非常的沮丧"，过去的七年一直是"一种持续的骚乱"，他不停地工作，"从没散过步，几乎没有离开过房子"。七年不休止的流浪，1941年的第七个月在拉马波路7号的房子里拼命地写作。茨威格也没有兴趣在近期出版这部作品，他只是很高兴地发现，自己还能进行不间断的工作，虽然是以某种恍惚的状态。"我想在自己决定何时离开之前完成它，于是，我就完成了这项几乎不可能的任务。"茨威格这样说。

这本书中描绘的那些耀眼的时刻，表露了该书的用意 这是尚未继承这个星球的那代人绝望至极的呼求。"一个从头至尾经历了这样一个时代的人，或者确切地说，一个被时代驱赶着、追逐着的人——很少有喘息机会的人——他就会比自己的任何一个祖先具有更多的阅历。"茨威格这样描述他依旧生活其中的时代。"不过，如果我们能以自己的见证为下一代人留下我们经历过的时代分崩离析的真实情况，哪怕是一星半点儿，也算是我们没有完全枉度一生。"

这本书是写给未来的瓶中之信，它结构的核心——那些情景的安排，它的创造和遗漏——全都取决于茨威格决意要给未来的建造者留下一份真实可用的文件，一个从废墟中重建全新社会时凄婉的指导手册，它会告诉人们该做什么，不该做什么。事实上，《昨日的世界》是茨威格教育使命的最后一次传达。批评家认为，它反映了茨威格在萨尔茨堡家中帮忙打造的知识分子群体的感伤主义。我觉得我们必须把这些情景当作真实发生过的来对待，它们并不是在规定人们应该走的路，而只是如实地呈现了当时可供选择的数条道路。在这方面，茨威格说，这种发生在位于国界线上的阈境中，在艺术家、知识分子和慈善家代表之间这种跨领域的交流，可能是值得引用的东西。其他的场景，则有助于帮助判断是否选择了错误的道路。他还建议说，不妨看看那些宣传如何助长了种族主义和战争的狂热。茨威格并没有兴趣如卢梭那样揭露自己性格中的缺陷，而是有意论述自己和同辈人一起在反对这场大动乱中试图创造出的东西。幻想不会被消除，反而备受欢迎，因为只有想象的力量才能描绘出一个更具人性的未来的前景。

　　弗里德里克在那个夏天经常和茨威格一起坐在拉马波路房子的门廊里，回顾他们共同生活的时光，茨威格还会把一些重要的事情记录下来。他们一搬进来，她就开始登门拜访。仿佛是命运的安排，弗里德里克后来也搬到了奥西宁，虽然这个地方从任何方面都不受难民们的青睐。茨威格和弗里德里克即使在经历了痛苦的离婚后，也从未失去过联系。弗里德里克在1941年1月来到美国后，偶然在纽约的英国大使馆遇到了茨威格。自此之后，他们就偶尔会面，或是在大型的难民聚会上，或是在更私密的私人宴会上。

茨威格乐于把自传中的事件与弗里德里克的记忆进行比对，而弗里德里克也喜欢去纠正她前夫在关于过去大大小小事件的回忆中所犯的错误。弗里德里克在多个难民机构的工作，以及与艾丽卡·曼、阿尔玛·韦尔弗（Alma Werfel）等著名女性之间的交往，使她自诩自己现在也已经成为一个公众人物，这种想法令她兴奋不已。她在纽约艺术家云集的格林威治村租了一间公寓，过上了无拘无束的波希米亚式生活。弗里德里克刚刚搬到这所公寓，茨威格就上门了。"在这个家居陈设非常少的地方，他自然会感到非常自在，待了很长一段时间。"弗里德里克这样写道，"如今处境颠倒了过来——虽然并不是有意的，我过上了他曾经非常向往的'学生的自由'生活。"

对洛特而言，如果弗里德里克真的能帮助茨威格找回过去的话，她对此也是乐见其成的。当然这很奇怪，她对她的家人说。但就她而言，她们之间的关系现在很好。洛特开玩笑似的把弗里德里克叫作"第一任茨威格夫人"，发现她对伊娃似乎是真的非常关心。洛特的哥哥和嫂子警告过她要小心"第一任、第二任妻子与丈夫之间的关系，但目前看来，一切都非常自然、非常正常"。她沉思，或许她们之间很大的年龄差距是部分原因。

但随着7月过去，弗里德里克震惊于在拉马波路的房子里发生的一切。茨威格和洛特两个人互相激励着，以致陷入一种疯狂的"夸张的勤奋中"，弗里德里克描述。可怜的洛特只有在筋疲力尽地搭乘火车往返于曼哈顿时，才能从打印机旁离开。她到曼哈顿是为了接受注射治疗，医生保证这将使她不再受哮喘的困扰——虽然治疗令她更加虚弱。弗里德里克劝茨威格不要再按这个节奏工作，因为这对他和洛特而言都太过劳累了。但茨威格对她的劝告听而不闻，反而认为全心贯注的工作是防止洛特哮喘发作最有效的方法，并暗示说解决这些工作同样能祛除百病。

弗里德里克眼睁睁地看着洛特绷起每根神经，来跟上茨威格近乎残忍的工作强度。"就像很多患病的人一样，她尤其想要向自己和其他人展示自己的活力。"弗里德里克写道，他们在互相摧毁对方的身心反抗能力。弗里德里克还认为，"一个年近六十的人和一个虚弱的女人坚信，通过隐居在过度的劳作中，他们似乎就可以躲避这个时代中的诸多问题"。在夏日最炙人的暑热中，他们二人关起门来，埋头于茨威格的人生故事，一天的工作时间长达八九个小时。

但洛特同茨威格一起工作这件事情，从来都是经过深思熟虑之后同甘共苦的表现，而远不是无可奈何的妥协。她非常清楚，事情现在已经变得多么严重了。"我每隔一段时间都得写一封寄出去之前不需茨威格'审查'的信，"洛特在7月的第三周对她的家人说，"我现在有点儿担心他，他非常沮丧。"

这些话向人们展示出一个可怕的深渊。这些不安定的存在，这些永恒的犹豫不决，"现在已经开始变成一种真正的大屠杀的真相，似乎对他的思想造成了无限的重压"，洛特写道。在她这简短的几行话语中，人们似乎能瞥见一个注定要在痛苦中挣扎的形象。"我希望他的这种情绪能很快过去，并祈求自己能拥有那种通过话语就使人快活起来，恢复勇气和希望的能力。"她接着写道，"可惜我能做的只是忍耐，忍耐各种生活，并且不对此加以抱怨或自怜自艾，却不能帮他摆脱目前的情绪。我只能等待，等他自己克服——就像他在过去经常做的那样。"洛特能为茨威格做的，就是无论茨威格做什么，绝不会让他孤身一人，她总会陪在他身边。至于她的那些自嘲，洛特自己清楚，那些忠诚的保证绝不是软弱的反应，而是一种承诺。无论他去哪里，她都会跟随。

虽然洛特声称自己无法左右茨威格的精神状态，她还是继续恳求她的家人帮忙联系茨威格的英国出版商，并尽力说服他们寄来茨威格撰写的巴尔扎克传记的手稿。茨威格住在英国时，就希望出版商能这么做。"虽然茨威格说他并不想要，但我相信，当他收到原稿或得知维京出版社在他完成目前的工作后将任他差遣时，会非常高兴的。"洛特写道。

洛特想把巴尔扎克传记手稿送到茨威格手里的渴望，在接下来的几个月里变得越发迫切。她非常清楚，不管其他人做了什么，茨威格绝对会一头扎进他的工作之中。但他将自己投身于哪部作品的工作里，却至关重要，因为茨威格在写作时总会不由自主地沾染上他写作对象的情感色彩。巴尔扎克的一生中虽然也经历了很多的艰辛，但总体来说仍旧展现了强劲的生命力。单是在想象中变成这样的作家，就可能会令茨威格恢复对自己创作潜力的信心。可能出于同样的目的，洛特向她的家人提出了第二个请求，希望他们能寄来茨威格所有作品的书目。或许她想向她的丈夫展示出，他自己的创作成果和巴尔扎克已经不相上下。问题不是茨威格的创作速度变慢了，而是他不再相信自己的创作是更广大的文化巨厦的一部分了。洛特试图让他相信，他的文字本身已经成了当前黑暗柴堆上方的广厦。

在奥西宁的最后几周里，洛特忙着向伊娃灌输更多的知识时，茨威格也越发紧张地投入到自传的撰写之中。再多写一页，再给那个女孩上一课。如果他是在拼凑《昨日的世界》，那么伊娃就代表了明日的世界。洛特在7月的最后一天向她的家人汇报说，由于时间的缘故，她不能详述，"忙着指导伊娃写作、编织和打字，还要教她第一次做土豆沙拉（这对伊娃来说，依旧是非常喜爱的事情）"。她的字里行间仿佛透露出，拉马波路7号仿佛已经变成了单间的教室。茨威格也在这一天给汉娜·阿尔特曼和曼弗雷德·阿尔特曼写信，里面提到他希望能劝伊娃也给他们写几句话，但他不再像过去那样老调重弹地抱怨伊娃不爱写信，"不，她现在真的很喜欢写信，她现在已经变成一个聪明的大姑娘了"，茨威格赞许道，暗示他们对伊娃的教育已经圆满完成了。他还提到，他们的旅行计划马上就要敲定了。虽然考虑到目前的时局，他们可能不会永远离开这里，"我们会在一段时间之后，尽可能地回到这里——我所希望的、极其渴望的只是一段时间的休息，而纽约显然不是一个很好的选择。我非常努力地工作，只想得到一点无所事事的闲逸"。

他们好几个月中都像身处摇摇晃晃的旋风过山车里，在震颤的轨道上逐渐向最高处攀爬，突然之间就越过了顶点，翻滚着从高处跌落。在他们高举着双手，一路俯冲而下时，你几乎能听到洛特头脑中的尖叫。洛特那封向家人汇报自己忙着向伊娃传授各种东西和努力整理茨威格手稿的信，在寄出不到一周之后，他们就突然缩短了在拉马波路的租约，回到了曼哈顿。

洛特和茨威格在 8 月头几天里的交谈，肯定充满了痛苦。每日无休止的踱步和失眠，他们麻木、痛苦地尝试推理自己的命运和对未来的设想——在他们一再试图寻找未来的出路时，他们疲惫的声音在那个窄小的房子里起起伏伏——一而再、再而三地考虑着下一步该何去何从的无数可能性，简直令人心惊胆战。他们绝望地权衡其他的出路，最终决定选择一条与他们此刻被迫所走的大相径庭的路。他们一旦摆脱了那夜以继日埋头于自传的工作后，在美国的隐居也就宣告结束了。

洛特在 8 月 6 日写给母亲的信里说，他们重新住到了温德姆酒店，还没有决定下一步该做什么以及是否真的打算返回巴西。也正是在这一天，她对自己的哥哥和嫂子说："我们就要下定决心了，如果不出什么意外的话，我们将在 15 日出发到里约去。嗯，你们在收到这封信时，也将会接到电报，了解最终的情况。"为了出游而必须进行的所有筹备，就像压在洛特头上的一座大山一样——一切都得进行归整，所有的文件，许多许多的事。他们在离开之前去探望了伊娃。"当然她对我们的离开感到非常难过，但是她在和睦馆就像在自己家里一样，也不会怎么想念我们。"洛特这样说道。当他们住在奥西宁时，有了更多的时间去陪伴伊娃。洛特因此也看出，谢弗太太是真的很爱伊娃，而不是仅仅把她看作一位寄宿生。洛特在信里提醒哥嫂，他们也已经知道伊娃和谢弗太太的感情很好。洛特的信接下来忽然变了内容，突兀地结束了之前的话题，四分五裂了，成了一堆省略号。"当然，非常遗憾这么快这么早离开奥西宁，但幸运的是，我们没有太多的时间去回顾，去回想如果……那该是何等的幸福,如果不是……很多事情都将如何美好。"茨威格还在这页信纸上写道:"我们有太多的事要做,而且所有这些事都非常困难。我们不清楚是否真的能够离开,因为目前依旧还有可能会发生种种事情!……我们去看过了伊娃,她长大了,精神很好。她现在在那里已经非常重要,并得到了所有人的喜爱,连谢弗太太也特别喜欢她。"而他们口中已经长大的伊娃,当时刚刚11岁。

8月11日,洛特告诉她的母亲,他们已经买到了船票,弄到了几乎所有必需的文件,他们很可能在几天之内就会离开。而且,她并不担心伊娃,"虽然她非常喜欢我们,但很有可能不会像我思念她那样思念我"。他们在美国最后的时光里会尽可能多地去看伊娃,也会在离开之前再去看她。非常遗憾的是,他们离开的时间距伊娃的生日非常近,但洛特留给她许多非常棒的礼物,还会在和睦馆为她举办一场聚会;非常遗憾的是,他们在最终适应了美国后又将要离开;非常遗憾的是,他们离开得如此仓促;非常遗憾的是,他们得在伊娃12岁生日之前离开。接二连三的遗憾笼罩着他们。

在他们离开之前的最后那周,访客们夜以继日地造访温德姆酒店,无数的逃亡者和难民来向茨威格告别。在这些访客中,有德国作家约阿希姆·马斯(Joachim Maass)。马斯是茨威格早年曾激励过的年轻作家之一,他的五官非常分明,厚嘴唇,眼睛狭长,额头宽阔鼓大如卵,就像一个塞满了鼓胀胀面团的肖像画框。他系着标志性的大领结,看起来很像一个黑社会的头目。但他性格开朗,脾性很好,对茨威格非常尊敬,在伦敦时和洛特也成了朋友。茨威格给在曼荷莲学院(Mount Holyoke College)工作的马斯发了封电报,请他过来当面告别。

马斯到时，正好赶上茨威格送贝托尔德·菲特尔出来，洛特在隔壁的房间里打字。马斯回忆说，在菲特尔离开，门关上之后，茨威格看起来极其心烦意乱。他搓着手，努力想恢复往日那种愉快的情绪，可是随即又陷入一种焦虑的出神中。洛特过来后，茨威格忽然说："好了，孩子们，咱们现在要做点儿什么呢？不如出去吃点儿东西吧！"

他们来到了一家离酒店不远的奥地利餐馆。但那里的饭菜并没有令茨威格展颜，玻璃杯上凝着水珠，冰凉的烈性金黄葡萄酒也没能让他开心起来。在喝了几口酒之后，茨威格先是推开了酒杯，又把面前的盘子推开了，开始用一种异乎寻常的愤怒进行痛斥，诅咒那些他不得不应付的旅行事务官僚，那些愚蠢的护照管理机构，还有愚不可及的海关官员。

"但是，茨威格，"马斯尽可能地用一种轻松语气开口劝说，"即使是上帝本人在今天想要出游，也得应付这些事情。"

"但是为什么？"茨威格愤怒地说，"这有什么用呢？为什么非得有这些胡说八道——这些令人作呕的事！"

洛特努力挤出一个笑容，把手放在茨威格的胳膊上。他再次发火。"所有的这些都没有意义！"然后，他摇着头，左手敲着额头，又猛地把椅子向后拉，整个人远离餐桌，远离众人。他独自坐着，而洛特和马斯则继续用餐。

这幅画面深深印刻在马斯的记忆之中：斯蒂芬·茨威格，这个完美的伊壁鸠鲁主义者，独自坐在曼哈顿一家奥地利餐馆中央孤单的椅子上，翘着腿，不停地点着头，脚轻点着地，双手用力拧着——那双美丽的、优雅的、毫无瑕疵的手，同时他不满的目光在室内飘忽不定。

马斯想要让茨威格振作起来,就开始问他《昨日的世界》的进度。

"已经写完了。结束了,"他说,"而且,说实话,我快要累死了。"

洛特喃喃地对马斯说:"斯蒂芬精疲力尽了,他工作得太拼命了。"

"看得出来。"马斯回应说。

茨威格从他远离餐桌的椅子上看着他们:"你们吃完了吗?那我们可以走了。"

他们走在黑暗而黏腻的夏日街道上时,茨威格始终比洛特和马斯快半步,好像他和他们根本不是一起的。当走到温德姆酒店的门厅时,茨威格说:"我要去休息一下,你们去酒吧喝点东西吧,离开之前一定要来见见我。"然后他兀自点点头,走进了电梯。

洛特和马斯坐在酒吧最昏暗角落的一张小桌子旁。她无计可施。

"我不知道是怎么回事,"洛特说,"我真的不知道。他的情况并不好。"

"是的,"马斯也表示同意,"并不好。"

"我非常害怕。"洛特说。

马斯回忆道,他从和洛特接下来的谈话中看到了一个非常绝望痛苦的形象。当他和洛特一起去搭乘电梯时,马斯能想到的可以说出口的只有,"我很高兴你能和他在一起,这对他很有帮助"。

"我只能尽力帮他,"洛特说,"我能为他做什么呢?我唯一能做的，就是让他把我带在身边。"

当他们来到卧室时，茨威格正懒洋洋地靠在床上，身着一套光亮的白色睡衣，在读一本书。在马斯走近并在床边坐下时，他把书放到了一旁——此时茨威格似乎摇身一变，同马斯交谈时完全是过去的神态和语气，询问这个年轻人的写作计划，并戏谑地问起他征服了哪些漂亮的女孩子。之后茨威格又突然带着浓厚的感情谈起了巴西的好客和美景，他在那里时简直如同身处家乡。

最后，马斯起身告别。他想，几小时之前那种阴郁可能只是茨威格一时的情绪而已。就在马斯打开门要走出去时，茨威格忽然惊呼："听着，我的朋友，把我的打字机拿走吧，我不再需要了。"

马斯非常震惊："你不再需要你的打字机了？"

"我想给洛特再买一台新的，"茨威格解释说，"我们不想再把这台带在身边了。"

马斯觉得茨威格这一举止违反了作家中流传的某些牢不可破的迷信：不能丢弃创造出如此宝贵手稿的机器，不能丢弃帮着作家获得如许成功和生命的设备。

马斯不接受。

"拿去吧，"茨威格说，"它还挺好。就当作是来看我的礼物吧。"

虽然满是不祥的预感，马斯还是从茨威格的手中接过了这台打印了《昨日的世界》的雷明顿打字机。

8月14日，离开的前一天，他们和勒内·菲勒普-米勒一起开车到克罗顿去看伊娃。洛特开玩笑说，他们带了一大堆包裹到谢弗太太家去折磨伊娃——全是些生日礼物、祝贺她生日的信件和英国的家人寄来的书。尽管当时已经过了她的上床时间,他们还是带着伊娃进行了一次奥西宁的夜间之旅。"去向第一任茨威格太太告别",然后又到了一家非常有名的杂货店——或许是基普家,也或许是安科生家。基普家在主街所有建筑物中风格最为古典,它的二层楼上有着白色爱奥尼亚式的柱子;安科生家则有长长的苏打喷泉。"晚上九点的可口可乐和冰淇淋!我希望这样她就会永远记得我们离开时的开心的事情,而不总是担忧。"洛特满是希冀地写道。

"我们非常遗憾要把伊娃独自留下来。"茨威格在他们回到城里后又在信里补充道。但迫使这个女孩在巴西新的语言环境中重新开始就太过分了——"尤其是我们感觉到她非常适应这里的生活,在这里她也非常开心。谢弗先生非常值得信赖,而我们的新住所只是一个梦想"。茨威格说,就他自己而言,想要得到的只是"忘掉我之前拥有的一切和之前的那个我,再次尝试为那些已然老去和被忘却的人写出新书"。

8月15日,他们出发那天的破晓时分,下着雨,还刮着风。"我们的心情都非常沉重,不知道何时才能回来,"茨威格在一封信里写道,"或许,巴西的美将能帮助我们——但我愈来愈担心的是,我能否再看到巴斯。"他们时常会考虑回到英国去,他重复道,但他感到自己将永远无法再拥有一个真正的家。如果他们像其他人一样移民到美国,可能已经开始了一种新的生活,"但我受制于我的国籍,我的国籍已经给我们——也还将给我们带来很多麻烦"。他再次宣称他唯一的愿望,就是希望曼弗雷德和汉娜能看到他们的女儿"长大成人并且比以往更具同情心……我知道世界上有无数像我们这样的人,但每个人的人生感受各不相同"。

茨威格注意到,洛特的身体状况好转了,或许他们在巴西能拥有更安宁的生活——至少能不再流浪!茨威格写道:"如果我能清楚地知道自己将留在巴西的话,我将非常乐于住在内格罗河上的小屋里。"至少,他重复说,"年轻的一代将会因那无数付出而得到回报——但对我来说太迟了,我已无法再享受胜利。不过,你和你的孩子将会见到一个更好的世界"。

洛特在离开酒店前写的最后一封信中,满是前后不一致的语句,询问她家庭中几乎每个成员的消息,写到谢弗太太依旧在纠结该怎样更好地为伊娃庆生,并就他们近期观看的《幻想曲》(*Fantasia*)发表意见。"嗯,这就是今天发生的一切,这也是发自美国的最后一封信,至少从目前来说是这样,"她小心翼翼地补充道,"那是一个非常艰难的抉择,我这辈子从未像这样努力地思考过。我从未像过去几周里那样思念你们——虽然我总是思念你们。"

谢弗太太在深夜时带着伊娃从克罗顿乘火车来到摆渡的小船上给他们送行。茨威格夫妻拥抱了伊娃后就离开了。纽约从他们的身后渐渐消失,夜色吞没了那座灯火辉煌的黑色狭长岛屿,就像一颗被人随意抛弃的云母纹卵石,海面逐渐开阔起来。洛特在船上写给家人的信里说,对伊娃而言,在小船上迎接一天的到来是"一种非常兴奋的方式"。茨威格重申了他的判断,认为虽然将伊娃一个人留下是非常困难的,但伊娃"和她'阿姨'留在这里,绝对要比不知道接下来要去哪里的我们更好"。

洛特向伊娃的父母承诺,伊娃将回到非常爱她并且受她喜爱的谢弗太太身边。在那座理想的房子里，还住着绝对值得信赖的哲学诗人谢弗先生，他也特别喜欢伊娃。伊娃折返后，火车沿着黑色的哈得孙河一带的铁轨震动着。当火车在克罗顿车站停下时，早已过了午夜时分。她们在凌晨两点回到了和睦馆，此时已经是 8 月 16 日，伊娃的 12 岁生日。

第十章　战时花园

我在一个夏末时也体验了一次那种发现的时刻，就像斯蒂芬·茨威格在翻阅了那么多的书籍之后，亲身体验了真正的巴黎。我的发现发生在汉普斯特荒原（Hampstead Heath）某座山上，一座乔治王朝时期房子后面的英式花园里。我坐在洛特·茨威格的外甥女伊娃·阿尔特曼的身边，她当时已经83岁高龄，依旧留着当年的短发，嘴唇周围全是褶皱，脸上带着我在很多书中的照片里见过的沉思神情。

有关伊娃的问题，在他们的流亡岁月中总是令茨威格心事重重，对洛特来说尤甚。怎样才能确保这个他们深爱的小女孩的未来，当他们自己的未来正处于风雨飘摇，且丝毫没有任何希望之时？他们二人这段时间所写的信中，反复出现的就是关于伊娃的教育计划变来变去，他们真诚地希望至少这个问题可能会得到解决，即使没有人有能力去解决它。而现在伊娃就在这儿，这个我非常熟悉她的习惯和爱好的姑娘——她喜爱德国牧羊犬、阅读和土豆沙拉——就坐在我的身旁，讲述着茨威格和洛特努力为她安排得很好的家庭和严格的教育。"阿尔布雷希特·谢弗？哦，他是我知道的最冷酷的人，"伊娃评价说，"他逼着我读歌德，那对我来说一点儿

从左至右为:伊娃·阿尔特曼,厄休拉·迈耶(Ursula Mayer,洛特的表妹)和洛特,在罗斯蒙特的花园里(图片提供:the heirs of Stefan Zweig and a private collection)

意义都没有。"

伊娃和我坐在一片异常宽阔的草坪上,草坪四周仔细栽种着灌木和色彩鲜艳的花。在这个英国的夏末时分,在日渐黄昏时喝着茶,简直就像亨利·詹姆斯(Henry James)小说里描写的场景——或许就像《一位女士的画像》(*Portrait of a Lady*)的开篇,阿切尔一家在他们年轻的女亲戚从大洋彼岸搬来之前，和沃伯顿勋爵一起坐在花园里谈论着未来。只是詹姆斯在作品里对那个地方的描述为"隐私至上"，而伊娃现在的住所一部分分给了其他的欧洲难民家庭居住。她说，"我们称之为'资本主义的集体农场'"。伊娃住的那一部分也住着来自世界各地的学生，这个夏天是来自东欧的一个才华横溢的年轻音乐家，我们谈话时还能隐隐约约听到音乐声。

伊娃带我在房子里四下看了看，我发现里面的房间大都朴素且具有深意。屋里寥寥地摆放着茨威格收藏的那些宝贝：歌德的一封亲笔信，连同他写信用的白色鹅毛笔一起镶在相框里。随后，我又见识了宽敞的书房。在茨威格昔日用过的焦红色高大的木制书架上，伊娃摆满了一排排不同语言的茨威格的著作，还有很多限量珍藏版本，比如在德奥合并那年用丝绸印刷的《亨德尔的复活》。书房里展示的还不包括茨威格上千封的信件，装有信件的盒子存放在房子的其他地方。凝视着茨威格规模惊人的毕生之作，我想到了菲特尔对茨威格文学成就的评价——包括他的创作和翻译，"惊人的园艺活动……对我们称为欧洲的这座公园的奉献"。茨威格的工作可能一直都非常紧张，菲特尔猜测说，因为他受到了"一种预感，一种或多或少自觉地想要保护、储存……人类的精华，以免它们在深渊中毁灭"的鞭策。

在向伊娃问及茨威格在美国的时光时，我们谈到了和睦馆。我在五年前开始着手研究斯蒂芬·茨威格时，曾和伊娃有过简短的通信，她向我透露过她和洛特及茨威格在巴斯、纽约和奥西宁的生活片段。伊娃认为洛特的气质和她的父亲，也就是洛特的哥哥，非常相似：平淡而安静，但"有种枯燥且活跃的幽默感"。在伊娃的记忆里，洛特个子高挑，非常优雅，"总是很谦和，却又意志坚定，很有效率，非常忠诚，富有爱心……也很有可能像我的父亲一样，总是尽可能避免与人发生冲突，不过她绝对有能力维护自己，尽管是用很低调的方式"。伊娃还表明，那种认为洛特总是病恹恹的看法绝对是一种谣传。"我从不记得她什么时候整天躺在床上，或表现出不舒服，即使她在美国接受的药物治疗明显有问题时。"伊娃说，"洛特是一个身患某种病症，但意志坚强的人，这种病症偶尔会发作，但在大部分时间里和常人无异。"

至于茨威格，伊娃注意到，他在教养孩子方面非常保守，曾寄给她"很多批评的信，责备我没能定期给家里写信"。她和一个表妹同茨威格夫妇住在一起时，她们得全身心投入到学习中去，并且得在茨威格工作时保持绝对的安静。但茨威格对她们又非常宠爱，伊娃写道，她永远记得茨威格带 10 岁的她到科芬园（Covent Garden）观看的"精彩非凡的歌剧"，一场《唐璜》（*Don Giovanni*）的庆祝演出——她穿着晚礼裙，带着闪闪发亮的王冠。在巴斯时，茨威格还定期在日落后带她到最好的咖啡馆喝巧克力饮料，尽管那里的人都不赞同带孩子进来。在纽约时也是这样，伊娃记得她跟着茨威格和洛特到精美的餐厅和其他地方去。"对我而言，他虽然严苛，但是个非常和蔼的人。"伊娃总结道。

现在既然我们真的坐在一起了，我想弄清楚伊娃曾经住过很长时间的拉马波路 7 号的生活究竟是什么样的。或许在那座房子里，同样也渗透着这对夫妇即使在人生最后时光也表现出的亲切的氛围——至少在一个热爱他们的小女孩的眼中。

对她而言，拉马波路应该是茨威格夫妇最后的家。我问伊娃对那儿是什么感受。

伊娃的视线飘向了花园。"那儿很糟糕。"

"所以有——"我结结巴巴地说,"具体来说,某些能改变那个地方氛围的……"

伊娃摇头。"没有。那里没有任何吸引人的地方。它没有任何可取之处。"

"那么曼哈顿呢?"

"他讨厌纽约。但在奥西宁时,他有些朋友。"

我了解到,茨威格在那个地区最亲近的朋友是勒内·菲勒普米勒和艾莉卡·赫侬(Erika Renon)夫妇,这对引人注目的夫妻在克罗顿-哈得孙附近的森林里租了一个小房子。茨威格多年之前在维也纳的普切尔咖啡馆指导过很多年轻作家写诗,菲勒普-米勒就是其中之一。菲勒普-米勒在1941年的这个夏天——用他自己的话说就是 忙于" 篇对死亡进行广泛研究的论文"。菲勒普-米勒描述过,当茨威格在奥西宁时,他们曾一起度过了很多夜晚,"热切讨论了围绕着'最终事宜'的所有问题"。菲勒普-米勒后来回忆起,当时茨威格是如何固执地将他们的谈话转回"致命药剂的最大剂量和'最终时刻'心理学"这些内容上。

即使茨威格在奥西宁的这些朋友,也对他的病态感到非常困惑。弗里德里克无休止的批评对茨威格的情绪缓解肯定无济于事。或许,急于在这段奥西宁时光中发现某些闪光点,使我将话题转向了和睦馆。起码茨威格夫妇在这一点上非常欣慰——正如他们在很多信件中清楚表明的那样——在杰出的德国人阿尔布雷希特和他亲切又负责的妻子奥尔加的手中,他们为阿尔特曼的掌上明珠找到了理想的栖身之地。

因此,当我听到伊娃将谢弗先生评价为冷酷时,感到非常惊讶。至于奥尔加,伊娃说,虽然不像她丈夫那么冷漠,但也从没有令她感到过亲切舒适。我接着询问伊娃,她是否知道谢弗夫妇后来的情况。伊娃摇摇头,说:"在我离开后不久,谢弗太太弄断了胳膊,还有些其他的问题。总之,孩子们先后离开了,事情开始变得一团糟。"

如果说伊娃与谢弗夫妇在一起的生活很失败的话,那么我觉得,伊娃在初到美国时与萨尔蒙斯(Salmons)一家一起生活的日子,应该也算不上多么美妙。萨尔蒙斯与茨威格兄嫂的关系很好,他们住在韦斯切斯特(Westchester),生活非常富裕,曾充当过伊娃的养父母。

1940年9月,在伊娃到达美国的几天之后,茨威格和洛特正在进行第一次巴西之旅,萨尔蒙斯先生给茨威格夫妇写信,说他和伊娃"已经成了很好的朋友"。洛特在1月回到纽约后,就立刻到新罗谢尔(New Rochelle)去看望伊娃。在随后写给兄嫂的信里,她仔细描述了伊娃位于田园牧歌般的新罗谢尔宽敞的新家。伊娃的房间装饰得极有格调,有写字台和阳台,其他的东西也一应俱全。洛特这样写道,萨尔蒙斯家的房子在一座森林中,有很多小朋友喜欢同伊娃一同玩耍,从房子里还能俯瞰一个小小的湖泊,伊娃不久后就能在那里学习滑冰。从洛特第一封描述新罗谢尔的信来看,伊娃仿佛从被炮火蹂躏的伦敦来到了库瑞尔与艾夫斯(Currier & Ives)版画般的世界里。

但是就在刚刚汇报伊娃的安置地是何等美好的几天之后,洛特就不得不为难地再次给汉娜和曼弗雷德写信,解释说在和萨尔蒙斯夫妇进行了一次长谈之后,他们一致认为,如果能为伊娃另寻一个新家的话,那对每个人来说都更好些。洛特承认道,"他们只是合不来",萨尔蒙斯先生"很显然一开始就十分努力地去获取伊娃的信任,但并没有成功。后来他试着去逗她笑,结果也并不理想"。事情发展成这样并不是因为发生了什么"事件"或"争吵",洛特又尽可能轻描淡写地补充说,"只是由于环境的不同——他非常喜欢足球和欢闹,这使得他们彼此无法完全合拍"。萨尔蒙斯太太的说法则更加简洁,她的话也说出了很多试图去接纳难民的美国人的泪丧之声:"我们认为迎来了一个孩子,而她只把自己看作一位客人。"

"我不可能单凭着感激之情就一下子变成一个美国人,即使我是真的非常感激,"汉斯·纳托内克曾这样描述自己作为一个新移民体验到的压力,"一只柯利犬可能会因为我汤里剩下的骨头而欣喜若狂,却不会因为这种感激而变成一只狐狸犬。"纳托内克注意到,同化作用"并不意味着自我消灭"。

"那么萨尔蒙斯夫妇呢?"我最终问道。"哦,他们毫无头绪!"伊娃带着一丝笑说。"但我当时也非常难以相处,简直不可理喻。当时也是不可理喻的情况。他们真的努力过。他们送给我很多非常精美的礼物。我曾经回想过,也感到非常抱歉。我当时和任何人在一起都不会快乐。"

这当然可以理解。被迫与家人分离,对当时大部分被疏散的英国儿童来说都是一种创伤,即使是被疏散到英国的其他地方。而明明知道父母所面临的危险,自己又被送到大洋彼岸,对伊娃而言肯定是难以忍受的。随着我们的继续交谈,我了解到在茨威格夫妇奔赴巴西后不久,伊娃也离开了谢弗夫妇,搬去了一对在哥伦比亚大学工作的夫妇家中,他们是伊娃父母的朋友。"到那时,我就没问题了,"伊娃耸耸肩说,"在那儿简直就像在自己家里……我曾经和很多那个时候来到美国的人聊过天,有些人的经历温和一些,也有些人像我一样,经历凄惨。"

伊娃的回忆清晰地表明,人们应该给予的是恰当的帮助,不仅仅是友好,还应感同身受地去体会难民们的遭遇,努力理解他们在流亡之前的自我与现在的自我之间身份的转变。流亡的厄运使他们丧失的,不仅仅是个人性格或物质财富。当伊娃住在萨尔蒙斯家时,汉娜和曼弗雷德因为没怎么从伊娃的养父母那里得到过什么消息而担心不已,洛特不得不写信安慰他们。"如果他们写信不够多,这根本不算什么,"洛特写道,"他们是典型的美国人,友好、欢快,对自己视野之外的东西缺乏想象力。"

我们在草坪上的谈话持续了一段时间。我们还谈到了茨威格出人意料地把自己大部分的藏书捐献给了耶路撒冷的希伯来大学;谈到了巴斯,我在来伦敦之前曾在那里住过一段时间;茨威格也正是从巴斯出发,为了一大堆混乱的理由,最终永远离开了欧洲。但在我们交谈时,我发现我原本想谈论的那些问题——有关不同地方的具体细节,在伊娃与茨威格夫妇生活中特殊的时刻——似乎非常的尴尬,或者不知怎的变得无关紧要起来。

我后来才意识到,重要的是伊娃就在我的眼前:就在这里,在这个地方,在此刻,在她从事的工作之中。伊娃选择投身的职业和生活，已经为这个世界贡献良多。她是最早获准就读伦敦皇家医学院（London Hospital Medical College）的女性之一，后来成为传染病学的教授，并在唐氏综合症和出生率趋势方面取得了重要的研究成果，她同时还在伦敦的贫穷社区积极从事公共健康工作。她的一个儿子是伦敦交响乐团的小提琴手，还有个儿子在国际特赦组织工作。她创建的这个家散发着浓浓的使命感——积极地参与到文化和公共服务中。伊娃的人生看起来切实地实现了茨威格和洛特关于教育的展望。在他们共同流亡的那些年里，由夫妻二人灌输给伊娃的价值观念和知识在这个过程中有了直接的贡献，而且已经结出了果实。茨威格夫妇正是伊娃所接受的"高等教育"的一部分，如果他们仍旧在世的话，将会在伊娃的人生中看到它的实现。

在我们谈话的某一刻，伊娃问到我对茨威格、洛特还有范围更广的流亡的兴趣的肇始。我简略谈了我的家族从奥地利飞到瑞士，再到意大利的过程，还有我父亲第一次到美国的经历。"有太多这样的故事，"伊娃说，"但我注意到的是，现在有太多的流亡者了。我曾在伦敦东区工作过很长一段时间，一波又一波的人来到那个社区……起初是胡格诺教徒，然后是爱尔兰人，犹太人，现在是孟加拉人。"

我含糊地谈了谈席卷茨威格等人的那股流亡大潮中有意思的事，知识分子在其中占了大多数。"其中有些独特的地方……"

伊娃打断了我。"那些胡格诺教徒呢？"她耸耸肩，"他们的受教育程度也挺高，不是吗？"

伊娃依旧反对——事实上是拒绝接受——认为她个人的经历，或者说茨威格夫妇的流亡是独特的。她坚持说，流亡总是在发生，也正在发生，现在突然浮现在我们的交谈之中，不再是潜伏的状态，就像一具尸体不断地在黑暗的海浪中浮沉。

在拜访伊娃·阿尔特曼之前，我曾在优雅的巴斯城中的另一个英式花园里漫步。那个花园更小些，但同样非常安宁。它和萨尔茨堡的花园一样，一层层逐级而上，可以看到起伏的丘陵，在树木的褶皱处还能看到醒目的塔尖和烟囱。它虽然没有那么浓厚的神秘色彩，但也非常美丽——更像是弦乐的四重奏，而非歌剧——不过，同卡普齐内山上眺望阿尔卑斯峭壁的远景相比，也毫不逊色。

这座花园非常赏心悦目，主人里德尔夫妇（Liddells）现在住在花园附近的罗斯蒙特（Rosemount）。他们用心经营着散布阳光和阴影的各层田园，打造了一个与众不同的园艺世界。里德尔家的人在这座花园里投入了大量的精力，努力地思考着，想要创造出一幅小小的田园生活的画面。妮可拉·里德尔（Nicola Liddells）解释说，在茨威格生活的那个年代里，这儿附近的建筑并不多，现如今的很多树当时也还没有长出来。"也没有这些糟糕的房子"，她说，花园的景致本该更加开阔的。虽然在20世纪30年代时，从罗斯蒙特走到巴斯的市中心也只需要20分钟，那个时候，这里就让人觉得"非常乡土，非常农业化了"。

茨威格同样在这座花园待过很长一段时间。他在这里时，和花园的看管者爱德华·利奥波德·米勒（Edward Leopold Miller）的

米勒先生，茨威格当时住在罗斯蒙特（图片提供：the heirs of Stefan Zweig and a private collection）

关系逐渐熟稔起来。米勒已经上了年纪，在当地很有名气，他或许是巴斯最后一批地道的老式职业园丁。米勒在来罗斯蒙特工作之前，曾在附近的林康大厦里当了近五十年的园丁主管。他在很小的时候就开始在林康大厦学习园艺。来到罗斯蒙特后，他在园艺方面的哲学方法为他赢得了一个圣人的美名。茨威格发现，和米勒在一起使他非常宽心。两个人经常一起坐在花园的长椅上，米勒安静地抽着烟斗，茨威格则陷入对目前世界状况的思考。米勒非常兢兢业业——事实上，他在夏季每天依旧会在日出之前起床，为他种植的一排排植物进行漫长而辛苦地除草——也为茨威格树立了榜样。茨威格曾向其他人谈起米勒的工作成果，他种出的桃子和苹果，还有花卉和蔬菜，全都是无可比拟的——这证明了茨威格性格的纯洁，

第十章 战时花园 | 231

容易被具有某种难以言述的神秘品质所触动。曾有一段时间,茨威格在米勒的指导下悉心学习园艺。在罗斯蒙特的这些劳作,再结合他对英国人性格长期的思考,最后形成了一种对园艺的赞美,这充分表现在他在巴斯的最后时光里的创作。茨威格在《战时花园》(*Gardens in Wartime*)中写道,他认为英国人对战争爆发的反应非常有意思。他回忆起1914年宣布战争时维也纳释放出的那种热情。"维也纳大街上走着各种队伍,突然之间到处是旗帜、彩带、军乐……人们在向……日常生活中的小人物(年轻的新兵)欢呼……"人们有必要谈一下是什么造成了这种共同兴奋的冲动,茨威格说。他们"不停地互相通电话,想通过话语来缓和自己内心的压力;饭店和维也纳的咖啡馆连续好几周都开张到夜深时分,里面的人全都眉飞色舞,专心致志地讨论着,紧张地说个不停,仿佛每个人都忽然变成了军事战略家、经济学家和预言家"。

在英国时,茨威格再次听到了宣战的消息。当他听到消息,走出办公室后,发现的只是一如往昔般的平静,以至于他以为其他人还不知道发生了什么。"所有的一切都非常的安宁,人们的步伐并没有加快,也没有表现出异常的兴奋"。然后,"风翻动着报纸……人们买了报纸,读完,然后继续赶路",这令茨威格感到非常诧异。"没有兴致昂扬的人群,即使是在商店里,也没有人焦虑不安地聚在一起。就这样一周又一周,每个人依旧在平静地履行自己的责任,不带一丝激动,泰然自若。"英国人是如何这样日复一日地保持他们的镇定呢?茨威格对这个问题越发着迷起来。

自成年之后,茨威格一直天真地认为,某些社会环境能鼓励人们抛弃种族、阶级上的偏见,无拘无束地和他们的同胞一起生活。

因此，他对20世纪初期巴黎充满色欲化的社会自由大加赞扬——还有他20世纪30年代在巴西见识到的色欲化的政治自由。他同样在英国发现了他主张的民主的田园生活。"成千上万的英国人，这些据称毫不浪漫的英国人，在周末或下班之后，会在自己的花园里继续劳动。傍晚时或清晨时，这些工人、公司职员、牧师、商人和神父都会拿起工具，去铲土、修剪灌木或照料花卉，"茨威格写道，"正是在园艺中，在这种既不是体育运动，又不是工作或游戏却逐渐融合了所有这些的每日活动之中，英国人赢得了他们的团结一致，社会等级差异消失，贫富差异也被摧毁。"茨威格认为，园艺"使人们从外部事件中脱离出来"，也成为"英国人所拥有的神奇的冷静"的根源。这种被升华的激情得到的回报，则体现在整个国家的韧性上。英国人平淡无奇的园艺，取代了无拘无束的放纵享乐，使得这些园艺爱好者免疫于"紧张的兴奋、词不达意的嘈杂的闲聊"。而且，这个国家园艺爱好者借此得到的平静淡泊，也向世人昭示了"道德坚定的奇观，几乎和自然界的奇观同样伟大"。

茨威格何其努力地想要用心学习这种精神！茨威格想要热爱英国。在经历了所有那些中欧的狂热之后，他强烈地感到，他应该热爱英国。他清楚地认识到，他长久以来一直寻找的那种对政治狂热免疫的清醒和冷静，存在于这个国度之中。可以确定的是，他在某些时刻真的热爱这个国家。他的自传结束于在英国逗留的岁月绝非偶然。用英国人的话来说，英国展现出了"属于欧洲，却不在欧洲"的可能性，因此在茨威格的流亡岁月中，一直是他属意的可能的避难所。我向伊娃谈起，茨威格和弗洛伊德一样，在英国人的清醒和理性中寻找到了安慰。"是的，"伊娃笑道，"英国，乏味又安全。"在这句话中,伊娃还指出了英国另一个可能与茨威格产生共鸣的特质:英式幽默——对任何事情都未看得太认真,即使事情真的非常严重。人们经常说:"在柏林,事情很严峻,但并不危急;在维也纳,事情很危急,但并不严重。"

茨威格在自传里写到他为何选择住在巴斯,"因为英国光辉文学中的许多佼佼者都是在巴斯从事创作,首先是菲尔丁(Fielding)。那座小镇比英国其他任何一座城市更真实、更强烈地反映出另一个世纪——18世纪英国恬静的面貌"。茨威格在巴斯时得以梦想,自己仿佛回到了人类的文明与自然罕见地保持着和谐的时刻。

茨威格认为,英国阶级等级的藩篱消解于园艺活动中,这种想法当然过于理想化。在巴斯长大的妮可拉·里德尔注意到,茨威格与他的园丁之间这种亲密的关系,在巴斯的上流社会看来,是古怪且不恰当的。但妮可拉也发现,茨威格本人应该也无法进入上流社会那个圈子。实际上,她推测,茨威格离开巴斯很可能是因为当地"狭隘、排外"的一面。妮可拉认为,住在巴斯的很多人要么是因为无法进入伦敦社交圈的最高层,才屈尊来到这里;要么是因为能住得起巴斯著名的王室新月形街区,想"要出人头地"。茨威格最初来到巴斯时,很可能期望能在这座不大的文化名城中发现他崇敬的作家的神龛,结果却成了这座城市势利主义的受害者——西里尔·康纳利(Cyril Connolly)将其称作"真正的英国病"。

当我向伊娃说到上述这些观察结果时,她想到当初茨威格夫妇在巴斯某些社会地位较高的人中询问应该把她送到哪所学校去。"'哦,巴斯最好的学校是这里、这里,'他们这样回答,'当然,你该把伊娃送到其他的学校去。'但洛特他们并没有那么做。"伊娃微笑,"他们把我送到了最好的学校。"但是,这个故事更多透露出的是一种调侃,而不是怨恨。伊娃接着说,"茨威格曾经嘲笑那些'巴斯人'"。我认为,茨威格根本没将巴斯社会的自命不凡当回事,更不用说因它们产生什么困扰了。尽管他很可能会在当时的艺术界名流面前感到胆怯,却从未因此对巴斯的社会表示过任何的兴趣。

另外,在林康山,不像王室新月形街区那么时髦的地方,正是罗斯蒙特的所在。这里的人对茨威格的到来通常是欢迎的,带着些友好意味的好奇。到了20世纪60年代后期,那个地区依旧有一些人能回忆起茨威格夫妇的到来——"两个相当古怪的人",当地人窃窃私语,"听说非常有名……奥地利的作家 是个难民——很可能是犹太人……不知道他为什么会住到这里来……还有那个女孩,非常安静,看起来好像生了病"。然后,用曾在当时访问过当地人的一个传记作家的话来说,"借用英国人总结不太熟悉的情况时惯用的话:'呃……他们看起来人非常好,希望他们在这里的生活能非常愉快'"。

茨威格特别喜欢在英国乡村中漫步,他还为此专门准备了一套非常有特色的装备:棕色的夹克,灯笼裤,还有一顶贝雷帽。通过几次散步,格林威巷、萨默赛特与多赛特铁路沿线和恩翠山附近的住户对茨威格都非常熟悉了。附近的人回忆说,他总是一副心事重重的表情,但当他们相遇并开始交谈后,又让人觉得他是一个非常有同情心的人。"一个非常友善,善解人意的人",一个人这样说;"极其耐心,对周围的一切都非常好奇",另一个人这样回忆说。

那么,最终是什么驱使茨威格离开他在这个风景优美、建筑高雅的城市里购置的安宁的房子、离开这个热爱园艺的民主的国家呢？他在这里同他心爱的女人结婚，那个女人和善的家庭也在此地。茨威格在1939年9月被认定为敌国公民时，的确曾沉溺在一种突如其来的苦涩之中；但英国内政部在以让人备受侮辱的迟缓速度取消这种分类之后，茨威格在1940年3月时实际上已经被允许入籍。那时茨威格已经是一名英国公民了——但不到6个月之后，他又将自己卷入一阵糟糕的旋风之中。

在逛完花园后，里德尔夫妇带我参观了房子的内部。为了适应茨威格不知疲倦地踱步的习惯，当年房子的内部结构很可能经过特殊的设计。罗斯蒙特内部的循环布局设计得很巧妙，每个房间里都有两扇门，这样就可以直接走遍整座房子，不用走任何回头路。他们还带我看了凉爽的石头地窖，地窖的布局利于储藏，令里德尔夫妇不禁猜测，茨威格是否在这里储放葡萄酒。我向伊娃提到罗斯蒙特的地窖，问她怎么看待里德尔夫妇的这个猜测——或许是瓶装的美好生活的回忆。

"呃，我不知道那里有没有藏酒，但肯定有肥皂，"伊娃轻笑，"还有一罐罐的食物和很多羊腿——那些肥皂我记得非常清楚！你知道，茨威格从本质上来说是个悲观主义者。而且，他在这点上做得并不多余。"

随着战争的继续，以及食物定量配给越发吃紧，伊娃的家庭事实上是靠着茨威格的这些储存支撑了下来。罗斯蒙特的仆人回忆说，在那段时间，茨威格的书房里堆了越来越多的书籍和其他的纸质材料。在这些手稿成倍增加的同时，地窖里也存放了越来越多的食物——整座房子同时也逐渐变成了"一座博物馆和罐装食物的储存室"。一些曾到地窖工作过的工人说，茨威格自己就这种大面积的囤积给出过两种解释：要么，当纳粹入侵英国时，这些东西能帮他抵挡一段时间的围攻；要么，就像他在其他时候说的那样，这些储藏可以在最后的时刻帮他换取自由。

地窖里逐渐堆满了各种罐头和干货，而楼上堆满了一页页富有想象力的创作。这一画面令人印象非常深刻，或许我们已经接近了茨威格为何无法继续留在英国这一谜团的答案。

茨威格在起伏的群山中散步时遇到的那些巴斯人，除了记得他安静、亲切的举止外，还回想起了关于他的其他事情。只要话题一转向新闻中的事件，茨威格总会问："你真的相信纳粹不会打到这里来吗？"当地人的回答几乎千篇一律，带着典型的英国人的镇静：他们总会说不可能。然后，茨威格就会耸耸肩，带着一种怜悯的表情盯着他的讲话对象，"现在任何东西都不能阻止他们了"，他总是这样说，"任何东西……我知道"。

爱德华·米勒的儿子弗雷德里克（Frederick）当时同样也在罗斯蒙特的花园里工作，他对茨威格在这所房子里的记忆带着一些辛酸。弗雷德里克回忆说，茨威格偶尔会变得非常沮丧。每当这时，他就会找来弗雷德里克和他的父亲，让父子二人一左一右和他一起坐在花园的长椅上，然后从面前绿色的草坪上抬起眼，眺望远方的田野。

"你们觉得他们会打到这里来吗？"茨威格总会和米勒父子说

到纳粹的入侵。

"你有生之年他们都不可能打到这里来,"爱德华·米勒回答,"你在这儿是安全的,安心住着吧。"

"哦,我必须离开,"他说,"我必须离开。我必须从这里离开。"

这总会令人想到一个哭泣的孩子在从噩梦中惊醒之后寻求安慰的场景,这个孩子似乎无法相信,他在梦中看到的一切只是一场梦。

茨威格担心的纳粹入侵并未发生,但1942年4月,德国为了报复英国皇家空军对吕贝克(Lübeck)的轰炸,在巴斯投放了数百颗高爆炸弹和燃烧弹。900多栋建筑被夷为平地,还有近1.25万栋建筑受损,超过400人丧生,其中大部分是妇女和儿童。

在《昨日的世界》中,茨威格生平所有的言谈和实际活动里,最令人惊诧的当属作品结束时引用的莎士比亚的话语,这句话也是茨威格这部自传的题词。当时是1939年的夏天,就在每个人都意识到大战迫在眉睫之前,正如奥地利1914年的7月,天气好得出奇,"一连数日,天气晴朗,湛蓝的天空,空气湿润而又不致使人感到闷热;草地上暖融融的,百花吐芳,郁郁葱葱的树林是一片新绿"。大自然预示了历史上挥之不去的重复倾向。茨威格写道,从常理来看,他应该迅速把书籍和手稿打包以便尽快离开,因为英国即将爆发战争,而他知道,他的自由也将因此受到各种限制。但他心中某种东西阻止了那本该能拯救他的理智的声音,"一半是固执,因为我不愿意一次又一次地逃难——我的命运逃到哪里都一样;另一半是疲惫。'我们命该遇到这样的时代',我用莎士比亚的话对自己说"。莎士比亚的话出自《辛白林》中的不列颠国王,他认为罗马人就要入侵。茨威格决定,无论如何,他都要留下来。茨威格认为这种情操非常可贵,所以他将这句引自莎士比亚的话放到了自传的开篇。但严格来说,茨威格的实际行动却是与这种情操背道而驰的。他一生之中的大多数流亡,用"无论如何,让我们尽量躲开这样的时代"来概括或许会更贴切些。茨威格总是抢先离开,直到他最后永离了人间。

茨威格在 1939 年夏天所写的日记中,将希特勒入侵波兰之后巴斯的从容不迫与 1914 年的奥地利进行了比较。他还在自传中回忆起 25 年前年轻的奥地利人自发加入战争的场景,"(他们)脖子上围着花环……会像醉汉一般欢呼着向自己的葬身之地走去"。但他在日记里写下的东西却不同于他的自传,茨威格承认他也是那些维也纳人中的一员,那些如痴如醉的渴望入伍,渴望跟随大军去进行屠杀的人,他无法"忍受在后方哪怕再多待一天"。在这些日记中,除了描述英国人令人吃惊的镇静之外,茨威格还表示,英国人的这种特质是否值得称赞仍有待商榷——虽然后来他在一篇写园艺的文章里对此曾大加赞扬。茨威格在日记里坦率地问道——而且没有给出回答——英国人的这种果决究竟是一种"道德训练"的结果还是简单的"缺乏想象力"?

在英国宣战后,茨威格起初看起来只是带点儿自私意味地惊讶于自己也能汲取英国人普遍的镇定——惊讶于自己居然还能安稳地坐着,"安静而聚精会神地听收音机"。但是一旦这种最初的镇定氛围开始减弱,茨威格便越来越烦恼于那些英国人如何设法保持这种镇静沉着。事实上,即使在希特勒命令德国军队全面展开进攻之

威廉·布莱克绘的绘画作品
《国王约翰》(Fondation Martin
Bodmer, Cologny [Geneva])

后，茨威格由于自己坚决反战的立场，仍旧无法肯定英国按照条约加入战争的决定是否正确。受困于乱糟糟的回忆和未来的愿景，他在自传中写道，自己当时甚至开始产生了幻觉。看到人们依旧如常地出入巴斯摆满了琳琅满目商品的整洁商店时，茨威格忽然感到奇怪的时间错乱。他仿佛在一片幻觉中看到1918年的场景，"商店被洗劫一空，空荡荡的商店犹如睁开的双眼凝视着我。我仿佛在白日梦中看到憔悴的妇女在食品店前排着长龙；哀伤的母亲、伤员、残废者，以及从前在梦魇中出现的一切又都像幽灵似的回到了那天阳光灿烂的中午"。

在诸多的英国人物中，茨威格最着迷的就是画家威廉·布莱克（William Blake）绘制的莎士比亚笔下那个性情不定、过于自负的国王约翰。茨威格崇拜布莱克，把他归为"并不清楚知道自己所走的路，而是像长有翅膀的天使一般凭借各种幻象在梦想的荒野上翱翔"的一类人。很明显，这并不属于典型的英国人性格，并不是茨威格曾称赞的那种来自"猫咪、足球和威士忌"的谦逊的快乐。茨威格在收藏的早期买到了布莱克的这幅《国王约翰》，并从那时起就一直带在身边，就像弗洛伊德带着他珍藏的雅典娜女神小雕像流亡到伦敦一样。"在我的书籍和绘画中，唯有这一张画陪伴着我三十余年。画中那位困惑的国王不时用神奇的明亮目光从墙上望着我……"茨威格在传记中这样写道，"我曾在大街上和城市里努力寻找过英国的天才人物，都没有达到目的，而这个天才人物突然以威廉·布莱克这个名字——他是一颗真正的明星——出现在我面前。"

如果说茨威格在布莱克根据莎士比亚笔下一个发疯的人物创作的画像中发现了英国的天才的话，那只能说明他的感受与他在这个国家实际遭遇的脱节。英国人在面对战争时沉着的反映，表现出的恰是"精神世界"的对立面——正如茨威格极度的反战主张揭示出他狂躁、不切实际地投身灾难之中。"人们总是轻描淡写地谈到轰炸，但当我读到房屋倒塌的消息时，我自己也跟着一起倒塌了。"茨威格在某封写给弗朗茨·韦尔费尔的信里这样说道。托马斯·曼后来对弗里德里克这样评价茨威格，认为他"是一个有着极端、无条件反战倾向和信念的人。在这场战争中……这场试图重塑人性的最可怕、最好战的力量参与的战争中，茨威格看到的是另一场战争，是最血腥的灾祸和对他所有人性的否定"。曼尖刻地指控说，茨威格甚至还称赞法国的投降，认为这样做"拯救了巴黎"。茨威格的这种态度是否再次证明了他道德上的弱点,还是更清楚地表明了他骨子里根深蒂固、极富洞察力的悲观主义?因为他认为法国根本没有打败德国军队的可能,法国如果开始抵抗的话,就会轻而易举地遭到覆灭。法国!那对茨威格而言是最具自由精神的王国,是让他体验过最极致的欧洲性爱体验的所在!

随着茨威格愈来愈明确地认识到英国流亡生活沉闷的本质,毫无疑问,他对欧洲大陆曾经精彩生活的回忆也愈来愈鲜活。后来支撑茨威格留下来的《辛白林》中的精神终于土崩瓦解了,不仅由于他对纳粹入侵的恐惧,还有他担心自己会在这英国乡村中窒息的因素。专注于园艺可能会让人放松,就像茨威格写的那样,但一个维也纳的犹太人能在这些安详的牧场上学到什么?能从这些双膝着地"铲土"的英国人身上得到什么鼓舞?茨威格向罗兰抱怨,英国人只关心"体育运动和社会新闻",并表示他在去年,也就是1938年夏天时就想离开英国了。茨威格说道,他留在这里唯一的原因,就是不知道自己要去哪里,"我无奈地留了下来,因为我在这里,比在世界上其他地方,感觉更孤独"。朱尔·罗曼观察到,茨威格认为这个国家偏狭的特性令他备受压迫,而且他无法适应英国城市"完全看不到快乐的外表"。就在英国宣战的两天之后,茨威格在日记中写道:"现在的夜晚已经变得非常悲哀。街上空空荡荡,漆黑一片,得小心翼翼地避免窗子里的光透出去。现在刚刚进入9月,天色应该到八点才会黑下来。但如果黑暗在五点、四点就开始,那将是什么光景?而且,没有剧院,没有电影院,什么都没有,什么都没有,什么都没有。"茨威格在不到一周前分析英国人的清醒时,用维也纳人虚妄的狂欢做的反面教材,而现在他忽然开始怀念这种狂欢了。"想想 1914 年的维也纳，即使 1918 年时，维也纳也有歌剧，有舞会和欢乐，生活有保障，还能睡得安心"。茨威格感叹道。

生活有保障和睡得安心！虽然茨威格有时会这样宣称，生活——充满活力和艺术气息，带有肉欲的满足——不如安宁重要。但对茨威格的安全感来说，这两者其实同等重要。正是由于对生活的看重，他才会以英国目前的生活为凭据，判断这场战争不会太过持久。"没有欢乐，单调乏味的生活太可怕了，根本无法忍受。"茨威格断言，"数月的黑暗——我无法想象如何度过这样严峻的考验。"

和他的预测不同的是，战争并没有很快结束，但茨威格感觉他在 9 月 1 日提出的究竟是什么导致英国人的镇静这一问题，已经有了答案。原因之一就是英国社会的高傲自大——从茨威格原来悠然自得身处其中的世界主义者的圈子来看，这根本就是荒谬可笑的；民族精神的冷漠是另一个原因。他在 10 月中旬曾表示过，人们根本无法理解，毁灭的力量将在何等短促的时间里破坏整个世界，这点令他非常恐惧。"人类始终存在着无法摆脱的弊病，"茨威格愤愤地说，"那就是完全缺乏想象力。"

两年之后，茨威格在自传中描述了英国对德国宣战的那个清晨。他写到他和洛特是如何"默默地站在那间突然变得鸦雀无声的房间里，互相回避着对方的目光。外面传来鸟儿无忧无虑的啁啾声……树枝在金色的阳光下摇曳……那个古老的母亲——大自然什么也不知道，大自然不知道自己创造的人有着各种忧虑呢"。

虽然茨威格努力证明与大自然经常联系能恢复一个国家的精神——就像他想从英国园艺的仪式中学到的那样，但他很明显还在大自然母亲对人类痛苦的忽视中，发现了某些更令人心惊胆战的东西。茨威格认为，大自然母亲同样表现出对想象力缺乏的巨大忽视。茨威格相信大自然会得到恢复，因此他只能离开人造的花园，进入荒野之中。

第十一章　田园牧歌式的流亡

每当天黑之后,茨威格夫妇就会沿着两旁开满绣球花的50级台阶来到街上,然后到树林中散步。当他们开口交谈时,声音总会放得很低。他们不常交谈,总是忙着欣赏周边的美景。他们走得越远,四周的风景也就越优美。他们总能发现新的林间小路。当他们离开彼得罗波利斯的主路后,走上一条通向森林的古老小径,地上铺满了巨大的蕨类和溅满泥的叶子。藤蔓扭卷弯曲着,爬得到处都是。他们安静地　直走着,花朵在树叶中鲜艳夺目。他们走着走着就会遇到一条小溪,偶尔会见到一间小小的木屋,然后就莫名其妙地走出了树林,站到一个山坡上,俯瞰着黑色的群山。无论他们走到哪里,都笼罩在"无数的群星之下"。"这里就是天堂,"他一遍又一遍地重复,"这里就是迦南。"洛特的感受与他一样。他们夜间散步时探索的乐趣简直无穷无尽——从他们住的地方出发,只要走几分钟,就能进入世界上风景最优美的热带荒野之中。

"我们像斑鸠一样生活在一起,"茨威格在抵达巴西三个月后的11月写给洛特家人的信里这样描述说,"试着忘掉整个世界,而且我希望整个世界也能忘记我们。"起码现在花园吞没了他们。

茨威格非常感激洛特在他们退休生活中表现出的心满意足。他对至今依旧和他保持联系的人说，其他人可能会认为现在这种生活非常乏味和单调，但他们喜爱这样安静的散步和阅读。只要一想到在接下来的六到八个月里，不必再用到任何行李箱或大衣箱，每天面对的是如此壮丽的景象，他们的喜悦就可想而知了。"你根本无法想象这里的生活是何等的刺激和不同，这里原始的生命万物向我们揭示出，我们往日的生活追求中，有很多都是多余的。"茨威格在给本·许布施的信里这样写道，"我记得托尔斯泰曾经说过，人一旦到了60岁就应该退隐到荒野之中，我们选择的这个隐居地非常美丽——巴西这个地方的风景，是迄今为止我见过最优美的。"茨威格在给洛特家人的信中如是说。

夫妇二人有时也会把他们夜间奇幻的散步延长。他们根本没留意过要走向哪里，因为无论他们在茨威格称之为巴西"纯净的空气"中漫步多远，总能遇到将他们带回彼得罗波利斯市中心的公交车。再说了，他们也根本不在乎。他们都感到了一种久未有过的轻松。洛特声称，她已经"准备好征服所有的山"。茨威格有"一种对所有可能的烦恼和忧虑都满不在乎"的感觉，他这样宣称。他们能不停地走下去，能诱使他们回头的线越来越少，也越来越模糊。"（在）那样一些历史时代里，"茨威格在读蒙田时所做的笔记中写道，"对一个不愿为这样的时代而丧失自己的人性的人来说，一切一切的问题都归结为一个唯一的问题，那就是：我怎样保持住我自己的自由？尽管有种种威胁和危险，我怎样……坚定不移地保持住自己头脑的清醒？我怎样在这种兽性之中保持住良知中的人性不致错乱？"或许，他们正是这样走出了森林，走出了黑夜，走完了一生，直至最后的自由。

"这就是我想展现给你的。"我的同伴玛丽亚·沃尔弗林（Maria Wolfring）把车开到路边停下来。她是一个非常优雅的高个子女人，穿着浅褐色和金黄色的套装。我们从车上下来之后，玛丽亚深深地吸了口气："这就是我记忆中 20 世纪 40 年代的彼得罗波利斯。"

铺着鹅卵石的小路边缘是长长的草，石缝间有细草冒出，我们头顶上成荫的树叶在微风中摇曳着，到处都有鸟儿在歌唱，空气中弥漫着芳香。向路边看去，可以看到崎岖不平的洼地和远处更高的山峰。零星几个红瓦的屋顶和白墙在我们周围稠密的绿叶中非常显眼。所有的这一切都让人感到生命力、安宁，任凭大自然丰盛地供养。

玛丽亚已经 70 多岁了。她告诉我，不久前她向一个朋友谈到身为一个老人的看法时，那个朋友回答说，"不，不——你现在正处于人生的甜点阶段"。"这种说法很有意思吧，"她微笑着说，"人生的甜点阶段！"

就玛丽亚来说，这个说法看起来非常恰当。她开车带我从里约来到彼得罗波利斯，沿着"之"字形的道路向上，来到郁郁葱葱的山区。（"太好了，没有堵车。这是我喜欢的——快！"我们在盘山公路上前进时她说。）在过去的几个小时，我们在小镇上蜿蜒穿行时，她向我展示了她童年记忆里的彼得罗波利斯。

彼得罗波利斯的规模看起来很大，其实不然。小城四周围绕着很多山峰，每个山峰各自的山谷中都有小小的村落，是 19 世纪中期佩德罗二世（Pedro Ⅱ）为了鼓励欧洲移民赠给德国农民而形成的。关于这座被帝国皇族选作夏日避暑胜地的彼得罗波利斯，茨威格是这样描述自己来时的感受的:从里约出发,在盘旋而上的公路上行驶90分钟之后,就能来到空气愈发凉爽清新的高原,"街道两旁是外观雅致的房屋,一条运河从其中穿过,车子驶入一个小型的温泉疗养地。这是一个避暑胜地,有着红色的桥梁和相当古老的别墅,给人一种过时的感觉……让人不禁想到一个德国的小镇"。今天来到彼得罗波利斯中心区的话,你依旧会有同样的感觉。即使茨威格在这里生活的时候,整个镇子的布局就已遭到了新兴建筑的破坏。他写道,"人和房屋看起来有些拥挤,原本为笨重缓慢的马车设计的街道上,现在满是汽车"。但是,他补充说,"这个地方的魅力永远不会因此受到威胁,因为这里的风光就已足够迷人了。这里的山并不陡峭,整个城镇置身于起伏平缓的山坡之上,而且在这座花园般的城镇中到处都绽放着鲜花"。今天这里的风光依旧极其优美。我们开车经过彼得罗波利斯昏暗的灰色大教堂,绕过主运河,行经壮丽的、浑然天成的肉桂色的皇家夏宫,驶入一个破旧狭长的商业区。在慢慢离开那里的路上,有几幢令人印象深刻的建筑和好几座备受好评的老学校。直到我们驶离中心区很远,沿着狭窄安静的道路蜿蜒爬上一个陡峭的山坡后,玛丽亚的眼睛突然亮了起来。

玛丽亚一家在茨威格来到彼得罗波利斯后不久就从里约搬了过来。他们一家与茨威格存在很多内在的相似之处,这也使得她的故事引起了我的共鸣。玛丽亚的父母来自德国,她的父亲本是德意志帝国的公民,在一家德国公司的巴西分公司工作,20世纪30年代时,因为有犹太人血统而成了一个失业的流亡者。玛丽亚在孩童时期熟悉的里约——就像茨威格第一次到这里时的感受——极其落后。"那里没有空调,"她对我说,"夏天非常炎热,有着难闻的味道。到处都是蚊子,还有各种各样的环境性疾病。卖货的人挑着两头挂着篮子的竹竿,篮子里装着肉、鱼和其他生活必需品。你可以想象,在40摄氏度的高温里走街串巷,那些肉会是什么样子,到处都是苍蝇!"

最终,玛丽亚一家搬到了彼得罗波利斯。一方面是为了摆脱城市里的高温和疾病,另一个原因就是在山区中工作的机会似乎更多些。柔软优质的山泉水造就了山中繁荣的纺织行业,而这一行业很早就已成为巴西犹太移民的主要生计来源。我询问玛丽亚,当她回忆自己青年时期生活的那座镇子时,首先想到的是什么,那里的环境与茨威格和洛特所在的从本质上来说是完全相同的。

"大雾!非常潮湿!非常冷!门窗根本关不上。房间里一点儿都不暖和。你不得不缩到床上,可床也是潮湿的。讨厌极了!"她笑道,"但我当时并没太多感觉,因为当时我知道的只有这个地方,而且我们这些孩子在那时是非常快活的。"

我在美国接受教育时从没听过斯蒂芬·茨威格这个名字。毕业多年之后,在着手一项以巴西为中心的写作计划时,我才发现了茨威格的作品。为了了解那个国家,我把图书馆书架上所有关于巴西的书都借了出来。在所有那些书卷中,有一本尤为吸引人。它里面充满了妙趣横生的对话,节奏紧凑,而且涵盖了很多体裁,从旅游见闻、历史学到对自然与文明之间关系的哲学思考。这本书就是茨威格的《巴西：未来之国》[1]（*Brazil: Land of the Future*），出版于1941年8月，他刚刚到达巴西几周之后。

这部作品因其异域风情和疏漏之处虽然很容易招致批评，但其中满满的对巴西和巴西人民的热情往往会令人们觉得，批评家们忽略的东西似乎远远多过他们揭示出来的。若非我在读《巴西：未来之国》之前对茨威格没有任何了解，否则我绝对不会想到去质疑他将这部作品看作是他写给这个国家的"情歌"这一观点。姑且不论书中的疏漏之处，茨威格极力赞扬了巴西实现了他的故乡欧洲已严重背离的人道主义价值观。"一个人，刚刚从欧洲的荒谬与狂热中逃离出来，看到这里社会和个人都能和睦相处、毫无敌意，起初他以为出现了幻觉，可是马上明白这是上帝的福音。"茨威格这样描述巴西，"他的神经一直处于高度紧张状态，现在却完全松弛下来。在这里……你会不由自主地深呼吸，庆幸自己摆脱了欧洲腐朽的空气，摆脱了敌对阶级和种族的相互仇恨，走入了这个更有人性的世界。"

茨威格在这本书的开篇写道，他在1936年第一次接到巴西的邀请时，对这次旅行并没有抱什么期望。他对巴西还是持着典型的"傲慢的欧洲人"的态度，所有南美的国家在他看来都大同小异："气候炎热，疾病肆虐，政局不稳，财政崩溃，行政无序，仅在沿海城市有少许文明。"这些国家都有着非常优美的景色，有无数未知的可能性，"这是一个属于绝望的流亡者和垦荒者的国度，但却无法产生精神发展的动力"。如果你不是一个专业的地理学家、蝴

---

[1] ［奥］斯蒂芬·茨威格：《巴西：未来之国》，樊星译，上海文艺出版社，2013年。以下《巴西：未来之国》的引文均出自此版本，不再另注。

茨威格在巴西时为自己的作品签名（图片来源：Arquivo Casa Stefan Zweig，图片提供：Alberto Dines）

蝶标本收集者、运动员或商人的话，"参观这样一个国家，十天便足够了。我打算在这里待个十天八天，然后立即返回"。终于到达里约热内卢后，茨威格写道，这是"我一生中最难忘的地方。我不禁为之吸引，为之感动。在我面前的并不仅仅是海山之间独一无二的组合或是热带的城市与自然风光，还有一种全新的文明形态"。

茨威格的介绍中有一种极其吸引人的谦逊，还有令人眼界大开的探索精神贯穿整部作品。茨威格探索发现的素材，除了来自他1936年的第一次巴西之行外，大部分写于1940年他和洛特巴西之旅的途中和不久之后。当我开始了解茨威格时至今日依旧盛名如昔之后，他面对年轻南美的壮景做出的这番自我谴责，看起来就更加令人印象深刻。

茨威格在彼得罗波利斯时，曾住在贡萨尔维斯·迪亚斯街的一栋房子里。这所房子现在被改造为一座小型博物馆，专门纪念在1933年到1945年期间来到巴西的那些流亡者，最近向公众开放。博物馆窄小的空间里播放着多媒体影片，除了为数不多的几个小展柜外，到处都空空荡荡的。眼前这一切始终无法让人联想到这就是茨威格和洛特曾称为家的那栋房子。坦白地说，一进到里面，我最直接的反应就是恐惧。难道他们就不能留下任何当初的东西吗？我来到大阳台上。房子的地板上镶着巨大的黑白棋盘式的马赛克——似乎是对茨威格最后一部中篇小说《象棋的故事》(*The Royal Game*)的拙劣致敬。但人们至少可以在这里驰目远眺，越过棕榈树叶和棕红色的屋顶，看浓绿的群山连绵起伏，和更远处地平线上的高山叠嶂。我在阳台上停留了很长一段时间，仔细眺望眼前青翠的山景，聆听风声和鸟鸣。

当我走回房子里时，玛丽亚正对着房子后墙上镌刻的长长的流亡者名单拍照。玛丽亚后来非常激动地告诉我，她在那些名单里发现了很多亲戚的名字。他们作为流亡者来到这里，展开了新的生活。其中有一个叔叔在德国时是一位杰出的高等法院法官，上了年纪之后在巴西却不得不以上门推销杀虫剂维持生计。此外，经她询问工作人员，我们还得知，房屋外面镶嵌的那面巨大棋盘不久将被用来供当地公立学校的学生学习下棋。茨威格曾满是喜爱地描绘彼得罗波利斯可爱的孩子们，他若得知自己的房子将变成一个供孩子学习象棋这种对他来说意义重大的游戏的场所，定会备受感动。因此，尽管我极其渴望能亲眼见证、亲耳听到茨威格在这里的生活印记，但就这样将他生前的房子变成一座神殿似的陵墓，肯定会令他大为惊骇的。不过,经过再三考虑之后,我感到自己的这个论断有点儿过于草率,这间小小的房子里根本放不下时间机器。

茨威格对巴西的探索,就像一个人在梦中突然发现家中居然还有个自己从不知晓的房间一样。茨威格 1936 年第一次乘船到里约的港口时,这个美梦似乎就要成真了。茨威格在日记里写到船在清晨的雾中驶到港口的情景,里约从这些无与伦比的港湾向内陆铺展开来:"永远让人感到耳目一新,点缀着无数的山麓丘陵,这些山麓丘陵向下延伸,就像一只张开的手把它抓在一起。这绝对是你能想见最壮美的景色。"带着香气的微风从陆地吹来,交织着海洋的气息。总而言之,这是真正的"热情的南方式的欢迎,与纽约截然不同,纽约用它的石造冰山和得意扬扬的喧闹盛大地表示欢迎。纽约在大声叫喊,而里约总在等待;一个阳刚,一个柔媚,连那些波浪起伏的地势,也总会让人想到从波浪中升起的那个女人,从海中出现的维纳斯"。

茨威格在 1936 年时认为,欧洲的文化资源和自然资源都已然枯竭。依旧留在德国的犹太朋友的来信,向他展示了那里的生活是如何闪电般戏剧性地遭到了解体。茨威格发现,整个欧洲大陆的人似乎都患上了一种怪病,他们对迫在眉睫的毁灭毫不在意。"欧洲处于充血的状态。"他在给朋友约瑟夫·莱福特维奇(Joseph Leftwich)的著作《犹太人的命运》(*What will Happen to the Jews?*)所作的序言中这样写道。茨威格还声称,整个欧洲"过度充血,因此易怒、挑衅、用力过度",他总结说,"如果有避免这种嗜好流血战争的野蛮方法的话,就应该把这个曾被尼采称作'亚洲的小半岛'的欧洲的过剩人口疏散到其他大陆人烟稀少的地方"。

然后，忽然之间，茨威格在这年的8月发现自己就身处这样的国家。用他自己的话说，就是"在文化方面，就像在地理意义上对于第一批航海家那样，依然是一片未知的土地"。而且，这片土地大得不可思议，它简直不应该被称作国家，"它如同一块大陆，足以容纳三亿、四亿甚至五亿人口。这里幅员广阔，土地肥沃，在其广袤的土地中，已得到利用的不过千分之一……在今后，巴西的重要性将不可估量。而这种惊人的发展速度也让我抛弃了欧洲的自大，仿佛卸下了一个沉重的包袱。我明白，我已经看到了世界的未来"。

茨威格有此种反应还有另一个因素，虽然他并没有在这本书中列出，那就是：自他走下船的那一刻起，就被巴西人视作超级明星。当他的著作刚刚失去了最重要的市场，他在欧洲高不可攀的地位也遭到了野蛮的冲击后，茨威格忽然发现，自己在巴西居然是一个名人，知名度甚至超过了他知道的所有欧洲人。他在1936年抵达里约，标志着一个"不可思议的、筋疲力尽的童话故事"的开端，茨威格这样对弗里德里克说。四位巴西外交部的高级官员和奥地利临时代理大使到港口迎接他，茨威格随即被送到科帕卡巴纳酒店一个有四个房间的套房。"他们为我配备了一辆豪华的汽车和一个司机，还有外交部一个迷人的专员随时为我提供帮助。"巴西的外交大臣为茨威格在赛马俱乐部举办了一场盛大的晚宴，茨威格后来还得到了热图里奥·瓦加斯总统的接见。那次招待会上名流云集，"海军司令和那些大臣一个接一个地来同我合影或索要签名——你必须得明白，这里并不是什么乡下的村庄，巴西有着4000万人口，这个城市的人口也有150万"。尽管茨威格在奥地利和德国有着众多的一般读者，但作为一个艺术家受欢迎和在政治活动领域受欢迎是截然不同的事情。作为一个眼看就要失去国籍的人，这种政府机构举办的招待会就足以令茨威格瞠目结舌，更遑论被这个国家的元首亲自接见了。

后来的事情表明，茨威格在巴西民众中同样备受欢迎。德国流亡者恩斯特·费德（Ernst Feder）原是一名记者，在1941年移居巴西，后来和茨威格交往密切。他曾断言，几乎所有他去过的巴西人的家里"都有许多茨威格的书，无论那家的藏书是几十册还是几千册"。茨威格一走进科帕卡巴纳酒店的房间，就看到堆成小山似的名片；他每天的日程被刊登到各家报纸上。"如果我想在这里举办一系列演讲的话，听众将会挤满4个阿尔伯特音乐厅。"茨威格如是写道，不带一丝的夸张。

茨威格每天早上都会有新照片刊在巴西的各大报纸上。当他在巴西文学研究院举办讲座时，2000张门票瞬间售罄，排队进入大厅的队伍绵延了两个街区。他在一个小型礼堂进行一场不公开的朗读会时，还是有1200个人挤到了礼堂里，其中一半的人全程都站着。茨威格在里约街头引发的这种盛况，可能比之前任何作家都要火爆，无论是本国作家还是外国作家。当茨威格去圣保罗参观时，那里的招待会同样隆重。茨威格在圣保罗参观了一所规模很大的监狱，监狱官方的摄影师——犯下三重谋杀案的犯人——至少为茨威格拍照四十多次，监狱的乐队列队进入庭院。茨威格指出，他在护送下对乐队进行了检阅，囚犯乐师为他演奏了奥地利国歌："在我的一生中，这是第一次有人为了我演奏奥地利国歌。"他在里约每天要亲笔签名多达500次，手甚至都开始痉挛了。茨威格写道，在过去的一周里,"我简直成了玛琳·黛德丽(Marlene Dietrich)"。

也正是在茨威格自比玛琳的这段时间,他开始清晰明确地表述他标志性的巴西狂想曲。这一"情歌"除了这个国家的人民非常迷人外,茨威格声称,"这里是唯一不存在种族问题的地方。黑人、白人、印第安人,拥有四分之三或八分之一白人血统的人,美丽的黑白混血和克里奥尔女人,犹太人和基督徒,和平地生活在一起,那和谐的场景简直无法用言语去描述"。茨威格确信,自己来到了一个跨越种族藩篱的天堂。当然,事实要比茨威格想象的复杂得多,但考虑到他在欧洲经历的一切,对巴西得出这种印象也在意料之中了。毕竟,从表面看来,这个国家的确满是充满生机的混血人种。巴西人普遍认为,不同于西班牙人,葡萄牙人"通过床,而不是杀戮来征服",茨威格对这个观点表示赞同。瓦加斯政府通过鼓励异族通婚来促进巴西人民团结在一起的举措,也起到了推动的作用:废除种族隔绝的联姻,被看作是实现更高意义上的平等的大门。茨威格也通过充斥在"学校、政府机构、教堂、各个行业和军队中、各个大学及其中的专家"里的混血人种,认识到这些政策令人鼓舞的硕果。

的确,茨威格一直惊奇于跨越种族界限的亲密关系而出生的巴西人,并且他确信,他在巴西各地看到的各种肤色的孩子肩并肩走在一起的现象,不仅会令这个国家更加稳固,还昭示了世界各地人们对一种全新的社会模式的展望。茨威格写道,巴西"形成了各具特色的群体……种族净化主义者所大肆宣扬的品质堕落、道德败坏等情况完全没有发生"。与欧洲过度紧张的神经质、北美工作狂般的生机勃勃相比,巴西基于无拘无束的种族融合而形成的独特气质令茨威格赞美不已:"兼具理性和安静的谦虚与优雅。"对于茨威格来说,各色人种构成巴西民族,其实也是他本人伟大的收藏计划在遗传学方面的表达:是他在萨尔茨堡的露台上试图创建的那个群体,是他努力搜寻的人类历史上伟大的艺术家猛然顿悟的那些手稿,是他如火如荼地穿行其中寻找特质的那些国家。巴西人早已获取了这意义深远的集会的精髓,并将其置于血液之中,仿佛那是一种与生俱来的权利。

里约令茨威格目眩神迷。他将里约视作一个崇高的多样性的升华,一个精通"对照艺术"的地方。茨威格写道,一个现代都市很快就会令人厌倦,而一个发展迟缓的城市最终也会令人不适,豪华的城市让人感到乏味,无产阶级的城镇则令人感到压抑。里约融所有这些城镇的特征于一身,它向外扩展,却又"再次融合为一种独特的和谐",也因此变得仿佛具有魔力一般。各种类型的房屋、花园、街道和建筑在里约并存,使整个城市的居民"得以尽情品味各种生活形态"。你可以在有着空调的法式冷饮店品尝和曼哈顿公园大道上价格相差无几的冰淇淋,也可以在街角花上半美分买上一份。"可以乘坐豪华轿车,也能够同工人一起乘坐电车。里约的一切都没有敌意;这里的每一个人——从擦鞋匠到贵族都拥有相同的礼节,能够将各个阶层融为一体。"茨威格写道:"这是一门怎样的艺术,竟能弱化矛盾而又不摧毁它们,竟能保持多样性而又不施以强力!但愿里约能将这门艺术保留下来!"

茨威格希望里约永远不要"屈服于笔直的大道与清晰的路口"这种"几何学般的狂热",不要"受制于现代化教条的规律",不要"为了单调的对称便牺牲了最无与伦比的特色:那些惊喜,那些梦幻,那些棱角,还有最重要的,那些矛盾——它们存在于新生与古老、城市与自然、贫穷与富庶、工作与休闲之间,也存在于这里独一无二的和谐之中!"就像失眠症患者渴望进入其中便能安然入睡的房间,永不满足的流浪者希望能停留在一处包含世界各地纪念品的港口一样。在里约,茨威格体味到了诸多人、历史、地理学、建筑风格的混合,而最神秘的当属无论你来自何方,偏爱什么,在里约绝不会有流亡之感。茨威格又画龙点睛般地提到,海滨大道总会让人想到"一本书的页边。在上帝之手打开的每一页上,都展现出新的风景,使我们永不厌倦"。也正是在里约,茨威格认为自己实际上已经步入了神圣的创造之书中。

茨威格最后两部作品《巴西:未来之国》和《昨日的世界》,题目都是互相对照的。茨威格在花费几个月完成关于巴西的作品之后,便全身心投入到自传创作之中。在完成《巴西:未来之国》的9个月后,他也终于修订了自传的终稿。这两部作品其实是前后脚完成的,都写作于情感低落的那种剧痛之中。虽然《巴西:未来之国》是先动笔的,但从理念层面上来说,茨威格的自传可以看作《巴西:未来之国》的前传。虽然《巴西:未来之国》没有自传那样的规模或深度,但仍可被视为新世界的蓝图,其中同样充满了茨威格的诸多期望。当茨威格在纽约和纽黑文仔细阅读有关巴西的资料时,他就已开始审视自己迄今为止一直在信奉的整套人生哲理了。

在这种审视的过程中,茨威格的新世界之旅与他在英国时就开始试图进行的对大自然的冥想产生了碰撞。此时,茨威格再次扪心自问，自然地生活究竟意味着什么，并越来越确信，巴西人已经发现了培养真正的自由理念的生活方式。

"自由"可能是整部《昨日的世界》中出现频率最高的名词。对自由的追求，以及逐渐失去曾经拥有的自由的故事构成了茨威格自传的主旋律。为了自由，年轻时的茨威格曾和他的同学一起反对学校的桎梏，反对各自家庭里资产阶级的信条，反对所有保守的权威机构，并通过各种不同的艺术自由去寻求解放。在 23 岁取得博士学位后，茨威格回忆说，他当时从表面上看，"生活完全是自由的。时至今日的全部岁月我都只是为了取得内心的自由而斗争。但这种斗争在我们今天的时代却变得越来越艰难"。

茨威格欧洲同侪中的大多数已经忘记曾经自由自在、漫不经心的生活。"'国家'——这个残忍的饕餮怪物从他们心灵最深处的骨髓里吸走了多少自由和欢乐呀，"茨威格说，"今天的各国民众只感到一片巨大的、浓重的阴影笼罩着他们的生活。然而我们这些尚能见识过个性自由的世界的人却知道，并且能够作证：昔日的欧洲曾无忧无虑地过着万花筒式的愉快生活。而我们今天却不得不为生活心惊胆战：我们今天这个世界由于自相残杀的狂热竟变得如此暗无天日，奴役和监禁比比皆是。"

茨威格承认，巴西人在舒适气候的影响下，要比欧洲人懒散得多。的确，你会发现巴西人"显得缺少活力与冲劲，缺少力量与激情"，总之，就是缺少当今社会中被可悲地高估和赞美为一个国家的道德准则的那些品质。茨威格曾动情地写道，"近年来发生的事情已经彻底改变了'文明''文化'的含义，我们已经不能再把它们简单归之于'秩序'或者'舒适'"。根据统计学这门"唯物论学科"的判断,"文明也就意味着生产力、消费以及金钱",茨威格写道。而且,如今的事实已经表明,"最顶尖的体制不但没有赋予人民人道主义精神,反倒将他们带上了野蛮的道路"。关于生产效率和生产规模的计算,却偏偏漏掉了最重要的因素:培养宁静思考和人性态度的艺术,它们代表了"以和平主义及人道精神作为衡量标准"的一方。在这一点上,巴西带给茨威格的印象是"最值得尊敬、最值得我们效仿的国家"。最后,茨威格总结道,由于这个国家中影响深远的包容,巴西现在比世界上几乎任何地方都更了解个体的自由和知足常乐。

正是通过巴西,茨威格开始认识到,个体自由的成就与一个真正的文明国度的实现之间的关联。这两者全都基于对无穷变化的人性的尊重,尊重茨威格引自歌德的"公开的秘密",也就是人必须接受我们全都立足于自然这一事实。

茨威格在巴西生活时,给自传增加了全新的一章,并将其命名为《情窦初开》。这应该是茨威格头脑中的某些秘密的想法,只有巴西才能帮他梳理清楚,之后他才会将其插入自传之中。这一章是他对自己年轻时期在维也纳性欲觉醒的反思,可以被解读为茨威格人生故事中隐藏的关键点。

茨威格写道,过去的当权者采取了比现代社会普遍的方法更容易、更诚实的办法来约束人的激情:他们虔诚地将肉欲归结为魔鬼和罪孽。茨威格生活的时期由于缺乏过去宗教权威那种"激烈的诅咒",因此只是将性欲视作一种可耻的事情。欲望在体面的社会里是不允许被提及的，因此性欲表面上被放逐了。这种做法的结果就是形成了一种"僵化的、芳香的、淫荡的、不健康的气氛"，这种虚伪的"秘密的道德"令茨威格的青年时期"仿如噩梦"。

茨威格具体描述了流行的时尚如何体现这种被压抑的精神的：男子穿戴的笔直的硬高领——"好像要把人掐死似的"，几乎无法稍微动一下；还有女人们系一件用鲸鱼须骨制成的紧胸衣，要先将衣扣从脖颈系到腰身，然后抽紧衣绳几致窒息，腰部以下再用一条像钟鼎似的肥大裙子罩住。所有这些衣服的设计都是出于对性欲的焦虑，社会想要隐藏起男女的性别特征，结果却使得人们更加恣意地去想象那些特征。人们一直生活在一种持续过度激发的状态之中，因此在大都会中寻找到了所谓的纾解的后门。茨威格宣称，在维也纳，几乎没有一座栅栏或一个厕所的墙上不被涂上下流字画的；游泳池用来隔开男女游泳区的木板上，都有好多窥视孔；每条暗巷里都有色情剧场和歌舞场；饭馆里都设有单间餐室，方便某些人和姑娘用某种不受打扰的下流方式用餐；在每家咖啡馆里，都有小贩秘密地向青少年兜售裸体照片。茨威格对世纪末维也纳地下色情世界的书写，是他作品中最具历史原创性的部分，或许也是描绘最仔细的部分。他在描述这部分时，是兴致盎然的。

茨威格还讲到了"一支庞大的卖淫大军"——维也纳的街道上到处是按不同的价钱论小时公开出卖的女人，要躲避她们比找到她们还难。除了街头这些女人外，在很多"非公开的场所"，比如夜总会、歌舞场、酒吧、舞厅和妓院里也满是妓女。某些妓院里的房间还装有窥视镜，某些房间里满是奇特的化装服饰。

茨威格在《巴西：未来之国》中同样也描写了里约的色情交

易。但他描绘那个城市中的"爱情市场",为的是反映出里约的开放和自由。那里数不清的女人"来自不同的种族,有着不同的年龄、肤色以及出生地",等待客人上门,每个女人的身后都有一盏彩灯。"在塞内加尔的黑人旁边是一些法国人,岁月在她们的脸上留下深深的皱纹,甚至连脂粉也无法掩盖。这里还有娇小的巴西混血儿和肥胖的克罗地亚人。"关于那些上门的男人,茨威格写道,他们"在门前游走,并不感到羞耻;或者像闪电一样走进屋内,也十分直率坦荡"。或许茨威格还想补充说,那些穿白外套的人不仅会进入妓女的房间,同样也会进入那些男妓的房间。一直有传言称,茨威格自己偶尔也会光顾那些年轻的男妓。"即便在这种平静隐蔽的活动之上……"茨威格总结道,"倘若在其他城市里,人们会将这种交易视为羞耻,街区也将丑陋堕落;但是在里约,这样的角落依然美丽。"

茨威格对里约卖淫状况的考量带着异域的眼光,他想借此传达的观点却是非常重要的。他认为在人的性欲与社会秩序之间关系的处理上,可以采取相较维也纳时更公开、更少痛苦的方法。茨威格利用违反天性这个概念来说明自己青春期的性欲遭到压抑的现实,进而发出对欧洲文明的控诉。茨威格注意到自己不得不经常竭力向年轻的一代解释,当时的青年和这一代青年相比,根本不能说是幸运。茨威格承认,他们那一代的确比现在的青年人享有更多的政治自由,而且,他接着写道,"我们当时能不受干扰地献身于自己的各种文化艺术爱好……没有人检查我们的思想、出身、种族和宗教信仰"。但在那个年代,性欲是那么压抑,甚至于超过了他们享有的所有优势。"当社会风尚给个人以自由时,国家却要去束缚个人。当国家给个人以自由时，社会风尚却要设法去奴役个人。"茨威格解释说，"我们确曾有过较好的生活和见过较多的世面，但是今天年轻人的生活更丰富，并且是更有意识地度过自己的青春年华。"茨威格再一次将自己成长过程中严重缺失的无拘无束的青年人欲望的积极一面进行了提升，升到了一种绝对的高度。1941年时的青年人，茨威格写道，"早已不知道那些曾妨碍我们当时青年一代发展的各种阻力、畏惧和紧张情绪……再也不知道我们当年……采取拐弯抹角和偷偷摸摸的伎俩……（他们）理直气壮地认为干那种讳言之事乃是他们的权力"。令人惊讶的是，虽然茨威格毕生投身于教养之中，现在他却宣称这种新式的性自由虽然可能会稍微削弱因"对讳言之事所抱的恐惧"而增加的享乐趣味——"没有那种羞涩和腼腆的神秘阻力，没有那种含情脉脉之中的多愁善感"——但是，单就能勇敢直率地面对自身欲望而言，非常有意义。"我几乎不知道在我青年时代的若干个同伴中哪一个不是带着苍白的面容和惘然若失的目光突然而来的，其中有一个是因为得了梅毒，或者说他怕自己已经得了梅毒；第二个是因为要让女方堕胎而受到敲诈勒索"，这种情况比比皆是，茨威格如是写道。他暗示欧洲正是厌烦了这种对正当欲望的约束，才最后招致了希特勒的操控。过去时代中这种过度紧张的神经质简直无法维持，欧洲意义上的文明就此陷入了对天性残暴的镇压或兽性的放荡两种绝望的二元循环之中。战前的欧洲社会和纳粹政权为了使社会最大化地保持一致，都践踏了真正的个体自由这一理想。对性欲进行压制和将其转换为战场上的嗜血，是将这种强有力的能量用来为国家效力的两种方法。如果说过去的欧洲没那么担心性欲的力量会干扰生产力的话，纳粹所抛出的集体痴迷诱惑就根本不可能得逞。弗洛伊德宣称生理决定命运，茨威格试图说明，对自主的追求要比人的命运更伟大。所谓的青春——换句话说，按照茨威格的思维模式，所谓感到真正地活着——就是感觉生命完全的自主。

难怪茨威格在《巴西：未来之国》中对为了积累国家财富而采取的科技化进程表示了忧虑，因为这种行为最终只能导致"对权利的贪婪和欲望"，因此，茨威格想要相信自己在巴西发现了一种全新的文明也就顺理成章了，这种文明并没有欧洲文明那种病态的仇恨和对物质的欲望，与自然界和谐共处已成为整个国家态度的一部分。

我在参观皇家博物馆时想到了茨威格对自由这一理念的深刻投入。皇家博物馆现在坐落在彼得罗波利斯昔日的夏日宫殿中，展览着纯金打造的精美羽毛笔，伊莎贝拉女王（Queen Isabella）曾用它签署了解放巴西奴隶的公告。玛丽亚·沃尔弗林在我们这次参观的最后一站停下时，我又再次想到了那件事。我们在一条安静而曲折的街道的最高处停了会儿，然后又来到了一个山顶，那里现在耸立着一座祭祀天主教圣徒的圣祠。从山顶眺望，能看到彼得罗波利斯的一大片景观。我们把车留在那儿，找到一个适合登高望远的地方。我们停车的下方，是一个两侧长满了树的山谷，山谷中杂布着一堆陵墓和坟冢。其中还有一条小路，通向更深的峡谷。在路的另一方，最前面几座绿色的山峰中，密密麻麻全是覆盖着土砖瓦屋顶的白色房子。鸟儿嗖嗖飞过，婉转歌唱，听起来好像是八音乐盒里完美机芯发出的声音。

"我们小时候曾到过那些山里，"玛丽亚突然开口说，"那里简直太棒了。"她带着一丝悲伤的笑容摇摇头，"我们在里面走了好几个小时，而且无论你走到哪里，总会遇到一间小木屋。你可以到里面去要一杯水——你总能要到一杯水。如果你开口要一根香蕉的话，也总会如愿。这些小木屋到处都是。有时木屋里的人还会给你一个鸡蛋和一根香蕉。等你喝完生鸡蛋，吃完香蕉，就可以继续前进了。"

我的眼睛转向远处更高的山峰，它们在地平线上的轮廓，就像攀上最高点时突然结冰的海浪。

"我记得有一次在离这里不远的山里散步时，在一条小路的上方碰到了一座小木屋，"玛丽亚继续说，"屋子前面坐着一个非常年迈的黑人，他还记得奴隶们被解放时的情景。他向我们讲述了当时许多被解放的奴隶经过下面的路，轻轻地唱着歌，脚步蹒跚，疲乏不堪。他们离开了原来的主人，没有水，没有食物，长长的队伍在这些山里不停地走啊走。"当我离开彼得罗波利斯之后，这幅画面依旧在我头脑中徘徊不去。那长长的人河不停地向前移动，向着无人知晓的目的地，轻轻地唱着歌，在经过那些暗绿色的林海时偶尔还会有人跌倒。

第十二章　避难所

1941年8月，茨威格搭乘从纽约到里约的轮船，共耗时12天。途中的大部分时间里，茨威格和洛特都没和外人往来。洛特直截了当地拒绝去做任何工作，茨威格自己花在不停倒弄手稿上的时间也尽量缩短，把大部分时间用来有条不紊地阅读近四五年间的畅销书，感到受益匪浅。在上次的巴西之行中，他们由于连日过度工作而"非常疲倦"，担心自己"会像荷马笔下那些英雄般倒下"。而在这次的旅程中，他们早已没有了任何光荣之感。

他们除了静静地躺着外，就是睡觉。在行程过半时，茨威格才开始意识到自己已从恍惚中醒过来。也直到此刻，他才认识到自己是何等的身心俱疲。茨威格在"乌拉圭号"（*Uruguay*）安静的甲板上翻阅自己的自传时发现，这本书还远没有完成，他必须承认在过去几周内炮制出来的东西过于粗糙。现在他不得不开始"进行缓慢地纠正、修改，并对自传进行扩充。当我们最终在某地安定下来之后，我会完成一份真正的终稿"，茨威格对他的出版商这样承诺。他还在给弗里德里克的信中说，他现在开始康复了，也感到了"心灵上的自由"。直到后来茨威格才意识到，他在奥西宁时经历了一次真正的精神崩溃。他向洛特的家人坦白，"总是担心可能会发生的各种坏事（而且有些可能已经发生了）",他补充说道,"洛特瘦得只剩一把骨头了,咳嗽很长时间了也没好"。

但在轮船上时,过去的那些日子仿佛已被茨威格抛到了脑后。他和洛特正在学习葡萄牙语,前往巴西是一个正确的选择,他一直这样笃定地认为。茨威格愉快地回想起,还在纽约时曾接到巴西一位部长发来的电报。那位部长读了《巴西:未来之国》的手稿,对它即将出版表示了热情的祝贺。他依旧无法确定自己是否还能再次回到罗斯蒙特,因此把那里所有的一切都留给了洛特的家人。"衣服、鞋子、家具等等,"茨威格总是这样说,"他写过的一切都已烟消云散。"他还援引了一句奥地利的俗语,意思是自己已同一切分离开来。他们要去的地方,根本不需要再添置任何东西。

在里约的码头上,一群显贵的人正在等待茨威格搭乘的轮船的抵达——正如他之前的两次巴西之旅一样。翘首以盼的人里有茨威格的好朋友克劳迪奥·德·索萨（Claudio de Souza）,索萨是一个家境富裕、创作颇丰的作家,和巴西政府人士关系密切。在等候的一堆政府官员中,还有外交部长奥斯瓦尔多·阿拉尼亚（Osvaldo Aranha）,他个子很高,异常英俊。茨威格之前曾明确地对他的巴西出版商布拉昂·库根（Abrahão Koogan）表示,这次绝对不要那些疯狂的接待会和请柬——上帝啊,他和洛特需要休息。不过,这个欢迎的场面还是非常令人暖心的。茨威格和洛特自舷梯上走下后,迎接他们的是潮水般的闪光灯,他不停地和人握手。阿拉尼亚带领着外交部的人员对茨威格夫妇表示了欢迎,随后又迅速离开,去迎接他们到此真正要接待的日本外交官。

茨威格虽然提前表达了他接待从简的愿望,但现实又令他们不安。这次没有专车等着把他们送到科帕卡巴纳酒店，没有和善的官员为他们打点一切。这次他们只能靠自己。

不过，在中央大酒店安定下来后，茨威格和洛特欣慰地发现，那些本质的东西丝毫没发生变化。里约的缤纷多彩同昔日一样迷人，中央大酒店还是之前那样令人欢喜的简朴；他们预定的房间居然是上次来时住的那间，里面宽敞的阳台上依旧能看到美丽的海湾。食物也没有变化，还有大海和友善的巴西人。在经历了一切似乎俱已终结的几周之后，茨威格感到自己已经重整旗鼓，可以再次开始工作了。

但是，里约很快就要炎热起来了。他们最好在人们蜂拥搬到山里之前，决定好要到哪儿去度过巴西的夏天。刚到巴西两天，茨威格夫妇就开车到彼得罗波利斯，开始搜寻房子，"人们留在里约附近，主要是因为彼得罗波利斯的这些避暑地，堪比伦敦附近的布莱顿和伊斯特本"，洛特在给家人的信里解释说。他们在一周之内就找到了一个合适的住处，租期为6个月，那是一个面积不大、装修适宜的小木屋，距离彼得罗波利斯镇中心只需步行30分钟，而且，同他们在奥西宁、巴斯和萨尔茨堡的房子一样，也坐落在高处。小木屋的周边非常安静，有着非常大的阳台，从那里眺望出去，壮丽山景令人心旷神怡，拥有欧洲春天的气息。

现在他们既然已经解决了住处的问题，就可以利用留在里约的这段时间去处理其他的事情。茨威格夫妇向警局提交了护照以便登记，好在彼得罗波利斯住下来。不过，这桩本该一两分钟就能解决的事，却花费了数周。他们愤怒地谴责使他们困在此处的官僚主义。茨威格在当地一个优秀的维也纳牙医那里把仅剩的牙齿拔掉了，牙医为他精心制作了一副假牙，茨威格极其满意。他希望洛特也能趁这段空闲的时间去治疗她似乎再次恶化的哮喘，那样他们就可以在经历了那么长时间且无法言说的桎梏之后，开始毫无顾虑地安静生活和工作了。

茨威格和洛特在应付牙齿和官僚作风之余，就在里约漫步，重新体会这座城市的魅力。茨威格太喜爱那些神秘狭窄的街道了！夫妇二人不禁回想起昔日，所有的东西都近便可得，那时街上不会时刻有汽车隆隆而过，街上售卖传统手工艺品的商店能组成一幅幅荷兰风俗画似的场景：鞋匠带着徒弟在钉靴子，女人们在院子里洗衣服，还有工匠在修椅子。茨威格在看到那些旧式的侧边敞开的有轨电车时非常兴奋。到了晚上，挤满人的电车车厢里灯光明亮，穿着白色西装的男人们挤在踏板上。当电车经过时，你能看到车厢里各种肤色的脸庞，就像一个人的眼前拂过一束花一样。然后就是，无数的咖啡馆遍布在每个街角，整日整夜都有人进出。这是何等丰富的色彩和生活啊！

几乎是茨威格夫妇刚到里约不久，《巴西：未来之国》就出版了。巴西影响力最大的报纸《晨邮报》（*Correio da Manhã*）就这本书一连三天发表了极具讽刺性的评论文章。在少数不偏不倚的评论以及诸多其他批判文章中，茨威格最受诟病的就是书中历史方面的错误和漏洞。很多知识分子，尤其是左翼知识分子甚至拒绝打开这本书。

茨威格在巴西的社交对象从未包括巴西激进的知识分子和更为激进的艺术家们。他大部分的交往对象来自上流社会，还有为数不多的几个特例，比如备受尊敬的德国移民记者恩斯特·费德，他虽被茨威格视为写作上的战友，却遭到巴西先锋艺术界的厌弃；克劳迪奥·德·索萨则被看作是瓦加斯独裁统治的走狗；出身于一个显赫的君主主义世家的古列尔梅·德·阿尔梅达（Guilherme de Almeida）也被视为不合时宜的人。茨威格社交圈里还有各式各样的天主教贵族、国际名人和政府部长。但在《巴西：未来之国》出版之后，巴西很多被茨威格当作"亲密朋友"的人似乎都开始疏远他。

茨威格试图表现出对这些苦恼的轻描淡写。在给弗里德里克的信中，他提到她可能会"惊讶"地发现，这部关于巴西的书"在巴西人看来热情不够——我们看重这个国家的特质在他们看来并非是赞美，他们更喜欢自己的工厂和电影，远胜于那些惊人的多姿多彩和简单，那种自然的生活方式"。

茨威格围绕针对自己的抨击所做出的解释可以说是对的，也可以说是不对的。茨威格在作品中的确没有正视巴西奋发进取的活力，他另辟蹊径地赞美了巴西的独特性，却忽略了巴西的多项技术成就和在现代主义建筑上巨大的投入。毫无疑问，这部作品与巴西当代文学脱离，也使得茨威格无法与巴西当代伟大的作家建立联系。（在茨威格的认知中，巴西的作家截止到19世纪才出现真正的代表人物，即马查多·德·阿西斯［Machado de Assis］和欧克利迪斯·达·库尼亚［Euclides da Cunha］。）茨威格在很大程度上只是把巴西的文化视为一种颇具潜力的文化遗产,虽然这种潜力非常伟大。他在亲切地描绘巴西的理性成果时总是选取国家民族的角度——全国各地出现了越来越多的书店,巴西的出版业现在也已经远远优于葡萄牙。"欧洲的青年因政治体育分散了注意力",而在巴西,"人文艺术却处于整个国家的兴趣中心",茨威格说。你在巴西时总能见到"工人、司机,在闲暇时间几乎都捧着一份报纸,几乎所有学生都拿着一本图书"。茨威格总结道,欧洲"拥有更丰富的传统,却没有未来;而巴西尽管历史短暂,前途却不可限量",巴西如今"业已完成的只不过是亟待完成的一部分"。假如说这两个半球处于同一个天平上,那么巴西的分量明显要超过欧洲。

但这部作品中对巴西当代文化和工业成就的忽视只是问题的一部分。更糟糕的是,茨威格将巴西的发展归功为瓦加斯这个独裁者的新国家体制。茨威格写道,由于"机器与人类智慧的推动",热图利奥·瓦加斯一年的治理,远超"佩德罗二世时期十年……甚至若昂六世时期整整一个世纪"的产量,最近几年"巴西那些不为人知的潜在活力都汇合成一股新的力量:对自我价值的认知"。而瓦加斯总统本人,这位政绩卓著的现任统治者,没引发多少动荡就顺利登位,政权转移得非常平稳,如同巴西历史上所有权力转移所见。巴西确实在国内治理和国外外交两方面都表现出同样的特征,现在这种特征在瓦加斯的领导下得到了强化——那就是完全承诺"通过共同的包容和平解决所有的冲突"。

瓦加斯留下的执政遗产非常复杂。他决定以国家力量直接支配巴西工人一事,对后世发挥着积极的影响。但他的新国家体制却是在仿效葡萄牙和意大利的法西斯独裁。茨威格撰写《巴西:未来之国》期间,甚至在这部书出版之后,巴西的左翼知识分子都在遭受着迫害。更有甚者,瓦加斯实施的民族主义和本土主义政策受到了很多拥护欧洲种族主义的内阁成员的影响,他们之中还有人为由纳粹激发的最恶毒的反犹主义辩护。瓦加斯在20世纪30年代还曾颁布过一项剥夺犹太移民权利的法律,立法的原因也是旧世界中的犹太人是不良分子之类。1937年,也就是在巴西军方的支持下,瓦加斯的新国家体制正式施行的那年,巴西的外交部还发布了一条秘密通告,禁止所有"犹太族"人加入巴西国籍,虽然还附加了一项备注,说明"知名的文化界名人、政界名人或社会活动家"可以破例。这条禁令的提案者奥斯瓦尔多·阿拉尼亚在茨威格的船抵达时,正在码头的等候之列,他不久之后就将犹太移民的居住地削减到现有的1/4。

对很多知识分子来说,茨威格这本书简直就是为瓦加斯政权赤裸裸地辩护,他们都怀疑茨威格被巴西政府收买了。这些人中包括小说家若热·亚马多(Jorge Amado)和诗人卡洛斯·德鲁蒙德·德·安德拉德(Carlos Drummond de Andrade)。这种指控令茨威格备感侮辱,而且这本就是无稽之谈——在某种程度上来说。茨威格拒绝了巴西政府提供的丰厚资助,不过为了在巴西境内进行研究,他的确接受了某些"业务层面的帮助"。在《巴西:未来之国》出版后的数周,有关茨威格被瓦加斯政府"收买"的报道仍在传播。茨威格最终在一家重要的报纸上发表声明,表示他是自主完成这本书的,"在我观察并了解到这个可敬的国家的现在和未来之后,凭借我所有的热情完成的"。这也是事实。但是,正如研究学者们指出的那样,茨威格的声名和地位使得《巴西:未来之国》中言明的和未明确表示的同等重要。无论茨威格是有意对瓦加斯表示支持，或者——考虑到茨威格的性格，这点更有可能——还是某种头脑发热的感激之情作祟，这本书肯定丝毫无损于瓦加斯统治的合法性，而对于乐于借助像茨威格这样的人的名望来宣传反独裁主义立场的左翼人士来说，自然是非常失望的。

茨威格是一个模范客人。无论他捕捉到了巴西当前社会政治中多么令人困扰的细微差别，也不得不顾忌到，既然已经将巴西视作自己安身立命的未来之所，他更不可能把与巴西政府之间的关系搞僵，更何况，巴西政府已经表露出接纳他的意向。不过，茨威格当时很有可能还有其他方面的考量。茨威格那段时期的通信表明，他注意到了在巴西日益扩大的民族主义以及力求在世界舞台上发挥更大影响力的志向。茨威格肯定意识到了，瓦加斯在最终决定巴西应该加入轴心国还是同盟国的过程中，这些蓬勃的野心也起到了举足轻重的作用。瓦加斯直到 1942 年 1 月才做出决定正式加入对抗纳粹的行列。茨威格毫无疑问会担心，如果一个失去国籍的犹太作家，一个国际主义者，对反对瓦加斯的巴西知识分子表示支持的话——假如他还有些许影响力的话——极有可能引发一场对他所信奉的事业的恶意满满的反对。

《巴西：未来之国》中并未揭示出茨威格最终是否对巴西政界和文化界的复杂性有所了解，但他因这部书受到的批评而感到震惊，只能表明他当时已经力所不逮。尽管茨威格毕生都凭借自己机敏的外交手腕游刃有余地游走于不同的文化中心和不同的思潮之中，但在这新世界的迷宫里，他已不再试图寻找所谓的出路了。"我是比自己预料之中还要彻底的欧洲人。"茨威格在 1941 年 9 月给罗曼写信说。这是一个令人担忧的评价。斯蒂芬·茨威格这个在过去的几十年里一直致力于证明自己是一个彻底的、命中注定的、不可避免的欧洲人，居然现如今才发现自己是一个比自己意识到的还要更彻底的欧洲人？如果巴西使他发现了这个真相，那么他所谓的未来之地应该是荒芜之地了。

虽然遭到了诸多的冷遇和批评，接下来的几周证明茨威格这本关于巴西的作品在一般读者之中还是获得了巨大的成功。恩斯特·费德回忆说，自己曾在《巴西：未来之国》出版后和很多巴西人讨论过，他们都谈到这本书给自己带来的情感触动。他们不仅被作品的文学内容打动，还为它展现出来的作者的情感倾向与他们各自的人生态度之间意义深远的契合而感动。费德推测，这种共通的情感应该源于茨威格的其他作品在巴西获得的惊人成功。茨威格笔下带有愁思的浪漫主义，再加上时不时流露出的渴望沉浸在欢乐的群众中的情绪，很明确地带有巴西人兼具萨乌达德（Saudade，一种徘徊不去的孤独愁思）与狂欢节精神的复杂特征。在茨威格看来，巴西人的民族性格非常有影响力。费德据此声称，"毫不夸张地说，从未有其他作家的作品，本国的或外国的，被如此广泛和普遍的阅读"。茨威格对这点肯定有初步的认识，而他在巴西普通读者中的定位并非一成不变的。由于《巴西：未来之国》被巴西国内知识分子否定和讽刺，反而使得茨威格的声名更盛。这无疑也进一步确认了茨威格之前做出的论断，他认为巴西最伟大的成就并非在于其现代化领域，而在于所有巴西人民的善良和一种独特的美。这种

茨威格夫妇在彼得罗波利斯的家（图片来源：Arquivo Casa Stefan Zweig，图片提供：Alberto Dines）

美源自他们对自然的保存，源自传承于古代的多姿多彩的生活方式。

茨威格和洛特在9月17日搬到了彼得罗波利斯的贡萨尔维斯·迪亚斯街34号的房子里。一年多以来，他们首次把行李箱里的东西摆放出来，并将行李箱束之高阁。这座镇子依旧"人烟稀少，非常宜人，就像十月的巴德伊舍"。而且，茨威格发现，这里

第十二章 避难所 | 275

的物价低得难以置信：两个女仆和一个办杂事的园丁一个月的薪水一共才五美元；一杯纯正美味的咖啡才两美分。他并不是有意这样市侩，茨威格对人们说，只是在了解到即使没有报社的工作或仅仅是做文学经纪人，他们也可以衣食无忧，让他感觉是一个巨大的安慰。茨威格非常热爱巴西人喝咖啡的仪式——就像饮酒一样，猛地一口喝掉一杯，即使咖啡非常烫，用当地人的说法，如果这种温度的咖啡溅到一只狗的身上，那只狗绝对会嚎叫起来。而巴西咖啡的味道既美妙又强劲，就像一股黑色的火在灼烧人的感官，能瞬间令你的思绪清明。茨威格宣称，在彼得罗波利斯的生活肯定会像天堂般舒适。

"如果我在这里能成功地忘掉欧洲，将我一生中所有的财产、房子和书籍都当作已经丢失殆尽，再也不关心'声誉'和成功，只因能被允许生活在如此神圣的一个国家而心怀感激，别无所求。虽然与此同时，欧洲正在因饥馑和痛苦而逐渐荒凉。"茨威格在写给弗里德里克的信里这样说。现在他缩小并净化了他的目标：他只想要获得一种内在精神的超脱，还有继续编辑并深化自传的内容，并构思一部新的中篇小说，再写几个短篇。

茨威格用了不到一周的时间制订他在彼得罗波利斯待办事情的计划。他要好好考察当地的咖啡馆和理发师，要在有顶棚的游廊之中安置一个书桌，还要布置出一个不大的图书馆，里面要摆放足够的经典作品和一本著名象棋比赛的棋谱。茨威格开始重新着手于自己的自传。洛特则开始在日常生活中练习葡萄牙语，并因为要向女仆演示，重温了自己的厨艺。后面这项工作任重而道远，除了厨房里不停冒烟的炉子外（这令她回想起小时候玩过的玩具炉子），还因为年轻的女仆长这么大只用木薯和黑豆做过饭。仆人们极其有限的生活经验令茨威格夫妇大为诧异。土豆和米饭都属于奢侈品,茨威格说,而鱼对他们来说完全是一种未知的事物。女仆还把空罐头盒视若珍宝,带回家当杯子。

茨威格现在唯一忧心的就是洛特的哮喘和干咳。她又瘦了很多。空气是那样的寂静和清晰,稍微一点儿声音都能传得很远。每当洛特开始咳嗽,远处房子里的一只狗就开始叫。茨威格给洛特的家人写信说,每天晚上,都会有这种一重或二重奏。他依旧坚持认为洛特应该接受进一步的治疗,但她应该怎么做?

虽然现在刚进入春季,天气却开始恶化。每天都会下雨,一下就是一整天,而且非常冷。这种气候使得茨威格只能专注于更刻苦地修改自传,洛特也因此更加忙碌。假如真的下起瓢泼大雨,她觉得不晚睡都难。

"一个如我这般年纪的人必须得学会'默想的生活',并将声名和财富留给他人,"茨威格在60岁生日的前几周说,"我们不确定是否应该养条狗——担心当我们对它产生了感情,又不得不搬家或再次离开。"在10月末和11月的第一个星期,茨威格对《昨日的世界》的重写也接近了尾声,一段幸福时光随之降临。这种快乐并不是因为什么重大问题的解决,而是每当想到他将永远不会再有一座房子、一个家或一个出版商的事实,想到他再也无法对留在欧洲的朋友们施以援手,他就感到一切都已结束。但在这段惬意平静的时间里,在这种舒适平淡的生活之中,茨威格却在很长时间里再也没有想起过这些。他很庆幸广播上只播报巴西新闻，对于无意中看到的报纸上的消息，他都当它们写于一百年前。"蒙田曾说过，有一种人会在想象中因他人之悲而悲，他建议这种人退隐起来，离群索居。"茨威格观察到，"些许的自我主义和缺乏想象力在我的生活中将大有裨益。"他时常想开始创作一部宏大的奥地利小说，但要付诸实施的话，首先得对近十年的报纸进行梳理，才能获取正确的细节。这种工作只有在纽约才有可能进行，但茨威格近期没有任何回纽约的打算。他总是这样忧心创作——因为他清楚地知道"如果没有新东西加入，创作力就会像没有了氧气的烛光一样逐渐熄灭"。

但就目前而言，只要他们满足于当前的一切，那他们就是快乐的。茨威格对许布施提到他开始着手的一篇关于象棋的短篇小说，灵感来自于他和洛特对历史上精彩棋局长时间的关注，他认为可以为那些数目庞大的象棋狂热爱好者定制这部小说的"精装版"。试着在这样的环境中创作一篇短篇小说是一种真正的乐趣，正如茨威格对弗朗茨·韦尔费尔描述的那样，就像"一场五颜六色、优雅的狂欢"。

到11月的第一周结束时，茨威格的自传差不多已经完成了。他在写给许布施的信里说道，他希望这部自传是诚实生动的。茨威格对他的老朋友，奥地利剧作家贝托尔德·菲特尔表示，这是一部充满了人性、非常正派的作品，没有一丝的夸张或吹嘘。"我觉得你会喜欢它。它实际上是对我们青年时期的性欲艰难而真实地描绘，饱含苦涩的现实主义。"性欲方面的启示录，现在主宰着茨威格的写作内容。也正是在这一时期，茨威格创作的巴尔扎克的手稿终于从伦敦寄来了，这令洛特长舒了一口气。茨威格可以继续开展

斯蒂芬·茨威格口述，洛特打字，巴西（图片来源：Arquivo Casa Stefan Zweig，图片提供：Alberto Dines）

工作了。或许"工作"这个字眼并不确切，因为他缺少必要的文献。茨威格对洛特的家人说，但他至少可以"把玩"文字，或许还可以敲定几个段落。茨威格在着手创作巴尔扎克这部作品时，他和洛特的关系也开始发生变化。这本书的编辑理查德·弗里登塔尔写道，就这部茨威格力图使其成为代表作的作品而言，手稿明确地表明，洛特在其中的参与"绝不仅仅是机械地打字。她提出的疑问和写在手稿边缘的意见非常清楚，而且正中要害，有时还能为茨威格浪漫的抒情诗体提供一种有益的平衡"。就像茨威格自己说的那样，每当他想要尝试"咏叹调"时，洛特总能劝住他。

甚至在收到手稿之后，洛特依旧在给英国家人的信里让他们反复查询是否已经寄来了完整的手稿，并请求家人把茨威格所有黑色四开本的笔记本寄过来。她和茨威格一起全神贯注地阅读每一页。这部手稿的命运同样令人唏嘘，它也像离散的犹太人，飘零在各地——有些留在了伦敦，有些留在了巴斯，还有几部分存放在几家银行中。当弗里登塔尔终于重新收集好茨威格这部巴尔扎克的手稿，分两次将其存放在伦敦两栋不同的公寓后，编辑用的副本却在一次德军炸弹爆炸时散落在房间。"房顶塌了，手稿被埋到了碎石中，"弗里登塔尔写道，"玻璃碎片和石膏颗粒现在依旧嵌在手稿上。"

屋外依旧大雨倾盆。洛特和女仆一起学做她小时候吃过的欧洲传统菜、薄煎饼、碎块煎饼和马铃薯面条。洛特说，在商店里能买到脆皮奶酥蛋糕和肉桂面包，以及他们在法兰克福时非常爱吃的老式饼干。园丁每次来为地板上蜡时，总是和女仆一起把所有的家具和地毯都搬到室外，然后像洛特儿时见过的那样，用棍子敲打地毯。洗衣服用的则是一种自制的传统漂白剂，蛋黄酱是自己亲手做的。她们还从市场上买来活鸡，带到家里后再杀掉。洛特希望能开始做奶油乳酪和腌肉，并一直试着做他们原来吃过的柠檬乳酪。往日的时光不断重现，淹没了现在。"在这儿的生活就像住在祖母的家里一样。"洛特对她的姑妈这样说。

"我在几周里几乎没见过任何人。"茨威格在 11 月 10 日写给洛特家人的信中说。洛特在 11 月 17 日给家人的信里说，他们现在经常来往的有一个同样搬来彼得罗波利斯的世界知名的智利女诗人,一个杰出的德国难民医生,还有几个法裔的巴西知识分子。茨威格所谓的连续几周没见过任何人,与一般人对此说法的理解并不相同。他们过着"一种苦行僧般的生活",他反复强调说,虽然这是一种健康的生活。"我觉得非常有必要采取这种沉默疗法",他对朱尔·罗曼说。洛特的哮喘终于有所缓解,但令他苦恼的是,汉娜和曼弗雷德在罗斯蒙特遭遇到他之前遇过的麻烦。"不要把时间浪费在我的那些东西上,"茨威格恳切地说,"让一切顺其自然……"他引用歌德一首关于世间万物虚幻的诗歌的开篇,意为:万事万物于我皆是虚幻。

茨威格畏惧的11月28日,也就是他60岁的生日逐渐逼近。他明确表示,不需要任何庆祝活动,不需要任何报纸报道,不要礼物,不要访客。以防万一,茨威格打算生日当天和洛特及他的出版商到距此四个小时车程的另一个山中小镇度过。

那天终于到来,持续不停的雨令山中的道路几乎无法通行,但他们还是设法赶到了距彼得罗波利斯一个小时车程的特雷索波利斯(Teresópolis),这宿命般的一天终于像他期望的那样平安无事地结束。为数不多的几封电报是茨威格收到的来自巴西以外世界各地的仅有的恭贺。他的出版商送给他一只可爱的硬毛猎狐梗,这只小狗虽然没有茨威格在萨尔茨堡时养的那只西班牙猎犬的聪明和傲慢的派头,但拥有非常悠长的谱系,不过"这一点远不如它讨人喜欢的举止,令身为亚伯拉罕后代的我们更加欣赏"。小狗令他们的房子终于有了些家的感觉。还有人送了他一些上好的匈牙利鹅肝,可能来自维也纳第 2 区。还有洛特,洛特送给茨威格的生日礼物是她设法找来的一整套法语版的《巴尔扎克全集》。

"我非常高兴地看到,斯蒂芬现在感觉好多了,原来因为战争和战后生活造成的颓废和消极,甚至对工作都失去兴趣的时期终于过去了,"洛特在茨威格生日之后写道,"感谢上帝,这次应该是确实度过了那一时期。"茨威格再次对写作产生了兴趣,他有时甚至还会出门去拜访某些他认为可能有助于获取研究资料的人。在经历了与菲勒普-米勒和阿尔布雷希特·谢弗在奥西宁的时光之后,洛特已经意识到,茨威格的消沉并不是一个个案,而是在不同的欧洲作家之间一个接一个地传播的。这种认知虽然不能令茨威格振奋起精神,却帮助洛特理解到"由于他们的想象力和极易沉溺入悲观厌世的状态,作家这一人群相较其他人更容易感染上消极的情绪"。洛特承认说,有时,她真的希望自己能认识几个当地的女性,这样她就能就那些不敢去打扰茨威格的日常家庭事务时与她们进行交流。可惜她在彼得罗波利斯认识的寥寥几位女性"要么是易怒的家庭主妇,要么对此毫不感兴趣"。有时他们也会谈到伊娃,对被迫将她留下表示遗憾,但也欣慰于她能和谢弗夫妇生活在一起。

他们现在的生活是狭隘的。他们的生活非常贫穷、寒酸,而且毫无尊严,他们在这里的生活根本不值一提。但是话说回来,他们从有史以来最糟糕的大灾难中存活了下来,茨威格一直这样提醒自己。每个人都"被钉子钉在了"某个地方,并"被切断了生命的溪流",茨威格写道,"我已为一切做好了准备"。他的工作进行得异常顺利。他眼看就要完成那篇关于象棋的中篇小说了,而阅读巴尔扎克给他带来了真正的快乐！还有蒙田——蒙田则向他头脑中另外一个角落低语。"阅读蒙田的作品就像一次探索，"茨威格在给朱尔·罗曼的信里这样描述，"某些作家只会在我们活到特定的年纪和特殊的场合，才让我们看到他们的内心。"在对菲特尔的讲述中，蒙田被他形容为"内心自由的信徒……虽然因这种极端的自由（错过且鄙视所有外部暂时的成就）承受着同样的绝望，却能保持正直和理智"。

洛特让身在英国的家人寄一份林茨蛋糕的食谱来，他们的旧炉子应该能做出这道甜点。他们的新计划是在这里再停留半年，茨威格下定了决心。他们曾耗费很长时间，想要找到另一所能住得更长久的房子。但一切都太贵了。茨威格多么希望自己五年前在巴西时能买栋房子。物价飞涨，这里的生活成本原本低得离谱！不要再打理罗斯蒙特的花园了，茨威格这样要求曼弗雷德和汉娜，忘掉它！

日本人轰炸了珍珠港。茨威格和洛特感到他们与欧洲之间越发的遥远。美国肯定正陷入那可怕的高亢激情之中，他们庆幸自己不在那里。他处于"彻底的绝望"中，茨威格给里约一个正忙着为难民们把瓦莱里（Paul Valéry）的作品翻译成德语的流亡朋友写信，信中说，"我们的世界已经被摧毁"。而"我们不得不用德语去思考、生活和写作，又是多么的可悲"，茨威格痛呼。"而你居然要把那翻译成德语，真了不起！"猎狐梗被命名为勇敢（Plucky），它果然是令人欣喜的同伴。但他们每晚都会把它锁到浴室中，它因无法和他们睡在一起而整夜鸣号。有时，茨威格也会独自步行去优雅咖啡馆。哦，他们安宁狭隘的生活，他们美丽的隐居！持续的降雨使他们无法专注地去做任何事情。"相信我，我已经想得非常清楚了。你们希望让洛特回到伊娃身边，如果我没能让你如愿，那是因为我看到了某些可能会出现的复杂情况。"茨威格对洛特的家人这样说。每个人现在都必须得非常有耐心。我将不再抱怨,他坚持说,如果这样的生活将日复一日地重复下去。

从外面的世界寄来的信越来越少。"上了年纪的人或许更能感受到来自其他人每个温暖想法的价值(就像大卫王用亚比煞的身体来取暖一样)。"茨威格对许布施说。当他自己的身体无法再温暖之后,搂着那个女孩靠近他颤抖的身躯当作热源。

茨威格曾经问一个朋友,问她是否认为纳粹有可能入侵南美。她考虑了一会儿,然后回答"是的"。在说出答案之前,她的视线并没有落在茨威格身上。但当她的目光转向茨威格时,立即为他眼里的情绪而震惊,他看起来备受打击。这只是一个随口的回答!这个朋友也根本不是军事方面的专家!但是她却无法收回这个随口的回答带来的影响。茨威格告诉巴西一个年轻的朋友,他认为日本人的加入使这场战争成为人类历史上第一次真正意义上的世界大战。人们其实并没有真正了解这意味着什么,他解释说。从这场战争的尸体中,将会不可避免地产生一种新型的瘟疫,同时感染人的肉体和灵魂,在全球范围内滋生和蔓延。

茨威格在新年当天给菲特尔写了一封长长的信。在信中,他的思绪就像一个蒙着眼的司机在隧道里开车,不停碰壁。他现在对生活唯一的期望就是能看到希特勒倒台!他刚刚读了伟大的西班牙剧作家哈辛托·贝纳文特(Jacinto Benavente)被人遗忘的剧本《不吉利的姑娘》(*La Malquerida*),震惊于剧作中震撼人心的力量。这是一部令人焦躁的伟大作品!这简直是在弗洛伊德之前的弗洛伊德信徒!菲特尔必须设法得到这部作品的译本,因为毫无疑问,这出戏剧将是一场空前的成功。一次真正意义上的重新发现！茨威格自己正专注于蒙田传记的写作。"我已经完成了一部非常长的短篇小说。"他的自传即将在瑞典和美国出版，但他现在从事的一切活动都没有一丝"活力"。

"我们这一代的生活已经盖棺定论了，对事态的发展也没有任何的影响，也已经丧失了给下一代人做出任何指导的权利，我们已经一败涂地。"茨威格写道，"你肯定还记得我们的谈话——现在发生的所有一切，将来可能会对下一代人，乃至他们的后代有所帮助，但对我们却无济于事。我们之中那些选择远离的人或许是最为明智的，他们因此有了新 轮的生活，而我们却像自己的影子般活着。"至于在彼得罗波利斯的生活，是非常孤单、安静和寂寂无闻的。茨威格读了很多书，大部分是经典作品。他希望自己能写写诗。"但是当我的思绪一直萦绕在新加坡、利比亚和俄罗斯时，我怎么能全身心投入到写诗的状态中呢？我亲爱的朋友，不要忘了，我并没有像你一样生活在一个充满了理性的交锋和友善讨论的环境之中。在巴西的村庄里，信件仍是至关重要的，而邮递员的出现是一天之中'最'重要的事情"。

接下来，茨威格的语气忽然转为惊奇，他在时间的长河中自由降落。"就像我青年时，这里的一切都使我联想到我父亲和祖父们的生活。厨房里烧的是木头，旁边还有一个黑人仆人在扇风，洗浴之前必须得准备热水，还有当地人的善良和天真，所有一切都体现出一种质朴——这对我来说绝对是一次奇特的冒险，在游历了那么多城市之后，又重回这种形式的生活中"。他想方设法想要回到昨天之前的世界中去。

茨威格在 1 月 8 日晚间收到那封信时，恩斯特·费德正与他在一起。信来自英国尼斯，出自罗歇·马丁·杜·加尔（Roger Martin du Gard）之手。茨威格声称，这是他多年以来收到的最好的一封信。他们当时正在游廊里，他非常激动，坚持要把这封信大声读给费德听。费德永远忘不了茨威格读信时容光焕发的样子。杜·加尔预测，在战争结束之后，将会有与今日截然不同的"新秩序"。杜·加尔说，像我们这样年纪的人，应该心满意足地去充当这出伟大戏剧——或者说，更像是悲剧的观众，那些重要的角色就留给年轻人去大展拳脚。"我们的任务只剩下保持缄默，带着最后的尊严离场。"茨威格激动地喊道，他说出的恰恰是我的感受！好像是神给了他启示。

但费德对此表示反对，他认为茨威格的创造力没有任何衰退的迹象，并进而列举了他参与的许多项目来进行佐证。对于费德的看法，茨威格表现出了一种真正的震惊。他摇摇头微笑，"的确，我过去的写作中的确焕发过一些光彩"。

在天气允许的情况下，茨威格和洛特天黑之后总会进行他们漫长的散步，费德有时也会加入。"我们把你变成'夜猫子'了。"夫妇二人打趣他。他们都是属于黑夜的人，在过去的晚间他们总是和其他人在一起。现在虽然没有了音乐厅和剧院，他们却可以观赏附近上演的大自然神秘的戏剧。在某些夜晚，整个森林像圣诞树一样荧光点点。"你是否能理解我这隐秘的愿望，"茨威格对韦尔费尔说，"我希望能在这美丽的森林中像植被一样生活一两个月。"他期望自己和洛特能与丛林合二为一。

到了 1 月中旬，一个意外事件打扰了他们安静单调的日子——

园丁的妻子分娩在即。洛特变得多愁善感起来，她几乎无法控制自己的情绪。茨威格因此取笑她。在"那个伟大的时刻"，茨威格给洛特的家人写道，丈夫本人、助产士、妻子的一个姐妹、一个孩子，还有一条狗全都挤在那个比他巴斯的书房还要小一半的房间里，围着产妇。洛特竭力想要看清正在发生的一切。在这间拥挤狭窄放着炉子的房间里，没有任何便利的条件，甚至连自来水都没有。洛特非常激动，她总是跑回茨威格身边，迫切地要把刚刚看到的所有细节都告诉他。全程没有任何现代的辅助器械或科学设备，"尽管如此，一个棕色的男孩还是来到了世上。这个孩子非常安静，刚刚才发出声响。洛特对此非常兴奋，倒是丈夫本人显得很平淡，婴儿落地后便悄悄地去了咖啡馆"。茨威格注意到。

对于茨威格而言，这个事件的重要价值体现在其说教性的训诫上。人们时常惊奇于巴西人的贫穷，但从这种贫穷中，人们可以看到在所谓的文明社会中有多少东西其实是毫无必要的。当初在奥西宁时，勒内和艾莉卡也有个孩子——那么多的消毒和保护措施！而在彼得罗波利斯这里，"一个黑人中年妇女完成了所有的工作（而且不是很干净），那些孩子就像草莓一样长大"。他们雇的女仆就有5个孩子！他们的生活方式和两百年前没有任何变化。不久之后茨威格又给洛特的家人写了一封信。"我相信我们已经说过，住在我们附近木屋里的工人刚刚得了个孩子，一个非常小的孩子。洛特终于有这个娃娃和那只狗做'替代品'了。但和我预料的一样，她对此并不感兴趣。"

在本书讲述的茨威格的生平之中，他的行为在很多时候都有让人忧虑之处，但这则小小的家庭插曲却令人反感，尤其是联系到洛特当时的处境。洛特当时刚刚33岁,把自己的命运同一个永远不会要孩子的男人绑在了一起,这个人拖着她走遍了全世界,现在在一个距她英国的家乡6000英里(约1万千米)的国家安定下来,住到这样一个偏远的似乎没有"正常的普通人"可以来往的村庄中。然后突然之间出现了这个绝佳的时机——一个可以进入一个新生命的世界的入口,洛特在世界陷入烽烟之中时看到一个孩子的降生,因此变得极其情绪化。而茨威格却因此取笑她,取笑她获得了某种"替代品"。

这里的笑其实代表着,在洛特非常兴奋之际,一个身处痛楚中的男人在面对终生都无缘享有的东西时发出的自嘲。对茨威格来说,痛楚不只是因为无缘享有,还因为他清楚地知道自己是造成这种结果的原因。"到了某个特定的年纪,一个人就会为不要孩子付出昂贵的代价,"他在写给菲特尔的同一封信里补充说,带着一种突然爆发的苦恼情绪,"而我其他的孩子们——我的书籍,它们现在又在哪儿?很多已经先我而去,很多我再难触及,它们使用的语言全都与我不同。"

然后到了2月。夏日时光已经使得他们的房子更加生动了,茨威格开玩笑说。"隔壁住的工人的妻子生了个孩子,我们养了条狗。狗身上长了跳蚤,传染给了我们,再加上蚊子、蜘蛛和其他小型生物的叮咬",热带的夏天在他们的皮肤上留下了印记。尤其是洛特身上,茨威格补充说,所有的生物都尤其偏爱她,就像她喜爱他们那条小狗一样:"她把身上所有被压抑的母爱都倾注给了它。"有一天花园里还出现了两条蛇。

茨威格希望洛特通过肝脏注射恢复少许体重。洛特的通信则对茨威格的这种想法表示了反对。她已经比过去好了很多,自从到了彼得罗波利斯之后,她的哮喘只发作过一次。他们希望搞清楚房子是否能成功续租,他们不想搬家。对茨威格而言,阅读是最有效的帮助。他读的全都是那些"经典作家的作品,比如巴尔扎克、歌德、托尔斯泰"。他们非常希望能和一些真正了解发生了什么和即将要发生什么的人好好谈一谈。夫妇二人每天都会小心观察着邮递员的路线,而当他路过他们的家门而不入时,两个人就会小心翼翼地互相解释他们期盼的信件可能被延误的原因。有时,他们会花大半个早上,站在台阶上等待邮递员的出现。

气候终于转为干燥。阳光灿烂,空气清新,群山美丽夺目,绿植华美。一切都尽善尽美,茨威格声称,如果没有那些疑虑重重的思绪的话。狂欢节即将到来,茨威格决定到里约去参加这场盛会。他说的盛会并不是时下流行的那个时髦的狂欢节,而是在第一广场上举办的地道的狂欢节。毋庸置疑,茨威格和洛特的心情相当复杂。狂欢节上炫目爆炸的焰火中充满了喜悦,而与此同时几乎在全世界其他所有的地方,爆炸给人们带来的只有死亡。"但如果选择不去参与这独特的奇观就太愚蠢了(因为我们已经半年多没看过任何戏剧、音乐会,也没怎么看过电影了)。"茨威格写道。

他们在2月16日开车下山去参加狂欢节,同行的还有恩斯特·费德。茨威格言辞风趣,全程都在谈论他写给《读者文摘》的文章里用过的一部巴尔扎克的作品。当茨威格遇到第一支游行队伍,看到那些装扮异常醒目的孩子们时,忍不住高兴地说:"看,多么漂亮啊!"他们到达瓜纳巴拉海湾(Guanabara Bay)时,茨威格感叹:"多么不可思议!"费德注意到他的反应,仿佛他之前从未见过海湾一样。茨威格一整天似乎都在陶醉地与洛特分享那些五颜六色骚动的场景。

茨威格一生之中最推崇的事情有两件，一是全人类和谐生活在地球上的伟大梦想，还有就是艺术能引领人们超越世俗的能力——所有的悲痛和党派之争都被升华为审美上的狂喜。而在这里，在里约的狂欢节上，他看到这两种毕生的理想正在和谐地上演。"在过去的日子里，整个城市在4天的时间里跳舞、游行、唱歌，没有警察，没有报纸，没有工作——无数人只靠着欢乐而融为一体！"在他写给朱尔·罗曼的信里，这些文字简直就像狂想曲一般。

但这时的茨威格已经不再相信自己的存在了。

狂欢节的第二天，很多朋友和茨威格一起用早餐。当他看到报纸上纳粹刚刚入侵了中东和亚洲的头条新闻时，那些朋友都目睹了他的恐慌。不过，在目前这个阶段，任何东西都能压倒茨威格的精神。欧洲正在自我毁灭，他反复这样写道。他无法战胜那种他将无处可去的感觉。在他现在着手的所有事情之中，他都能察觉到万物即将终结的意味。那种虚无的诱惑。目前茨威格面对的是世间纷杂和虚无，不久之后，这两者之间也将不再有让他选择的空间了。

茨威格夫妇自狂欢节回来之后，一直忙着将他们的所有物分发出去，同时还写了一封又一封的告别信。这是与过去的费心收集背道而驰的事情。有些书送给了朋友，有些送到了彼得罗波利斯图书馆；文件赠给了多个档案室；衣服送给了所雇的那对夫妻，多亏了他们,在贡萨尔维斯·迪亚斯街房子里的时光才"愈发令人愉快",这是茨威格给房主的信中写到的。如果女房东班菲尔德(Banfiend)太太想要小狗勇敢的话,也可以送给她。"我感觉它肯定会和你的儿子们相处得很好。"茨威格写道。茨威格用英语给这位女房东写的信很让人在意,"我非常抱歉,但我们考虑再三之后还是决定不再租住您的房子了"。他在信中说。

2月20日,周五,茨威格在花园里点了一堆篝火,开始焚烧文件。他是否联想到了德国和奥地利的焚书运动?在他去电影院的路上,他是否看到那些在新闻里出现的场景:人们在军号声中列队走向火堆,高声唱着民族主义的颂歌,把一本本书投入缠绕扭动的火焰中?如果你仔细观察那些画面,就会发现,被投入火堆的书籍并不是立刻化为祭品,很多书在遇到火焰上方的气流时都是先瞬间升高,封皮像鸟儿扇动的翅膀般啪嗒作响。

2月21日,周六,茨威格给费德打电话,邀请他和他的妻子过来做客。两对夫妻交谈着,茨威格和洛特像往常一样"和蔼、优雅、健谈",费德后来写道。茨威格提到,自己最近总是睡得很晚,不过读完了很多书。他已经完成了一部拿破仑的传记,还把书给了费德去读。除此之外,他把从费德那里借来的蒙田作品还了回去,说自己已经不再需要了。洛特也把一本奥地利食谱还给了费德的妻子。费德像往常一样,请茨威格和他下盘棋。和茨威格做对手毫无乐趣可言,费德自己下棋不怎么高明,茨威格更不擅长,赢一次都很难。

周日,茨威格夫妇没有和外人往来,他们散步,写信。

周一,夫妇二人直到午饭时还没有起床。女仆虽感惊讶,却自认为听到卧室里的鼾声，没有进去打扰。直到下午四点半，女仆和她的丈夫才到室内去查看。茨威格和洛特静静地躺着，没有回应，也不再呼吸。

警察局接到电话，侦探随之而来，拍了照片。茨威格夫妇的一个法国建筑师朋友恰好经过，邻居也闻讯赶来，还有记者。这个消息在彼得罗波利斯就像被点燃的纸般散播开来。克劳迪奥·德·索萨给瓦加斯总统打了电话，获准为茨威格夫妇举行国葬。第二天，装饰着鲜花的棺木在来自社会各界的大批哀悼者的陪伴下运了过来，彼得罗波利斯当地的商铺都自发地关上了百叶窗。茨威格夫妇被埋葬在彼得罗波利斯的天主教墓地，一个得到了特赦的犹太教拉比为墓地进行了葬礼赐福。茨威格夫妇去世的消息遍布巴西的报纸，一些重要的日报甚至还刊印了十几条悼词。费德无论走到彼得罗波利斯的何处——无论是饭店还是咖啡馆，无论是公共图书馆还是市政厅，都能听到人们为茨威格哀悼，交换着各自了解的关于他的故事，表达自己的悲伤和震惊，仿佛茨威格就是他们的朋友。

洛特在大多数关于这个事件的报道中，都是缺席的，甚至在茨威格临终前几小时写的公开的自杀信里都没有提到她。他的力量"已在无家可归的漫长漂泊中消耗殆尽"，茨威格写道，"我向我所有的朋友们问候！"信的最后他写道："愿他们在漫长的黑夜之后还会看到朝霞！而我，一个过于缺乏耐性的人先他们走了！"

在写给朋友的告别信里，茨威格似乎同样振奋于自己的这个决定。在给弗里德里克的信里，他写道："当你收到这封信的时候，我的感觉将比从前好多了。你见过我在奥西宁的样子，经过一段舒坦平静的时光后，我的意志更加消沉了。我需要承受的太多了，以至于我再也不能集中思想……寄去我全部的爱和友谊,请不要难过,你知道,我是平静而幸福的。"在写给汉娜和曼弗雷德的信里,茨威格解释说:"我们对这个国家的确非常热爱,但这里终归是远离家乡和朋友的地方。对我这个已年届六十的人来说,在这种可怕的时候继续等待数年,已经变得越来越无法忍受。"他后面还提到洛特依旧没有治愈的疾病,再加上伊娃不在他们身边,已经彻底摧毁了他们想要继续生活下去的意志。"我们决定,出于对彼此的爱,不会把对方单独留下来。"茨威格写道,"我感到非常对不起你和洛特的妈妈,但从一个方面来说,你清楚我们这些年的生活,从未有过任何争执。"

茨威格留给伊娃的信令人心碎——信中交织着甜蜜的温情和苦恼——一会儿告诉伊娃要乖,要努力工作,让她的父母高兴;一会儿又清楚地告诉她,要顺心而为;请她不要忘记他们,还叫她不要感到孤单,要对那些爱她的人心怀感激。茨威格保证,她将能看到一个更好的世界,在那里相爱的人将不会被分开。这是一个非常困难的决定,但他和洛特经历了她无法想象的痛苦时光,茨威格这样对她说,并表示他们很想见证她成长中的每一个阶段,希望能看到她考上大学,第一次恋爱,希望能带着爱和骄傲陪伴她成长的每一刻。但现在他们只能告诉她,他们已经在梦里多次看过这些场景。最后,茨威格说,一直到生命的最后一刻,他都满怀爱意地思念着她。

洛特临终前写的信比茨威格的要简洁得多,流露出更多的疲倦和萧索,丝毫没有茨威格叙述中断断续续的兴奋之情。在给嫂子的信里,洛特表达了因无法把伊娃带在身边,再为她做些什么的遗憾,"但从另一个方面来说,我真的相信,伊娃能和谢弗太太留在一起对她是更好的选择。谢弗太太富有理解力的关爱和教育的方式,同你非常相似。假如把她带在我们身边,她将也会感染上我们的情绪……相信我,我们现在这样做是最好的选择"。洛特写给伊娃的话只有寥寥几行,对无法把她带在身边表示遗憾,他们非常喜欢和她在一起。但现在希望无济于事,这场战争的残酷已经影响到了所有的人。但纳粹终将被击败,伊娃可以期待那个时刻的到来,到时她就可以回到自己的家了。这很快将会实现,洛特承诺道。

在很长一段时间以来,斯蒂芬·茨威格的自杀都几乎不可避免。但这件事最令我痛心的并不是他的死亡,而是在这样一个情境中,他深爱的年轻妻子别无选择,只能随他而去的事实——或者,更委婉些说,做出追随他而去的决定。洛特的死亡令人震惊!关于她的去世,还留有一丝神秘。随后的法医检测发现,她的死亡时间是要晚于茨威格的。当人们发现他们的尸体时,与茨威格不同的是,洛特的尸体仍有余温。她是在茨威格之后服食毒药的。

警方拍摄的照片向人们展示了内情。茨威格仰面躺着,仪态整洁。他穿着长裤和扣好扣子的衬衫,领带打得很仔细。洛特身着一件和服。她的内衣扔在浴室地板上,可以看出是在匆忙中脱下的。洛特的枕头和床单有褶皱,因此她最初应该是躺在自己那张铁床上的。在临终之前,她才挪到茨威格的床上,身子向右侧,滑到了茨威格黑色的毯子之下,脸靠到了他的肩上。她的左手覆在茨威格交叉的双手之上,细长的大拇指和小手指蜷缩着。茨威格呈现死亡状态,而洛特看起来像是陷入了爱河。

在茨威格服下足够致命剂量的安眠药与洛特吞服下致死的药

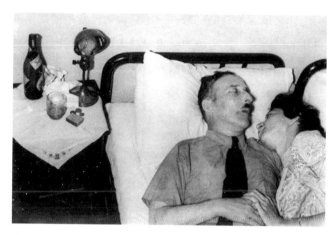

最后时刻的茨威格夫妇。拍摄照片时，茨威格和洛特被恢复成发现时的样子。在前一张照片里，茨威格的表情更显出僵硬的痛苦。洛特紧紧拥抱着茨威格，脸埋在他身下（维也纳博物馆）

物的这段时间，究竟发生了什么？可能有很多种情况。当茨威格独自服药时，洛特可能正在洗澡——就茨威格来说，这个行动或许是出于不耐烦，或者是一种更仁慈的动机，他希望当洛特发现他已经死去之后，会重新考虑一下。也可能茨威格无意中弄出的声响，惊动了正在洗澡的洛特。她冲了出来，意识到发生了什么后，没有像茨威格希望的那样重新考虑，反而急着随他而去。或许，茨威格在最后关头，对让洛特和他一起赴死产生了动摇。洛特假意答应了他——直到他服了药，然后开始准备自己那份。也有可能，在茨威格服药之后，洛特的确犹豫了。她花了一段时间来思考这个决定，重新考虑是否*应该*这么做。

或许，根本没有什么犹豫或焦急，她只是单纯地想到即将死去，而无心顾虑散落在地上的内衣。她的行动稍微滞后可能并不是因为什么最后关头的犹豫——不是因为茨威格的提示或她自己矛盾情绪的压力——而是她想独自享受人生的最后时刻。或许她想最后再去一次阳台，看看下面暗绿色的树影；看看下面的咖啡馆，那里的生活还在继续。或许，她想要多一点时间去回忆自己的一生，她爱的人，她看到和听到的世界。然后，她准备就绪，躺了下来，拥抱她挚爱的另一半。

又或许，上述想象的情况都没有发生。在茨威格和洛特分别服药之间的时间里，无论她做了什么，有什么想法，都永远属于她自己。在斯蒂芬·茨威格的生命结束之际的最后一个谜题，就是洛特一人的谜题。随着她的逝去，她留在我们头脑中的印象愈加深刻。

后　记

　　一个人最终在世上留下什么印记来标注自己的一生呢？我们要怎么过活，才能把包蕴想象力的沃土遗留给后来的人？

　　这些问题一直萦绕在我的心头。我在一个秋日回到了维也纳，徜徉在茨威格曾经生活过的不同街区，从歌剧院、城堡剧院、咖啡馆、博物馆一直到公园都在思考这些问题。茨威格终其一生，都试图解答这一人生谜题：直至最终人们困囿于绝望的深渊之中时，我们的梦想有多少在世间获得了实现？就这一方面来说，正如贝托尔德·菲特尔评价的那样，在茨威格所有的社会角色中，"无论是身为一位评论家、翻译家还是历史学家，他始终有一个最终的目标：那就是对洋溢在他身上的那种欧洲精神进行创造、保存和宣扬。他是欧洲精神的'宣传大使'，是其价值观念的经销商。他不屈不挠地要将这个历经磨难、已经四分五裂的大陆重新聚拢到一起"。而这一使命完全依赖于茨威格美好的理想，他期许可以凭借自己超人般的创造力力挽狂澜，使欧洲重新恢复统一、恢复安宁，重新成为个体自由的乐土。

　　但与此同时，茨威格又对这些想象中哪怕最具鼓舞性的远景一旦遭遇现实生活将会怎样，抱有深深的疑虑。他在1934年对偶像伊拉斯谟的遗产进行总结时,承认在被路德教会主宰的当时,伊拉斯谟为社会开出的人道主义的处方全都遭遇了滑铁卢。茨威格由此声称,在现实世界中无法取得胜利的理想,在精神王国中依旧会作为一种动力发挥作用,而且"恰恰是那些尚未实现的理想证明自己最难被忘却"。茨威格解释说,恰恰是类似伊拉斯谟的这些追求理想的人因为无法在现实中大展拳脚,反而"激励一代又一代的新人",从而得以在接下来的时代中继续酝酿,促使他们取得更高的道德成就。

虽然他的作品中始终闪耀着理想的光芒,但茨威格本人从未真正信仰过一个纯粹精神的王国。他对全世界的贡献都是基于他血管中流淌的感官的热情,就像他曾经对一个朋友说的那样,"只有肉体才能被真正地感知"。如果要保持人性的话,那就意味着,首先要承认精神和物质总是融合在一起的,它们源自同一种洪流,恰如他精心收集的名人手稿上那些模糊不清的字迹一样。在最后写给朱尔·罗曼的信里,茨威格极其肯定地说,他贡献给他人的一切都来自"一种蓬勃的热情。我之所以能捕捉到他人的想象,只因为我同样沉溺于这样的想象之中,而由此产生了一种人际往来上的热络。如果没有信仰,没有热情,单凭我的头脑的话,那就像依靠拐杖走路一样"。理查德·弗里登塔尔在茨威格自杀后作出评论,认为他的作品"源自友谊……而正是由于他和朋友间亲密联系的匮乏,由于对宝贵友谊的思念……导致了他最终的结局"。

茨威格在生命即将结束之前,其实并未过多地考虑过遗产的问题。他对自己在世间残存的身外之物表示关切的唯一原因，是他热切希望自己所有的东西能有个得其所哉的好归处。在最终的几个月里，茨威格提及他感觉自己"就像济慈墓志铭中所写的那样，'声名水上书'"。但是时代要求每个人都要习惯这些观念，茨威格声称——实际上，这一原则是他思考许久，甚至是权衡许久的结果。我还记得，在和伊娃谈及茨威格的文学未来的过程中，她忽然说道，她认为茨威格对这一切的反应应该是非常的吃惊——吃惊于时至今日依旧有人在读他的作品。"我觉得他认为自己肯定会被彻底遗忘。"伊娃说。

茨威格意识到，身为一名作家就必须要持续地倾注自己的热情。同理，他也了解到，自己的声名实际上是多种因素共同作用的结果，而这些东西通过他的文字，最终传达出了时代精神的涛声。茨威格对将自己的创作同时代思潮关联到一起的关系欣然接受。就像他在一篇文章中写到的那样，"很多从根本上来说致力于让人遗忘的伟大力量，必须能同世界上的创造力旗鼓相当，互相抵消，否则世上就不会有新兴事物的容身之地——容纳过去的库房与当下的工作间肯定无法并存。"茨威格声称，最令人困惑的并不是浮名的转瞬即逝，而是每年成千上万书籍的消失。茨威格总结说，这些消失的书，肯定被埋葬在某些不知名的人家里的书架上。"就像荷马笔下那些幽魂，他们并未失去自己的人性及灵魂。这些被遗忘的昔日英雄和女英雄依旧鲜活地存在于各地，存在于那些已然褪色的封皮之下。"就这样，他们作为一种神秘的力量被保存下来，等待着未来的复活——但他们的复活只能凭借一位现世的作家对其进行发掘、修订、改写，并将自己的心血倾注其中才能实现。只有凭借另一位作家，一个全新的名字，才能使那些业已死亡的书籍重新开口讲话，茨威格这样写道。不过，在自己的文章中对这些念头进行咀嚼冥思是一回事，发现自己在去世之前就已被人遗忘又是另一回事了。茨威格在人生即将结束之前意识到自己的声名书于水上，似乎是流亡综合征的又一实例，他被迫生活在之前曾经非常欣赏的这则哲学信条之中了。

尽管如此，茨威格并未对自己将来可能会湮灭无闻表示过分忧虑，令他坐立难安的反而是像行尸走肉般活着。事实上，导致茨威格自尽最重要的原因是，他意识到自己早已身处一种与他的意愿背道而驰的生活之中，济慈的墓志铭依旧适用，他现在已经过着一种死人般的生活了。"我的精神危机在于现在我无法完成护照上的我和流亡的我的身份认同。"茨威格这样对罗曼说。茨威格当时的困境还另有原因，流亡还使他感到自己被困囿在其他人的叙述之中。这种不真实的处境，比将来会被世界彻底遗忘的可能，更令他难以承受。

正如我们之前看到的那样，茨威格在任何地方都从未有过归属感。但在纳粹崛起之前，他起码还可以使用"出于某种灵魂的需求"这一借口离家远游。茨威格渴望将那些伟大人物身上和行动之中的"秘密进行解析"，使他成为一个"飞翔的荷兰人"[1]，罗曼·罗兰这样评价，同茨威格对自己行为动机的解释几乎如出一辙。而这种渴望某天忽然发生了彻底的颠倒，外在的力量开始支配他的行

---

[1] "飞翔的荷兰人"指"飞翔的荷兰人"号幽灵船，传说这艘船一直在海上漂行，永远无法返航。瓦格纳曾将这一故事改编为歌剧《飞翔的荷兰人》，于1843年上演。

动，其他人来解析他的那些秘密——这种颠倒是令他无法忍受的。茨威格在自传中描写了他在巴斯的乡间等着英国是否要参加战争时的感受。"我当时就像所有其他人一样坐在自己的房间里，像一只苍蝇似的无法抵抗，像一只蜗牛似的没有力量。然而，那是关系到生死存亡的大事——关系到内心深处的我和未来的我，关系到我脑子里正在形成的思想，关系到已经产生和尚未产生的写作计划，关系到我的起居，关系到我的意愿，关系到我的财产，关系到我的全部生活。"除了这种焦虑，茨威格毕生在面对官僚主义时总有一种发自肺腑的恐惧。正如他在一篇文章中写到的那样，单是走进一间办公室的想法，就会引发惊慌失措的恶心和心悸，更不用说真的得走进去了。如果茨威格在1919年的感受便是如此的话，1939年战事开始后他的情况就可想而知了。茨威格自此遭遇了无数的政府官员，之后的旅行需要的文件也开始成倍地增加：身份证件、签证、票据、邀请信、指纹，还有健康证明。他在不得不携带越来越多能证明自己身份的文件时，感到自己越来越不是自己了——或者说，他感觉自己不像任何人了。个人身份的正式外化意味着内在自我的消亡。

茨威格在给朋友们的信中反反复复提到的，是他现在唯一能做的就是带着尊严离开。很多流亡者对茨威格的自杀表示震惊，更多的是对他这种懦夫般举止的气愤。他的自杀不仅证明了现如今人们对生无可恋的恐惧，从另一个方面来说，也在流亡者中激起了更多休戚相关、积极向上的人生态度。卡尔·楚克迈耶由此备受触动，发表了他在战争期间唯一一则公开的信息，一本名为《珍惜生命》（*A Call to Life*）的小册子。汉斯·纳托内克指责茨威格"最后逃避现实",却以妥协告终。"当我知道他去世时,我同样意识到自己依旧活着本身就是个奇迹。我同样属于那软弱的血脉中的一支。我接受了这个奇迹,我咬牙肩负着落到身上的绝望。我发誓要继续抗争,直至最终的胜利"。布鲁诺·弗兰克在《建筑报》上发表文章:"我们要团结起来,要从物质上和精神上去帮助其他人,这样我们在望见曙光之前就不致再失去任何一个人。"安德烈·莫洛亚发表宣言:"全世界很多有感情的人,在听闻这两个人自杀时肯定都会陷入沉思,思考这同属于我们所有人的责任,思考着创造出令斯蒂芬·茨威格无法继续在其中生活的文明所带来的耻辱。"《纽约时报》的一位编辑注意到,斯蒂芬·茨威格去世时依旧是一个没有国籍的人,他自杀的决定揭示出,实际上,"将他们驱使出去被迫流亡的"纳粹,"不仅使他们失去了古老的奥地利中最宝贵的东西,那些仁慈、艺术和学问,还将他们同文明本身隔离开来。他们成了流亡者,身上都带着该隐的烙印"。在文章的最后,这个编辑还希望茨威格的去世能让那些"对此只是一知半解的人能看在人类良心的分上,对流亡造成的问题有更切身的了解。这些人全都是我们社会的中坚力量"。

无论是愤怒,或是哀悼,茨威格的自杀都在流亡者群体之间,乃至在更广阔的人群中引发了无数的反响。他自认被击败的声明,使那些依旧在挣扎的人更加坚定了要搏出个不同的未来的决心。

我曾经与奥地利小说家芭芭拉·弗里斯穆特(Barbara Frischmuth)交谈过。芭芭拉出生于1941年,当被问及她在战后奥地利成长的经历时,她的第一个感受是"我们没有书籍"。战后奥地利仅存的书籍,芭芭拉解释说,全都是一些半法西斯主义者写的,他们可能并未杀害过任何人,但被指控为纳粹的同谋。揭示出在奥地利处于黑暗之中的这些年世界上发生了什么的书籍,也就是能为年轻人提供灵感的那种书籍,在奥地利书市根本找不到,因此当稀少的几册被侥幸发现之后,对于那些年轻人来说又太过于昂贵。芭芭拉说,这就导致了她和她的朋友凑钱买书,然后一个接一个地去读。"我们试着一起读书,"她说,"我们都感到,自己得达到欧洲的标准。"

大部分战后的孩子都希望能读到先锋文学作品。他们渴望了解超现实主义、达达主义,还有所有那些激进的运动。他们不想被过去压垮,想要某些全新的东西。但当我们的谈话转向流亡文学时,芭芭拉提到了一本根本不在此列的作品。芭芭拉说,奥地利政府在处理希特勒统治期间奥地利的历史问题时,虽然慢了半拍,但是茨威格的《昨日的世界》居然成了他们学校里的教材。《昨日的世界》最终能被列入是因为它被看作一部文学作品,而不是历史方面的著作,她补充说。不过,这本书依旧成了他们接受过的真正教育的一部分——尽管奥地利国内很少有人愿意开口,那些真正反抗过纳粹的人亦普遍选择了沉默,他们也逐渐意识到在他们的国家究竟发生了什么,芭芭拉说。茨威格的这部回忆录显然不是这些不约而同的缄默中的一员。她和她的朋友在对祖国无人倾诉的历史进行挖掘的过程中,逐渐开始抵触奥地利作为希特勒入侵的第一个国家而塑造的受害者的形象。芭芭拉说,对很多和她同时代的左翼人士来说,这导致他们对父辈的所作所为无法表示赞同,因此形成了巨大的代沟，最终导致 20 世纪 60 年代声势浩大的抗议运动。

无论如何，《昨日的世界》中的乡愁、瑕疵和一厢情愿的幻想，或许在当时也帮忙深植下不屈不挠的革命的种子。我不由想到茨威格在自传中满怀激情的观点，他将这本书看作了写给未来的信息。"如果我们能以自己的见证为下一代人留下我们经历过的时代分崩离析的真实情况，哪怕是一星半点儿，也算是我们没有完全枉度一生。"茨威格在自传的序言中这样说道。在自传的结束部分，茨威格还表示，"我们曾经拥有的一切全完了，一切业绩化为乌有"，但"有些不同的是，一个新的时代开始了"，尽管那个时代对于他来说太过遥不可及。在最后的段落中，茨威格写道，他注视着落在他前面的自己的影子，就像上一次战争的影子落在他们身处其中的这场战争的后面。茨威格推测，同样的阴影大概也笼罩着这本书的某些章节。"但是，任何阴影毕竟都是光明的产儿"，茨威格这样总结道。

光与影的关系始终困扰着茨威格——尤其是谈到作为一名作家的天职时。茨威格在书中另一处曾说过，他认为在权利和道德之间很难存在什么关联，两者之间存在的更像是某种不可逾越的鸿沟；而作家的责任就是去揭露它，反反复复地揭露它，而不应该是使用世间的暴力手段。有位评论家在评论茨威格某部短篇小说集时发现，茨威格的社会良知非常"活跃、清醒、令人不安"，但他又对"经济学、法西斯主义、共产主义、新政、英国人的顽强不屈或法国的留心等待"没有丝毫的兴趣。从内心来说，茨威格更像是"一个模棱两可的人，一个托尔斯泰主义者，一个颓废的早期基督徒"。茨威格坚信，在时代的更迭中，唯一能传承下来的真理只有潜在的可能性。"让我们到我们的政敌那里去寻求友谊,让我们的思考超越地理和历史的局限——不,让我们干脆完全不要再去思考,"他在第一次世界大战即将结束时这样写道,"我们的潜在行动的共同体,只能以感受为基础,感受自太阳和星辰出现在这混乱的世界后,人类首次遭遇到如此无情的亵渎。"在1938年的美国之旅中,茨威格曾在纽约接受了一次采访。他在采访中声称自己实际上从未真的对传记感兴趣——吸引他的从来只是那些人物身上的悲剧因素。"我一直都在避免去写成功人士,"茨威格说,"我不喜欢胜利者、大获全胜之类的,独独青睐失败者。而且,我相信艺术家的任务正是要描绘这些曾反抗过自己时代的人物,虽然他们最终成了自己罪行的牺牲品。"茨威格认为,除此之外还有另一种选择,那就是去歌颂那些因为他们个人的罪行而令千百万生灵涂炭的人物。

时至今日,当我在维也纳的街道上游逛时,这座城市的美依旧令我震撼。我爱那些新潮派的建筑,那些宏伟的公园和里面庄严的雕塑,以及每到秋日时,堆满了树底的整洁落叶,就像一堆堆的金币。维也纳很多博物馆里的艺术品都令人惊叹,而且在这座城市中依旧能听到令人心驰神往的音乐。我以旅游者或研究者的身份交谈过的人,全都非常亲切,对我帮助良多。的确,相较德国,奥地利在解决历史问题时,花费的时间要更长。我记得在我小的时候,父亲由于失去的过去而愤恨不已时,针对的从来不是德国人,而是奥地利人。那些德国人因言行"非常怪异"令他困惑,但奥地利人"则是不折不扣的混蛋"。不过最近这些年,父亲在谈论到过去时已经很少带有怒气了。而且，时至今日，在他生活之中占据最重要地位的年轻人，除了我们的家人，就是那些选择在华盛顿的大屠杀博物馆做实习生的奥地利青年人。在博物馆的实习工作，将代替他们的国民服役。他们定期来拜访父亲，围绕着他的生平提出各种各样的问题。父亲喜欢和他们一起外出用餐，而且一再惊叹他们比他接触过的美国学生拥有更高的教育水平。"他们几乎什么都懂，"父亲说时总带着一股钦佩的神色，"他们的历史知识极其广博！"父亲一生中都认为美国是世界上最伟大的国家，部分原因当然是在其他国家拒绝他们进入之后，美国慷慨地收容了他们——这是他的原话。因此，听到他这样热诚地去赞美另一个国家，自然就极其不寻常了。同样不寻常的是，这个国家居然是奥地利。

父亲现在不仅选择与奥地利言归于好，还一度想到奥地利的某个国营机构去安度晚年。如果成真的话，作为一名大屠杀的幸存者，他在那里将受到照顾。后来听朋友们说，假如他回奥地利的话，极有可能被安排到平原上某个可怕的工业城市里，而不是他们全家曾经去避暑的山中小镇。"如果是哈尔施塔特（Hallstatt）的话，"他笑着说，"或者萨尔茨堡上方任何一个风景优美的村庄——情况将截然不同！"

现如今，我已长大成人，在有机会游览维也纳的城市和乡村后，才终于明白我的父亲在谈及奥地利的美时为何会那样的心驰神往。奥地利的美简直是无以复加、庄严无比的。在撰写这本书的时候，我就多次产生搬到维也纳定居的念头。设想一下，假如每日都能欣赏到所有这些壮丽的风光——无论是人工的还是天然的……城市周边围绕的森林，那些葡萄园，还能让我的孩子在真正能学到知识的学校里接受教育——德语是首先就要面对的问题，可有何不可？到目前为止，人们不是已经处理好这些问题了吗？而那些迄今依旧没有解决的，肯定也不会被归咎到如今的年轻人身上。就我来看，他们这一代人更加聪明，更有进取心，更能肩负起社会责任。或许，现在真该认真考虑返回欧洲、返回奥地利、返回维也纳了。

这些念头一直在我的头脑中徘徊不去，因此在维也纳的最后一个星期六，我在欣赏了无数伟大的艺术，品尝过地道的咖啡后，参观了当初将希特勒拒之门外的维也纳艺术学院，它也是维也纳第一座官方的公共艺术博物馆。这里展示了许多伟大的欧洲艺术家创作的作品，其中公认的杰作是由希罗尼穆斯·波希（Hieronymus Bosch）创作的《最后的审判》（*Last Judgment*）三联画。经过一间间的展室，在走廊的尽头就能看到这幅耀眼的杰作。波希在这幅骇人画作中，扬弃了当时的圣像画风，呈现出一幅人类罪恶及其后果的全景图。通往天国的大门不见了，取而代之的是种种严厉的受惩罚的场景。画作中到处都是赤裸、憔悴的躯体在身着灰色盔甲的奇形怪状的怪兽手中遭受种种无法言表的折磨，他们被刀刃和尖棍穿透，躯体残缺不全，被火焚烧。耶稣浮现在上方的云端之中，双手仿佛天平一样摊开，表现出一种绝对的超然，似乎丝毫不会因受苦的人群产生一丝怜悯。

在这些折磨场面的背景中，点点的鬼火构成了更阴暗的因素。波希绘画的独特之处，在于除了极少数灵魂之外，几乎所有人死后都下了地狱。在最终的审判中，人性是无法被拯救的，而所谓的来世之中拥有的也只会是无尽的折磨。

当我站在这幅画作前时，自然而然就联想到了集中营。我回想起卡尔·楚克迈耶在奥地利总理向希特勒投降那夜对维也纳的描述。在他置身的街头上演的种种恐怖，貌似摧毁了人类文明的根基，楚克迈耶离奇地发现自己居然出离了恐惧，"我感到的只有愤怒、嫌恶、绝望和对自己生死的毫不在乎"，他这样写道，并补充说他之前早已见识过很多次这种狂野的暴徒行径。但即使在纳粹控制了柏林时，也没发生维也纳1938年那夜的疯狂。"在维也纳释放出来的是大量的妒忌、猜忌、怨恨、盲目、恶意地寻求报复。"楚克迈耶表示。虽然革命可能总是恐怖的，但这种恐怖"产生于真正被需要时"，还是可以理解的。"……但在今夜的维也纳，被释放出来的只有麻木的民众。他们盲目的破坏和仇恨被刻意地导向了周围被自然或理智锤炼过的一切。"

至于究竟发生了什么，楚克迈耶写道，其实非常简单，就是地狱之门大开。"地下世界打开了大门，喷出了其中最卑劣、最污秽、最恐怖的魔鬼。"维也纳那一整夜的空中满是此起彼伏的尖叫和歇斯底里的哭号。如果用一幅画来表示那夜究竟发生了什么，楚克迈耶写道，维也纳"变成了希罗尼穆斯·波希画中的一场噩梦"。

终于，我再也无法承受这些骇人的画面，沿着宽敞的石阶走出了艺术学院。我在下楼时想到，希特勒将波希的想象变成了现实，并按照种族的原罪逼人接受最终的审判。我想象着希特勒在最后一次沿着这些石阶走出维也纳艺术学院时心中的愤恨和怨怼，以及因为曾经受到的羞辱而无法平息的报复的决意。

宽恕是一种美德。维也纳也已经并非昔日的城市。维也纳的年轻人身上现在已经没有了任何背负历史的罪恶感。我默默重复着这句话，对他们充满了信心。但是很久之前发生的某些事情已经成了我们有形存在的一部分，比我们自己更强大，比整个人类都要更强大。

那天下着雨，很冷，天灰蒙蒙的。我从艺术学院前的公园穿过。公园里有一座席勒的雕塑，他手里捧着一本书，藐视般盯着眼前的维也纳。在雕塑的底座上，有一个很大的青铜质圆形浮雕。浮雕中是一张狰狞的脸孔，周遭是狂乱的头发。在头像的咽喉前，交叉着两把利刃，象征着头颅被斩下。人笑的森林之神萨提隐藏在纠结的头发中。

在不知名的情绪的驱动下——可能半是生理的因素，半是神学的因素——我又重新回到了整个旅途的起点，走向了美景宫和我父亲曾经住过的公寓。在我走向伦韦格（Rennweg）街时，雨已经停了，我父亲昔日住过的大楼就在附近。大楼原本单调的黄色外观，现在已经非常破旧。位于这个潦倒的街区，一条平凡无奇的街道，门牌号是13。我溜了进去。建筑物在刚建成的时候，里面的一切都是灰色和白色的。我脚下是灰色的瓷砖，大厅墙上点缀着白色椭圆形的条状间柱，它的顶端是灰色的圆形图案。连灯光都是白蒙蒙的，从窗户深色铁质的护栏眺望出去的天空，也发着惨白的光。弯曲的楼梯和电梯外面黑色的金属罩上都布满了蜿蜒的绿色金属脉络。

我开始爬楼梯。

斯蒂芬·茨威格对维也纳也是爱恨交织——他将它看作第一次

世界大战之后"一座处于可怕衰退中的被诅咒的都市,虽未死亡,却已腐烂不堪"。但在他自杀前的几个月,又称维也纳是一座适宜居住的文化圣地,充满了欢乐,"无拘无束,不带一丝偏见"。但维也纳落到希特勒手里时,他那种业已失去的感觉,却表达出了他对这座城市最后的论断。"我的想象力,全人类的想象力,由于1938年3月13日的野蛮行径而显得何等胆怯,何等渺小,何等可悲。"茨威格后来写道。"面具已经摘下",他说,德奥合并后的数周是他人生中最为痛苦的时光。他把某个作家朋友跳楼自杀的行为,看作是对维也纳末日"最具哲学意味"的回应。

我又想到父亲对希特勒进驻维也纳前一天的描述。在他住的大楼的正面,垂挂着长长的红色条幅。他几乎整晚都能听到窗外那些条幅在凄厉吼叫,在黎明的风中像鞭子般抽打起伏的声音。而当希特勒到来后,人群里发出的欢呼声简直震耳欲聋。这是父亲对维也纳的家的最后记忆。

每走一步,我的脚步声都在大楼里回响。我偶尔会踩到的松动瓷砖,发出清脆的声音。这里非常安静,隔着某些房门,我能听到里面传来的模糊人声,但除此之外就是寂静,令人恐惧的寂静。走廊里灯光非常昏暗,周围的一切似乎都已被冻结,而且布满了灰尘。我不停地沿着那弯曲的楼梯向上爬。我也不清楚自己为什么要这么做,但就是想不停地向上。我感觉自己仿佛成了一个幽灵,但要比幽灵更缥缈。在这里,我感受到了两种不可思议。首先,因为我的父亲在74年前被迫离开了这栋大楼;其次,如果他继续留在维也纳的话,那也将不会有我的存在。有幸存者的罪恶感,以及多亏上一代人流亡到新世界,才有自己存在的第二代的愧疚。我不停地在那灰色的石头空间里向上,最后来到了顶层。我究竟在做什么?我感觉自己好像一个盗贼,企图从现今窃取往日的时光。我想到了我的祖父母、我的父亲和他的兄弟。他的兄弟——我的名字就是取自于他,他在新世界里年纪轻轻就去世了。他们携带着能随身藏起的为数不多的财物,在某个晚上从这栋大楼悄悄地离开,离开自己的家,像罪犯一样,带着满腔的恐惧和忐忑未知,开始躲躲藏藏。他们接下来能去哪里?他们怎样才能越过边界?在他们身上又会发生什么事情?这个世界究竟怎么了?

最后我来到窗户旁。隔着结满了霜的窗玻璃,什么都看不到。窗框上的白漆剥落,掉了满地。吸引我视线的,是一张破旧的蜘蛛网垂荡的蛛丝下面,仰面躺着的带翅昆虫的尸体。所有那些长着翅膀的尸体全都一动不动地躺着。

致　谢

首先感谢我的出版商兼主编朱迪斯·古列维奇（Judith Gurewich），她兢兢业业，为这本书付出了大量的时间和精力。我非常感激她想方设法鼓励我进行更深层次的探索，也清楚地认识到，她在本书的编辑过程中是如何的全神贯注。我很幸运能有她这样一个朋友和帮手。我同样还非常感谢另一位业务精练的编辑玛乔丽·德威特（Marjorie DeWitt），她对本书的很多章节都做出了卓越的贡献。在照片收集和与文本的最佳搭配方面，泰南·寇根（Tynan Kogane）给出了大量的帮助和绝佳的建议。伊温妮·E. 卡德纳斯（Yvonne E. Cárdenas）在书稿出版过程中的许多时刻都起到了举足轻重的作用。另外，我还要感谢我的经纪人金奥（Jin Auh）的大力协助。

在本书的写作过程中，与许多朋友和家人的交谈，使我不仅更深入地理解了茨威格的人生故事，还对很多关于流亡的重大问题有了更透彻的认知。我对保罗·霍登格拉博（Paul Holdengräber）和伊尼戈·托马斯（Inigo Thomas）的帮助非常感激，是他们最早鼓励我创作这部茨威格的研究之作。保罗在我的写作过程中更是为我提供了许多参考文献，后来它们成了本书最重要的资料。作为一个从小就爱读书的维也纳流亡者，保罗挚爱茨威格的作品，与他的交谈总是令我获益良多。亚当·茨维亚诺维奇（Adam Cvijanovic）就本书中很多主要的观点，尤其是艺术与更大的、有时是更麻烦的社会经济学动态之间的关系提供了宝贵的意见。娜塔莉·德苏萨（Natalie d'Souza）对生活在不同的文化氛围与思乡情怀之间极具洞察力的观点，总会令人联想到茨威格小说在当今世界引发的共鸣。她还帮我翻译了茨威格与赫尔曼·布洛赫讨论民主未来的很多通信。桑德拉·科洛特（Sandra Kogut）针对茨威格作品中矛盾情绪的观点，帮我确立了对茨威格小说，尤其是他作品中情节问题的立场。萨尔茨堡斯蒂芬·茨威格中心的所长克莱门斯·雷诺德纳（Klemens Renoldner）在多年前曾带我进行参观，随后又对我的研究提供了许多的帮助。在写作本书的过程中，奥利弗·马图舍克（Oliver Matuschek）的协助是无价的。位于伊娃房子里的斯蒂芬·茨威格的图书馆这部分内容，主要来自斯蒂芬·马蒂亚斯（Stephen Matthias）一丝不苟的工作，非常鼓舞人心，并启发了我对茨威格自己与书籍本身之间关系的思考。希娜·纳杰菲（Sina Najafi）、沃尔夫冈·施菲尔布施（Wolfgang Schivelbusch）、阿尔农·格林贝格（Arnon Grünberg）、迈克·格林伯格（Michael Greenberg）、詹姆斯·利文斯顿（James Livingston）、劳拉·基普尼斯（Laura Kipnis）、汤姆·莱温（Tom Levin）、劳伦斯·奥斯本（Lawrence Osborne）、乔纳森·诺斯特（Jonathan Nossiter）、芭芭拉·万斯伯勒（Barbara Wansbrough）和弗雷德·考夫曼（Fred Kaufman）都曾在不同的场合下，就流亡和与茨威格有关的事宜与我进行过交谈，他们的很多观点后来都出现在了本书之中。

我父亲马丁·普罗尼克（Martin Prochnik）的流亡和难民经历，

是我写作这本书最主要的动因。我对他和我的母亲玛丽安·普罗尼克（Marian Prochnik）拥有无尽的感激之情。我的兄弟姐妹，伊丽莎白（Elisabeth）、詹姆斯（James）和伊森（Ethan）对我的工作都备加关照，并慷慨支持。对他们的友善之举，我只有愈发感激。我的兄弟伊森与爱丽丝奶奶的关系最为亲密——我对他分享爱丽丝奶奶的逸事非常感激。我的孩子们，约纳（Yona）、兹裴（Tzvi）、扎克（Zach）和拉斐尔（Rafael）是我生命中的惊喜，他们不仅是我思想的根基，并随时提醒着我，对茨威格和他的同侪为之奋斗的想象力保持敬畏之心。我希望他们将来能在这本书中发现昨日的世界和他们自己的未来之间丰富的联系。我睿智的妻子蕊贝卡·米德（Rebecca Mead）在我写作此书的过程中，从结构和条理清晰程度的角度为我构划了最细微和最宏远的图景。每当我被流亡的思绪吞噬之时，她的鼓励和温和的信任总能让我重新找回自己。

注 解

茨威格的《昨日的世界》是我在写作中经常参考的著作，它非常具有启发性，是我创作这部作品灵感的来源和参照标准。茨威格在自传中对自己私生活的细节有所保留的做法，历来被人批评，但作家语调中蕴藏的情感往往又非常直接而坦率，从而昭显了他的性格和精神状况。毕竟有技巧地隐藏私生活中的丑闻，有时反而会令真相晦涩不清。我逐渐认识到，这本书比大众认为的还要坦白。书中充满了出人意表的坦诚，只是由于其跻身于与知名知识分子的愉快会面、值得称道的美学追求和狂躁地席卷一切的社会变革之中，而总是被忽视。茨威格就个人体验所做出的令人费解的声明，连同他接触到的社会大环境，越是仔细地进行审视，越是会引人深究。我参考的《昨日的世界》英译本，是由茨威格的出版商本·W. 许布施和赫尔穆特·里帕格（Helmut Ripperger）共同翻译的。在撰写本书的后期，我有幸读到了安西娅·贝尔（Anthea Bell）的新译本（Pushkin Press，2009）。她的翻译更加活泼，语言较直白，且更容易令人信服。本书中有小部分的引用出自贝尔的版本，其他的均引自许布施的版本。

信　件

在本书的写作过程中，茨威格的通信起到了至关重要的作用。我参考了其中茨威格与弗里德里克往来的信件，其中一些已在英国出版，书名是 *Stefan and Friderike Zweig: Their Correspondence 1912–1942*，由亨利·G. 阿尔斯贝格（Henry G. Alsberg）和厄纳·麦克阿瑟（Erna MacArthur）共同翻译并编辑（Hastings House，1954）。我还参照了最近出版的德语版 *Stefan Zweig Friderike Zweig Briefwechsel 1912–1942*（S. Fischer Verlag，2006），杰弗里·B. 柏林（Jeffrey B. Berlin）与格特·克施鲍默（Gert Kerschbaumer）编辑的这本书信集资料更加全面、精确。达连·J. 戴维斯（Darién J. Davis）和奥利弗·马歇尔（Oliver Marshall）的精装版 *Stefan and Lotte Zweig's South American Letters: New York, Argentina & Brazil, 1940–1942*（Continuum，2010）也是我经常参考的作品之一，其中对茨威格生活在巴西时的具体细节和背景资料的介绍非常有价值。这本书中有一章还涉及了茨威格夫妇在纽约的生活，并引用了夫妇二人在此期间的多封书信。书中涉及的所有书信，最初使用的都是英语，即使是茨威格写给弗里德里克、本·许布施和其他通信者的。尤其是在英国与德国交战之后，使用英语写信能避免一系列审查的麻烦——这就足以让茨威格选择英语了。（洛特的英语大有进步，但仍不太规范。）我在引用时保留了书信中语法、句法和标点符号上的错误，除了某些令人困惑的错误拼写或语法错误，在确定它们没有深意后，我对其进行了改正。比如，茨威格夫妇都习惯把 New York 写成"Newyork"，我对其进行了纠正。我还把洛特嫂子的名字进行了统一。洛特总是写作"Hanna"，茨威格却习惯写成"Hannah"。除了戴维斯和马歇尔著作中茨威格夫妇与洛特家人间的通信外，我还有幸多次参观了纽约州立大学弗瑞德尼亚分校的斯蒂芬·茨威格档案馆。在档案馆中，我读到了茨威格夫妇所有出版和未出版的书信，包括他们在美国时与洛特在英国的家人之间所有的信件。档案馆的主任格尔达·莫里西（Gerda Morrissey）在很多重要的地方为我提供了无数的帮助。她不仅历经艰辛帮我搜寻各种难找的资料，还经常包容我很多时候的紧急要求，帮我在最后一刻扫描资料，她甚至还帮我翻译过许多信件。她是所有作家理想中的档案管理员，我对她的感激之情简直无法言表。在本·许布施与茨威格通信中，很多最为重要的信件都发表在杰弗里·B.柏林两篇极其重要的文章之中。二者早期的通信则出现在由杰弗里·B.柏林、杰伦·B.琼斯（Jorun B. Johns）和理查德·H.劳森（Richard H. Lawson）编著的"Some Unpublished Stefan Zweig Letters, with an Unpublished Zweig Manifesto"一文中，收录在 *Turn-of-the-Century Vienna and Its Legacy: Essays in Honor of Donald G. Daviau* 中（Edition Atelier，1993）。茨威格与许布施最新通信中的关键段落出自 *Deutsche Vierteljahrs Schrift für Literaturwissenschaft und Geistesgeschichte* 的"Schachnovelle and Die Welt von Gestern Deutsche Vierteljahrs Schrift für Literaturwissenschaft und Geistesgeschichte"一文（J.B.Metzler Verlag，1982）。我还在国会图书馆参考了本·许布施档案中本·许布施与斯蒂芬·茨威格未发表的通信。克努特·贝克（Knut Beck）和杰弗里·B.柏林共同编辑的多卷集的茨威格通信选集 *Stefan Zweig: Briefe 1932–1942*

（S. Fischer Verlag, 2005）中的最后一章对我的研究至关重要，本书中的多处引用都出自这一选集。茨威格与约瑟夫·罗斯的通信引自 *Joseph Roth: A Life in Letters*，由迈克·霍夫曼（Michael Hofmann）翻译并编辑（W. W. Norton & Co., 2012）。

茨威格出版的作品

在茨威格出版的所有作品中，对本书起到重要作用的有艾登（Eden）和锡达·保罗（Cedar Paul）翻译的 *Erasmus of Rotterdam*,（Viking Press, 1934）、*Kaleidoscope: Thirteen Stories and Novelettes*（Viking Press, 1934）、*Jewish Legends*（Markus Wiener Publishing, 1987）、*The Struggle with the Daemon: Hölderlin, Kleist, Nietzsche*（Pushkin Press, 2012）、*Mental Healers: Franz Anton Mesmer, Mary Baker Eddy, Sigmund Freud*（Viking Press, 1932）、*Joseph Fouché*（Viking Press, 1930），以及 *The Invisible Collection* 和 *Buchmendel*（Pushkin Press, 1998）。另外，还有杰斯罗·比瑟尔（Jethro Bithell）翻译的 *Émile Verhaeren*（Constable and Company, 1914），菲利斯（Phyllis）和特雷弗·布莱维特（Trevor Blewitt）翻译的 *Beware of Pity*（Pushkin Press, 2003），安西娅·贝尔（Anthea Bell）翻译的 *Twenty-four Hours in the Life of a Woman* 和 *The Royal Game*（Pushkin Press, 2003）。我在本书中引用的 *Letter from an Unknown Woman* 出自吉尔·苏特克利夫（Jill Sutcliffe）的译本和斯蒂芬·茨威格选集中的 *The Burning Secret and Other Stories*（E. P. Dutton, 1989）。*Marie Antoinette: Portrait of an Average Woman* 部分出自锡达·保罗

和艾登的译本（Viking Press，1933）。关于 *Brazil: Land of the Future* 的内容，我参照了 Viking Press 1943 年的版本和 Ariadne Press 2007 年出版的洛厄尔·A. 班格特（Lowell A. Bangerter）的最新译本。

回忆录、传记和回想录

弗里德里克·茨威格关于她丈夫的回忆录兼传记 *Stefan Zweig*（Thomas Y. Crowell Company，1946），虽然在内容上有所删减和扭曲，但仍是一部重要且生动的作品。将它与较严谨的作品进行参照阅读，会对茨威格的性格有更多更深刻的理解。我同样还利用了很多了解茨威格的人写的回忆录，其中就有由克里斯托贝尔·福勒（Christobel Fowler）翻译，汉斯·阿伦斯（Hanns Arens）编辑的 *Stefan Zweig: A Tribute to His Life and Work*（W. H. Allen，1951）中的许多文章。汉斯·阿伦斯编辑的 *Der große Europäer: Stefan Zweig*（Kindler Verlag，1956）是一部规模更大的回忆录，我使用到的约阿希姆·马斯、克劳斯·曼、托马斯·曼和伊姆加德·科伊恩对茨威格文章的评价都出自此书。

我同样对很多学者和传记作家的工作表示感激。他们先前所做的档案搜集工作和极具洞察力的视角，对我作品中的观点和视野起到了至关重要的作用。唐纳德·普拉特（Donald Prater）的优秀作品 *European of Yesterday: A Biography of Stefan Zweig*（Oxford University Press，1972）是极为宝贵的资料，尤其是他在行文过程中节选的数量惊人的信件。任何有兴趣全面了解茨威格人生轨迹的读者，都应去读这部罕见的哀伤之作。奥利弗·马图舍克所著的

Three Lives：A Biography of Stefan Zweig，在我撰写这本书时由艾伦·布伦登（Allan Blunden）翻译出版（Pushkin Press，2011）。马图舍克这一版本提供了许多宝贵的传记方面的新资料，并对茨威格的人生进行了批评解读。普拉特的著作是在他与弗里德里克·茨威格谈话的基础上形成的，他受益于此，同样也因为与弗里德里克的关系而不可避免地有所偏颇。奥利弗·马图舍克的著作则无此局限，在反映茨威格人生的客观性和范围方面是毋庸置疑的典范之作。在马图舍克的这部著作出版之前，他早就慷慨地为我提供了很多学术上的帮助。他引导并协助我找到了许多靠我自己根本无法获得的资料，而且他渊博的学识和慷慨大方令我感激不尽。

我同样还要感谢伊娃·阿尔特曼，她向我讲述的往事和深刻的见解帮我更透彻地理解了茨威格夫妇的故事。

章节参考文献

下面要列举的参考资料并不是意在无所不包。我努力列举本书写作过程中使用到的参考资料，目的有二：一是通过指出我引用的资料和论点背后的重要文献，力求展现出本书最终成稿大大得益于他人的工作成果；二是想为那些感兴趣的读者列出重要原始资料的索引。

前　言

在本书的开篇，我引用了戴维斯和马歇尔的 *Stefan and Lotte Zweig's South American Letters：New York，Argentina & Brazil，*

1940—1942，并使用了其中提到的背景资料。茨威格在信中使用"原始"一词，不仅用来形容他们在彼得罗波利斯家中的午餐，同样还用它来定义他们在巴西生活中的许多其他因素。茨威格日记中有关蒙田的笔记出自普拉特的作品，是作家向安德烈·莫洛亚描述流亡过程时使用的评价。茨威格在给弗朗茨和阿尔玛·韦尔费尔写的一封信里，提到了"将奥地利翻译为一种热带的语言"，这出自贝克和柏林的 *Stefan Zweig: Briefe 1932–1942*。约瑟夫·罗斯对奥地利的爱国热情引自弗里德里克关于茨威格的传记。朱尔·罗曼对茨威格在奥西宁住宅的描写出自他的文章 "Derniers mois et Dernières lettres de Stefan Zweig"，发表在 *La Revue de Paris* 第62期2月版（1955）。克劳斯·曼在自传中描述他与斯蒂芬·茨威格在纽约街头的会面，出自曼的自传 *The Turning Point*（L.B.Fischer，1942）。在被收入 *Der große Europäer: Stefan Zweig* 中的 "Er war ein Verzweifelter" 一文里，曼对那次会面进行了更加细致的描述。*The Turning Point* 还为我提供了茨威格关于1930年德国大选的反应。卡尔·楚克迈耶关于自己在佛蒙特的生活和与茨威格共进晚餐的描述，出自他的自传和随笔。楚克迈耶的自传名为 *A Part of Myself: Portrait of an Epoch*，由理查德和克拉拉·温斯顿（Clara Winston）翻译（Harcourt Brace Jovanovich，1970）。"Did You Know Stefan Zweig?" 被收入阿伦斯的 *Der große Europäer: Stefan Zweig* 中。布鲁诺·瓦尔特部分出自布鲁诺·瓦尔特的 *Theme and Variations: An Autobiography*，由詹姆斯·A.高尔斯顿（James A. Galston）翻译（Alfred A. Knopf，1946）。有关亨利希·曼的资料出自沃尔夫冈·施菲尔布施所著的 *The Culture of Defeat: On National*

Trauma, Mourning, and Recovery，由杰弗逊·S.蔡斯（Jefferson S. Chase）翻译（Picador，2004），在我这本书的很多衔接之处起到了非常大的帮助。关于茨威格在奥西宁的房子和所处市郊的资料，来自奥西宁历史学会（Ossining Historical Society）的档案，尤其要感谢学会中乐于助人的会长。"典型的美式狂欢"这一说法，出自莫里斯·R.戴维（Maurice R. Davie）的 *Refugees in America: Report of the Committee for the Study of Recent Immigration from Europe*（Yale University Press，1947）。马克斯·布洛德对茨威格单身公寓的评价，引自 *Der große Europäer: Stefan Zweig* 中布洛德的文章"Erinnerungen au Stefan Zweig"，马图舍克的传记同样也引用了这个评价。茨威格在哈莱姆街租住公寓的氛围和"夹缝中的生活"出自希尔德·施皮尔的回忆录 *The Dark and the Bright*，由克莉斯汀·沙特尔沃思（Christine Shuttleworth）翻译（Ariadne Press，2007）。理查德·弗里登塔尔在一次名为"Stefan Zweig and Humanism"的讲座中，提到了茨威格从历史上其他著名的流亡中汲取安慰的事情，收录在 *Der große Europäer: Stefan Zweig* 中。茨威格决心在皮卡迪利广场寻找世界的中心一事，最早出现在1939年朱尔·罗曼在巴黎关于茨威格的告别演讲"Stefan Zweig: Great European"中，由詹姆斯·怀特尔（James Whitall）翻译（Viking Press，1941）。格舒姆·肖勒姆对德裔犹太作家的评价出自他的讲座"Jews and Germans"，被收录在 *On Jews and Judaism in Crisis*，维尔纳·J.丹豪泽（Werner J. Dannhauser）负责编辑（Paul Dry Books，2012）。另外，我还要感谢克里斯蒂安·威特－多灵（Christian Witt-Dörring）对维也纳深刻的了解，他帮我解释了席勒雕塑上那个

浮雕的含义，这个过程同样少不了迈克·休伊（Michael Huey）的鼎力协助。

第一章

本书中描述的鸡尾酒会，来自茨威格夫妇与洛特家人间的通信、洛特一则没有发表的日记（奥利弗·马图舍克分享给我的资料）和茨威格的文章"The Spirit of New York"，这是我在 1936 年 12 月 20 日的 *Stockholms Dagblad* 上找到的瑞典语版本，莫妮卡·洛夫格伦（Monica Löfgren）帮我翻译成英语。克劳斯·曼对茨威格在聚会上风度的描写，出自 *Der große Europäer: Stefan Zweig* 中的 "Er war ein Verzweifelter"。关于流亡者数量日益增加，使外界改变了对他们观感的看法，引用自唐纳德·彼得森·肯特（Donald Peterson Kent）的 *The Refugee Intellectual: The Americanization of the Immigrants of 1933–1945*（Columbia University Press，1953）。茨威格抱怨住在纽约很多地方时必须应对数量众多的人，我直接引自茨威格写给弗里德里克的信。关于茨威格晚年收集的乐谱，我的主要参考资料是哈利·佐恩（Harry Zohn）发表在 *The Juilliard Review*（1956 年春季版）上的专题论文 "Music in Stefan Zweig's Last Years: Some Unpublished Letters"。对维也纳中松散的阶级界限的评论，及茨威格走到哪里都能营造出一种文学氛围的能力和维也纳人性格中典型的多样性，都出自克劳斯·曼发表在 *Free World*（1942 年 4 月）上的文章 "Victims of Fascism: Stefan Zweig"。沃尔特·鲍尔对茨威格精神生活的评价，出自 "Stefan Zweig the European"，同样被阿伦斯收录。茨威格对萨尔茨堡的评价，出自"Salzburg: The Framed Town"，由威尔·斯通（Will Stone）翻译，被收入 *Stefan Zweig Journeys*（Hesperus Press，2010）中。对纽约氛围的描绘，我参考了那个时期发表在报纸上的很多文章，包括亨利·N.多瑞斯（Henry N. Dorriss）发表在《纽约时报》上的三篇文章，分别是1941年6月3日的"Says Spies Infest Forts in City Area"，1940年10月4日的"Says Bund Mapped Wall St. Hangings" 和1939年2月21日的"22000 Nazis Hold Rally in Garden, Police Check Foes"。夏尔·博杜安对茨威格的观察，及茨威格与埃里希·埃贝迈尔通信中有关内心改变和渴望平衡物的内容，引自普拉特的作品。普拉特很有可能是从弗里德里克那里得到的消息，也正是他爆出茨威格在纽约时接受了抗老化的激素治疗。楚克迈耶回忆自己与茨威格的交流和对美国自然的描述，出自他的自传。对楚克迈耶的头部和非常健谈的评价，都出自埃利亚斯·卡内蒂的 *The Play of the Eyes*，由拉尔夫·曼海姆（Ralph Manheim）翻译（Farrar, Straus and Giroux，1986）。在流亡与美国乡村关系的理解上，以及流亡者对新世界很多方面的反应，我都受益于安东尼·海尔布（Anthony Heilbut）精彩的 *Exiled in Paradise*（Viking Press，1983）。我在描写那个时期的基本信息时，主要参考了赫尔穆特·F.普凡纳（Helmut F. Pfanner）的 *Exile in New York: German and Austrian Writers After 1933*（Wayne State University Press，1983）。托马斯·曼讲述的茨威格慷慨大度的逸事，出自他的文章"Stefan Zweig zum zehnten Todestag 1952"，被阿伦斯收录。卡特娅·古特曼（Katja Guttman）帮我翻译了这篇文章，还有茨威格在1941年6月5日写给保罗·策希的信。这封信出自贝克和柏林合著的 *Stefan*

Zweig: Briefe 1932–1942。关于萨尔茨堡音乐节的情景我看了很多当时的报道,其中有弗里德里克·T. 伯查尔(Frederick T. Birchall)1933 年 8 月 4 日发表在《纽约时报》上的 "Salzburg Idolizes Bruno Walter, Ousted by Nazis as 'Non-Aryan'",还有 1933 年 7 月 31 日刊登在《纽约时报》上的文章 "Austrians Indignant"。茨威格将难民的经历与奥德修斯相比较一节,出自罗伯特·冯·盖尔德(Robert Van Gelder)1940 年 7 月 28 日发表在《纽约时报》上的文章 "The Future of Writing in a World at War"。关于"被剥夺了身份的奥德修斯"一句,作者不详,不过出自本杰明·阿佩尔(Benjamin Appel)在 1940 年 10 月 19 日刊载于 The Saturday Review of Literature 的 "The Exiled Writers"。汉娜·阿伦特对"尤利西斯般的流浪者"的分析,见于她的文章 "We Refugees",再版时被收录到汉娜·阿伦特的 The Jewish Writings 中,由杰罗姆·科恩(Jerome Kohn)和罗恩·H. 费尔德曼(Ron H. Feldman)编辑(Schocken Books, 2007)。马丁·贡佩尔特的所有引用,都出自他杰出的自传 First Papers,由海因茨(Heinz)和露丝·诺登(Ruth Norden)翻译(Duell, Sloan and Pearce, 1941)。茨威格开玩笑说自己能负担得起流亡一事,引自理查德·达夫(Richard Dove)资料丰富的著作 Journey of No Return: Five German-Speaking Literary Exiles in Britain, 1933–1945(Libris, 2000),其中还涵括了茨威格与罗兰之间许多的交流,对本书亦非常重要。布莱希特对领事馆荒唐的嘲笑,出自他的剧作 Conversations in Exile。我在作品中引用的古斯塔夫·安德森的话,转载于 2001 年第一期第 14 卷的 Journal of Refugee Studies 上艾伦·D. 德桑蒂斯(Alan D. Desantis)的 "Caught Between Two

Worlds: Bakhtin's Dialogism in the Exile Experience"。茨威格在写给朱尔·罗曼的信中提及了青春之泉，出自罗曼的"Derniers Mois et Dernières Lettres de Stefan Zweig"。汉斯·纳托内克认为"曼哈顿就是美国的字母表"这一说法，来自他奇特的、令人惊叹的回忆录（悲哀的是，现今几乎已经绝版了）*In Search of Myself*（G. P. Putnam's Sons，1943）。克劳德·列维-斯特劳斯的评论，及本书第二章中他的其他观察，均出自他的文章"New York in 1941"，被收录到文集 *The View from Afar* 中，由约阿希姆·纽格罗斯契（Joachim Neugroschel）和菲比·霍斯（Phoebe Hoss）共同翻译（The University of Chicago Press，1985）。

第二章

茨威格对纽约大都会歌剧院里情景的评价引自马图舍克的作品。刘希勒的嘲笑及（路德维希·马尔库塞[Ludwig Marcuse]）指责茨威格是一个伊壁鸠鲁主义者，均出自霍夫曼的 *Joseph Roth: A Life in Letters* 中收录的茨威格与罗斯的通信。茨威格1935年在纽约召开的记者招待会的完整报道，可以在犹太电讯社的网站上查看，1935年1月31日亨利·W. 利维（Henry W. Levy）的"Stefan Zweig Tells Plan for Review, Says Folks Don't Trust Intellectuals"，网址是www.jta.org/1935/01/31/archive/stefan-zweig-tells-plan-for-review- says-folks-dont-trust-intellectuals。布雷宁在"The Tragedy of Stefan Zweig"中总结了他在记者会上对茨威格言论的回应及随后在酒店房间里对茨威格的采访，发表在 *The National Jewish Monthly*（1942年4月）上。茨威格在写给约瑟夫·莱福特维奇的信中，提到了依旧还留在德国的犹太人是某种人质的观点，被莱福特维奇使用到他资料丰富、多层次的研究文章"Stefan Zweig and the World of Yesterday"中，此文收录于 Year Book Ⅲ of the Leo Baeck Institute（East and West Library，1958）。茨威格最终没有完成的那份声明，被柏林精彩的随笔"The Struggle for Survival—From Hitler's Appointment to the Nazi Book-Burnings: Some Unpublished Stefan Zweig Letters, with an Unpublished Manifesto"转载。在描述茨威格1938年的美国之行时，我使用了洛特·茨威格未发表的这段时期的日记。非常感谢奥利弗·马图舍克为我慷慨提供的这份资料，在涉及难民们想从茨威格处得到经济援助及作家对这一要求的反应的部分，马图舍克向我分享了很多他在这方面的书信研究成果。关于棉花俱乐部的新形象，可以参见1936年9月26日《纽约时报》上的文章"Night Club Notes"。本书中关于那个时期夜总会的其他资料，比如我提到彩虹厅里那些的社交名人等，都来自 Fortune 杂志1936年3月第13卷第3期上的一篇作者不详的文章"Manhattan Night Life"。柯蒂斯对茨威格的采访出自托马斯·奎因·柯蒂斯的"Stefan Zweig"，发表在 Books Abroad 的第13卷第4期（1939年秋）。茨威格在给汉娜和曼弗雷德的信里描写了纽黑文的风光，在给弗里德里克的信里也提到过。本书中引用的纳托内克对难民恐慌情绪的描写，出自他的随笔"The Last Day in Europe"，后来被马克·M. 安德森（Mark M.Anderson）编辑的 Hitler's Exiles: Personal Stories of the Flight from Nazi Germany to America（The New Press，1998）收录。纳托内克其他的资料，均出自他的回忆录。茨威格关于"无足轻重的人"的评价，出自一封写给罗兰的信，后来被达夫在自己的作品中引用。茨威格将流亡者比作狗，引自普拉特收录的一篇未发表的演讲稿，现保存在纽约州立大学弗瑞德尼亚分校。福伊希特万格的话出自他的随笔"The Grandeur and Misery of Exile"，被安德森收录。关于纽约犯罪率剧增的报道有很多，比如1940年11月12日的《纽约时报》上刊登的"Big Rise in Crime is Reported Here"。本书中引用的加缪的评论，出自他的随笔"The Rains of New York"，后来被收录到 Lyrical and Critical Essays 一书，由埃伦·康罗伊·肯尼迪（Ellen Conroy Kennedy）翻译，菲利普·索迪（Philip Thody）编辑（Vintage Books，1970）。埃里希·卡勒尔精彩的文章"Collectividualists"发表在 The Saturday Review of Literature 向流亡作家致敬的特刊上，于1940年10月19日出版。布莱希特认为流亡者难以继续保持希望的说法，在海尔布特（Heilbut）的著作中有所引述。希尔德·施皮尔关于真正美国的观察，出自她的小说 The Darkened Room（Methuen & Co.，1961）。

第三章

茨威格认为书比人更好的观点，出自他写给弗里德里克的一封信。维克多·克莱普勒有关纳粹德国的犹太人藏书的评价，及对本书来说许多非常重要的观点，出自他的著作 The Language of the Third Reich: LTI—Lingua Tertii Imperii，由马丁·布雷迪（Martin Brady）翻译（Continuum，2006）。哈利·佐恩翻译的茨威格的文章"Thanks to Books"的英语版，刊载在1958年2月8日的 Saturday Review 上。弗莱彻对茨威格单身公寓的回忆随笔，被收录在由埃里希·菲茨鲍尔（Erich Fitzbauer）编辑的 Stefan Zweig—Spiegelungen *einer schöpferischen Persönlichkeit*（Bergland Verlag，1959）一书中。茨威格在自传中提到自己 1922 年时生活的简短话语，连同他年轻时写给弗莱彻的信和丰塔纳认为茨威格是一个偷窥者的评价，都来自马图舍克的作品。雕刻家安布罗西的信及茨威格自认对性欲并不贪婪的评价，引自普拉特的随笔 "Zweig and the Vienna of Yesterday"，被收录到由柏林、约翰斯和劳森编辑的 *Turn-of-the-Century Vienna and Its Legacy* 一书中。普拉特根据对弗里德里克的访谈所做的笔记虽没出版，但里面提到了弗里德里克认为茨威格并不是"唐璜"，他在文章 "Stefan Zweig" 中提出，弗里德里克认为茨威格拒绝要孩子的原因是出于对疯狂的恐惧，这篇文章被收录到约翰·M. 施帕勒克（John M. Spalek）和罗伯特·F. 贝尔（Robert F. Bell）编辑的 *Exile: The Writer's Experience*（University of North Carolina Press，1982）中。对德国和奥地利国内自杀事件的增多，我参考了很多新闻报道，其中就有达西·比尔克勒（Darcy Buerkle）引人入胜的文章 "Historical Effacements: Facing Charlotte Salomon"，被迈克尔·P. 斯坦伯格（Michael P. Steinberg）和莫妮卡·波恩－杜贞（Monica Bohm-Duchen）收录到 *Reading Charlotte Salomon*（Cornell University Press，2006）中。希尔德·施皮尔就战后返回维也纳而写就的优美的著作 *Return to Vienna: A Journal*，由克莉斯汀·沙特尔沃思翻译（Ariadne Press，2011）。希尔德在文中写到，她非常高兴她的孩子能在英国长大。盖格尔散播的茨威格在动物园附近裸露下体的故事，出自 *Memorie di un Veneziano*（Vallecchi Editore，1958）。罗曼对茨威格质问风格的观察和茨威格承认自己身上存在激情，都出自罗曼的 *Stefan Zweig: Great*

European。茨威格对奥地利人宿命论方面的观察，引自奥托·萨里克的非常重要的纪念文章"Stefan Zweig—A Jewish Tragedy"，被阿伦斯收录。克劳斯·曼对茨威格谦逊的野心的评价，出自他的随笔"Free World"。弗里德里克认为茨威格对个人乐趣的兴致缺缺，连同她和茨威格之间感情的经历及他们如何搬到萨尔茨堡居住的事宜，都出自她撰写的关于茨威格的回忆录。贡布里希认为只有在音乐界不存在反犹情绪的观点，出自 *Strangers at Home and Abroad: Recollections of Austrian Jews Who Escaped Hitler*，由埃瓦尔德·奥泽斯（Ewald Oscrs）翻译，阿道夫·维默尔（Adi Wimmer）编辑（McFarland & Company，2000）。关于维也纳在基督教节日前后的反犹氛围，出自理查德·S.吉何（Richard S.Geehr）的 *Karl Lueger: Mayor of Fin de Siècle Vienna*（Wayne State University Press，1990）。维也纳议会中的恶行，引自乔治·E.伯克利（George E. Berkley）令人眼界大开的著作 *Vienna and Its Jews: The Tragedy of Success, 1880–1980s*（Madison Books，1988）。对茨威格家族的犹太血统最全面的叙述，出自利奥·斯皮策（Leo Spitzer）的 *Lives in Between: Assimilation and Marginality in Austria, Brazil, West Africa 1780–1945*（Cambridge University Press，1989）。莱福特维奇引用了大卫·埃文（David Ewen）对茨威格的访谈内容，茨威格提到他总是极其关注犹太人问题的观点。

第四章

卡尔·E.休斯克（Carl E.Schorske）的 *Fin-de-Siècle Vienna: Politics and Culture*（Vintage Books，1981）对我而言是一部必不可

少的参考文献，尤其是作品中介绍了深刻影响茨威格及其同时代人狂热的艺术创造和政治上剥夺公民选举权的奇怪浪潮。本书中涉及希特勒的《我的奋斗》，使用的是迈克尔·福特（Michael Ford）的译本（Elite Minds, 2009）。阿尔弗雷德·茨威格把他父母的社交圈子称作最高阶层的犹太中产阶级一说，出自马图舍克的作品。茨威格把历史比作洋蓟，出自他本计划在 1939 年斯德哥尔摩举办的国际笔会会议上的讲话稿，会议的主题是"History as an Artist"，但因为战争的爆发，会议最终取消了。弗里德里克提及的茨威格曾将书看作是"少量的沉默"，出自她撰写的茨威格传记。茨威格后来在写给威特科斯基（Wittkowski）的一封信里，把写作看作了鸦片和大麻，出自普拉特的随笔，后来被收录到施帕勒克和贝尔的 Exile: The Writer's Experience 中。茨威格表示自己"看重安宁和沉默"的信件，以及 1934 年写给施格勒那封非常重要的信件，均出自普拉特。福斯特对茨威格《鹿特丹的伊拉斯谟》的评价，见于 The B.B.C. Talks of E.M. Forster 1929–1960，由玛丽·拉戈（Mary Lago）、琳达·K. 休斯（Linda K. Hughes）和伊丽莎白·麦克劳德·沃尔斯（Elizabeth Macleod Walls）编辑（University of Missouri Press, 2008）。关于《鹿特丹的伊拉斯谟》在美国引发的反响，我参考了很多资料，比如《纽约时报》在 1934 年 11 月 4 日刊登的珀西·哈奇森（Percy Hutchison）的"Stefan Zweig's Life of Erasmus"。欧文·豪（Irving Howe）在与埃利泽·格林伯格（Eliezer Greenberg）共同编辑的 A Treasury of Yiddish Stories（Viking Press, 1954）的引言里，在涉及意第绪文学时使用了"无能为力的美德"一词。古斯蒂努斯·安布罗西将茨威格称作"一个人类灵魂不朽的朝圣者",引自哈利·佐恩的"The Burning Secret of Stephen Branch, or A Cautionary Tale About a Physician Who Could not Heal Himself",被收录到马里恩·索南费尔德（Marion Sonnenfeld）编辑的 *Stefan Zweig: The World of Yesterday's Humanist Today*, *Proceedings of the Stefan Zweig Symposium*（State University of New York Press, 1983）中。韦尔费尔在谈及复仇时茨威格的嘴唇霎时发白一事，出自韦尔费尔的回忆文章"Stefan Zweig's Death"，被阿伦斯收录。本书中引用的"德国少年团"出自艾丽卡·曼的震撼之作 *School for Barbarians*，由穆里尔·鲁凯泽（Muriel Rukeyser）翻译（Modern Age Books, 1938）。曼对希特勒全面改造德国教育体系的讲述，对理解纳粹现象的产生至关重要。本书中使用到的茨威格第一篇谈及赫茨尔的文章，以及他与马丁·布伯的通信，均出自迈克尔·斯坦尼斯罗斯基（Michael Stanislawski）的文集 *Autobiographical Jews: Essays in Jewish Self-Fashioning*（University of Washington Press, 2004）中的文章 "Autobiography as Farewell I"。克劳斯对犹太复国主义的评价，出自哈利·佐恩的 *Karl Kraus*（Twayne Publishers, 1971）。茨威格对犹太人神圣使命的评价，应该出自他对罗曼·罗兰的研究之作，这部分的内容章节名为"The Jews"，是对罗兰的《约翰·克里斯朵夫》（*Jean Christophe*）研究的一部分。慕尼黑博物馆里发生的事情，出自萨里克，被阿伦斯收录。

第五章

菲茨杰拉德的妻子泽尔达在1930年写给丈夫的一封信里，说到过比特摩尔酒店的气味像棉花糖。本章中对国际笔会的讲述，我参考的是刊载于 1941 年 5 月 16 日《纽约时报》上的"1000 Authors Here Defy Nazi Power",以及《建筑报》1941 年 5 月 16 日上发表的茨威格演讲稿的德语版,卡特娅·古特曼(Katja Guttman)帮我做了翻译。舍雷尔转述并评价的塔西佗作品中的故事,以及本章中提到的"fanatisch"一词变迁的分析,都出自克莱普勒的 *The Language of the Third Reich*。罗曼认为茨威格把德国当作他"理性祖国"的说法,出自他的 *Stefan Zweig: Great European*。斯科勒姆认为像茨威格这样的作家容易受到那种可怕的幻觉的影响,出自他的文章"Walter Benjamin",被丹豪泽收录在 *On Jews and Judaism in Crisis* 之中。茨威格认为奥地利人性格中混杂的斯拉夫民族的因素具有其"合理性"的说法,是他向恩斯特·费德提及的,出现在费德的"Stefan Zweig's Last Days"中,被阿伦斯收录。关于希特勒的声音,我参考了库尔特·G. 卢戴克(Kurt G. Ludecke)的 *I Knew Hitler*(Charles Scribner's Sons,1937),埃米尔·伦吉尔(Emil Lengyel)1933 年 2 月 5 日发表在《纽约时报》上的文章"Hitler at the Top of His Dizzy Path"。恩斯特·克里斯对希特勒口号的分析出自《纽约时报》1940 年 12 月 8 日的文章"Expert Analyzes Nazi Propaganda"。菲特尔对茨威格拉丁风格的评价,出自他的随笔"Farewell to Stefan Zweig",被阿伦斯收录。爱米莉亚·冯·恩德对维也纳种族的分析,应该出自她的"Literary Vienna",发表在 1913 年 10 月的 *The Bookman* 上。阿伦特与君特·高斯(Günter Gaus)的谈话是在 1964 年 10 月 28 日,谈话内容见阿伦特的文集 *Essays in Understanding: 1930–1954*,由杰罗姆·科恩(Jerome Kohn)编辑(Harcourt, Brace & Co., 1994)。希尔德·施皮尔对纽约上西城流亡者聚会的描述，出自 The Darkened Room。我为了描写茨威格在英国遭遇的社会大环境，参考了达夫对当时英国难民困境的描写，达夫的书中记录了茨威格写给费利克斯·布劳恩的信，茨威格在信中说自己是没有宗教信仰的犹太人。安娜·弗洛伊德和米里亚姆·比尔-霍夫曼·伦斯一起聆听了茨威格在弗洛伊德葬礼上的悼词，出自伊丽莎白·杨布路厄（Elisabeth Young-Bruehl）的 Anna Freud: A Biography（Sheridan Books，2008）。我在本书中使用的斯蒂芬·茨威格日记的版本是 Tagebücher（S. Fischer Verlag，1984）。我引用的茨威格在巴斯时的日记，最初就是用英语写的。

第六章

年轻的流亡者痛惜美国没有地道的咖啡馆，出自格哈特·森格尔（Gerhart Saenger）的 Today's Refugees, Tomorrow's Citizens: A Story of Americanization（Harper & Brothers，1941）。茨威格发现纽约一直处于运动之中，与咖啡馆精神背道而驰，出自"The Spirit of New York"。弗里茨·威特尔斯对维也纳咖啡馆的评价，见于爱德华·蒂姆斯（Edward Timms）编辑的 Freud and the Child Woman: The Memoirs of Fritz Wittels（Yale University Press，1994）。萨里克提到了茨威格与托洛茨基都曾到过中央咖啡馆。埃贝迈尔的信件，引自普拉特的作品。希尔达·杜利特尔对女王酒店前散落的纳粹传单的描述，出自 Tribute to Freud: Writing on the Wall—Advent（New Directions，1974）。约翰·龚特尔的 Inside Europe（Harper & Brothers，1938）里写到了那则流行的笑话，为反映奥地利在20世纪30年代政治上的软弱，提供了形象的证据。施皮尔将 1934 年 2 月同西班牙内战进行历史上的类比，出自 *The Dark and the Bright*。卡内蒂在 *The Play of the Eyes* 讲述了卡内蒂、布洛赫和茨威格之间发生的那件事。约翰·龚特尔在他影响极大的文章"Dateline Vienna"中写到了他努力在帝国咖啡馆的报纸上寻找有关维也纳的新闻，文章于 1935 年 7 月发表在 *Harper's Magazine* 上。我在对这个时期进行探究的过程中，黛博拉·福尔摩斯（Deborah Holmes）和丽莎·西尔弗曼（Lisa Silverman）一起编辑的 *Interwar Vienna: Culture Between Modernity and Tradition*（Camden House，2009）为我提供了许多重要的信息和参考。卡尔·克劳斯在"The Demolished Literature"中描述了格林斯坦特尔咖啡馆常客的特征，后被收录到价值重大的文集 *The Viennese Coffeehouse Wits: 1890–1938* 中，由哈罗德·B. 西格尔（Harold B. Segal）翻译并编辑（Purdue University Press，1995）。克劳斯把茨威格和路德维希描述为"文化的电梯"，出自他的文章"Pretiosen"，发表在 1926 年 6 月的《火炬》上。关于"犹太人理解了什么是反犹主义之后，维也纳的反犹主义才流行了起来"的这则笑话，出自伯克利。茨威格在战时的宣传——连同他维也纳同代人的那些宣传资料——出自爱德华·蒂姆斯的 *Karl Kraus: Apocalyptic Satirist, Culture and Catastrophe in Habsburg Vienna*（Yale University Press，1986）。穆齐尔对克劳斯的观察，出自沃尔特·考夫曼与埃里希·卡勒尔之间的通信，后来被发表在 1973 年 8 月 9 日的 *The New York Review of Books* 上。罗斯对战败那一代人的描绘，应该是出自他的小说 *The Emperor's Tomb*，由约翰·霍尔（John Hoare）翻译（Overlook Press，2002）。关于希特勒回到帝国酒店的记录，出自皮埃尔·J. 胡斯（Pierre J. Huss）的 *Heil! and Farewell*（Herbert Jenkins，1943）。

第七章

本书中有关茨威格思考该到何处安顿一事，我的主要资料来源是茨威格写给许布施和洛特家人的信件。房龙的家庭和作为难民经历的背景资料，来自罗伯特·范·格尔德（Robert Van Gelder）讲述房龙生平故事的 "Van Loon, the Man Who Can't Say No"，发表于 1941 年 5 月 14 日的 *The Milwaukee Journal*。房龙对茨威格到他长岛海峡的家来拜访的描述，以及他努力帮茨威格寻找合适的房子的事情，出自他与本·许布施的通信。戴维（Davie）所著的 *Refugees in America: Report of the Committee for the Study of Recent Immigration from Europe* 的前几章里对希特勒统治的国家里迅速发展的事件如何影响到了国际上的难民政策，进行了扼要的总结。这章中介绍的美国国内针对百货公司爆发的有计划的"政治诽谤运动"，和越来越多的美国人由于难民而引发的经济上的恐慌，对我同样非常有参考价值。关于经济上的恐慌，我还参考了森格尔（Saenger）和唐纳德·彼得森·肯特（Donald Peterson Kent）的 *The Refugee Intellectual: The Americanization of the Immigrants of 1933–1945*（Columbia University Press，1953）。这几部作品中都包含了很多辛酸的个体实例，我引用的匹兹堡那个绘图员的故事，取自肯特。关于犹太人大批地流亡到美国的整体时空背景，我还参考了索尔·S. 弗里德曼（Saul S. Friedman）的 *No Haven for the Oppressed: United States Policy Toward Jewish Refugees, 1938–1945*（Wayne State

University Press，1971）。克劳斯和艾丽卡·曼对难民经历的观察，出自他们合作的 *Escape to Life*（Houghton Mifflin，1939）。戴斯蒙德·弗劳尔斯对茨威格听闻法国陷落后反应的讲述，出自普拉特未出版的演讲"Stefan Zweig"。关于儿童难民和纳粹屠杀的儿童数据的统计，引自格哈德·索内特（Gerhard Sonnert）和杰拉尔德·霍尔顿（Gerald Holton）极具启发性的研究专著 *What Happened to the Children Who Fled Nazi Persecution*（Palgrave Macmillan，2006）。莱福特维奇引用了茨威格在巴西一个为战争中的犹太受害者举行的募捐集会上的演讲，茨威格在这次演讲中明确指出，在幸存者之中普遍缺乏同情心。茨威格为了"一丝拉丁的愉悦"而离开英国，见自罗曼 1939 年的演讲。奥尔德斯·赫胥黎和托马斯·曼对法国萨纳里那些难民生活的印象，我主要参考的是西比尔·贝德福德的 *Aldous Huxley: A Biography*（Alfred A. Knopf/Harper & Row，1971）。茨威格对 1930 年德国大选结果的误解及曼对此的反应，都出自曼的 *The Turning Point*。茨威格到安提布岬去的具体细节，除了弗里德里克在关于茨威格的传记里写到的那些外，还出现在弗里德里克写的关于茨威格的一篇文章中，被收录到哈利·佐恩编辑的文集 *Greatness Revisited*（Branden Press，1971）中。弗里德里克对洛特写给茨威格的情书的打字版本，被收藏在纽约州立大学弗瑞德尼亚分校。奥利弗·马图舍克向我提供的茨威格在与洛特的婚外情的第一阶段时开始把洛特同伦敦联系到一起的见解令我万分感激。阿尔弗雷德·波尔加提到的厄瓜多尔的逸事，出自艾丽卡和克劳斯·曼的 *Escape to Freedom*。

第八章

我非常感谢奥西宁历史学会的主席诺姆·麦克唐纳（Norm Macdonald），他回答了我提出的无数个关于茨威格夫妇在奥西宁生活的问题，还向我介绍了奥西宁在20世纪三四十年代的整体背景资料。我还参考了奥西宁历史学会创作的美国形象系列丛书里的 *Ossining Remembered*（Arcadia Publishing，1999）。我对1941年、1943年奥西宁的声音及风物方面的细节了解，源自萨莉·沃尔什（Sally Walsh）的"War Comes to Main Street"，发表在1944年5月的 *The Intelligencer* 上。难民震惊于美国物资的充足一事，出现在很多的报道中，我主要参看了戴维、肯特和森格尔的作品。茨威格精彩的文章"The Monotonization of the World"，最初于1925年2月1日发表在 *Berliner Börsen-Courier* 上，后被收录到安东·凯斯（Anton Kaes）、马丁·杰伊（Martin Jay）和爱德华·蒂门伯格（Edward Dimendberg）一起编辑的 *The Weimar Republic Sourcebook*（University of California Press，1994）中。围绕着漫画而产生的家庭纷争，以及一个儿子痛斥自己的移民父亲不是美国人，连同欧洲人和美国人在艺术、教育方面看法不同的表述，都出自肯特。艾斯·格罗皮乌斯引人入胜的文章被戴维收录。奥登认为美国人看起来就像上了年纪的婴儿，出自他的 *The Dyer's Hand and Other Essays*（Vintage Books/Random House，1990）。把移民家庭里的孩子称作"特洛伊木马"的说法，出自玛丽·特雷德利（Mary Treudley）发表在1949年2月 *American Sociological Review* 上的文章"Formal Organization and the Americanization Process, with Special Reference to the Greeks of Boston"。移民父亲想让他美国化的儿子成为家庭的宣传部经理一事，出自森格尔。亨利·帕赫特对美国教育系统存在问题的剖析,出自他的文章"A Memoir",被罗伯特·波伊尔(Robert Boyers)编辑的 *The Legacy of the German Refugee Intellectuals*(Schocken Books,1972)收录。茨威格在写给罗兰的信里称想成为一个"道德权威",见于普拉特的作品。卡普齐内山上有人擅自占用空屋的故事,以及随后茨威格夫妇对此采取的行动,弗里德里克在自己关于茨威格的传记里有过描述。瓦尔基莉亚·萨佩阿(Virgilia Sapieha)针对《昨日的世界》的评论文章"The Glass-Enclosed Record of a Mind",发表在 1943 年 4 月 18 日的 *New York Herald Tribune* 上。赫尔曼·凯斯滕讲述的有关茨威格、罗斯和科伊恩的逸事,出自迈克·霍夫曼的 *Joseph Roth: A Life in Letters*。阿伦特重要的批评文章"Stefan Zweig: Jews in the World of Yesterday",后来被科恩与费尔德曼的 *The Jewish Writings* 收录。茨威格对穷困的孩子和从战争中牟利的商人的描述,出自莱昂内尔·B. 斯特曼(Lionel B. Steiman)的精彩文章"The Worm in the Rose: Historical Destiny and Individual Action in Stefan Zweig's Vision of History",后被收录到索南费尔德(Sonnenfeld)的 *The World of Yesterday's Humanist Today* 中。沃尔特·鲍尔在"Stefan Zweig the European"里引述了茨威格在沃尔特会议上的大段发言,后被阿伦斯收录。弗里德里克在她的茨威格传记里也引用了此次会议的部分发言。想初步了解瓦格纳的美学理论如何影响了奥地利的政治,可参看休斯克(Schorske)的作品,除此之外还有威廉·J. 麦克格拉斯(William J. McGrath)的 *Dionysian Art and Populist Politics in Austria*(Yale University Press,1974)。最后,我非常感激阿图罗·拉尔卡蒂(Arturo Larcati)博士,他回复了我有关沃尔特会议的诸多疑问，帮我深入了解了德国纳粹和意大利法西斯势力如何掌控了 1932 年那场盛会。

第九章

关于茨威格夫妇住在奥西宁时，当地的大事小情及背景资料，我主要参考的是 1941 年 7 月和 8 月的 *Citizen Register*（奥西宁当时主要的日报）。约阿希姆·马斯在他的"Die Letzte Begegnung"中讲述了同茨威格最后一次会面的故事，被阿伦斯收录到 *Der große Europäer* 中，伊娃·涂尔布（Eva Tuerbl）协助我翻译了马斯的这篇文章。

第十章

勒内·菲勒普 – 米勒关于同茨威格在奥西宁谈话的回忆，出自他的文章"Memorial for Stefan Zweig"，被阿伦斯收录。我同样非常感激艾德里安·克里斯扎大·里德尔（Adrian Christopher Liddell）和妮可拉·海伦·里德尔，还有他们迷人体贴的两个女儿埃洛伊丝（Eloise）和亚历桑德拉（Alexandra），感谢他们带我参观了罗斯蒙特的房子和花园。里德尔一家致力重修罗斯蒙特花园的行动，肯定会令茨威格和洛特非常感动的。除了提供巴斯社会方面宝贵的意见外，里德尔一家还为我提供了很多关于罗斯蒙特房子以及茨威格的园丁的参考文献，这些对我的研究有至关重要的作用。我在本书中描写的茨威格和他的花园、在巴斯乡村中散步，以及爱德华·米勒的故事，主要出自伊丽莎白·阿尔戴（Elizabeth Allday）的 *Stefan Zweig: A Critical Biography*（J. Philip O'Hara, 1972）；以及罗伯特·德雷珀（Robert Draper）发表在 *Bath Chronicle*（1997 年 3 月

3 日）的信件"Memories of Stefan Zweig"；以及巴斯历史学会在 1997 年配合茨威格生平展览而发表的文章"Rosemount and Stefan Zweig"。韦尔费尔在自己的文章"Stefan Zweig's Death"中引述了茨威格谈到自己和被炸毁的房屋一起被摧毁的信件，被阿伦斯收录。托马斯·曼写给弗里德里克的信，出自理查德和克拉拉·温斯顿翻译并编辑的 Letters of Thomas Mann: 1889–1955（University of California Press, 1975）。茨威格写给罗兰的信里提到他对英国的失望之情，达夫的著作中引用了这封信。罗曼关于茨威格不喜欢英国城市沉闷单调的描述，引自 New York Herald Tribune 在 1942 年 2 月 24 日上刊载的一则讣告"Zweig and Wife, Refugees, End Lives in Brazil"。

第十一章

玛丽亚·沃尔弗林对我理解茨威格在彼得罗波利斯时的生活，及那之后该地的生活方面提供的帮助是巨大的，我极其感激她无私地带我认识这座城市和她家族的历史。我还要感谢克里斯蒂娜·米凯莱丝（Kristina Michahelles），她不仅介绍我和玛丽亚认识，还替我解答了许多关于茨威格夫妇和彼得罗波利斯的问题。我能找到许多重要的图片，她功不可没。费德关于茨威格在巴西受欢迎程度的评价，出自他的文章，被阿伦斯收录。茨威格狂喜地宣称自己成就了玛琳·黛德丽一事，出自他与弗里德里克的通信。

第十二章

茨威格对去巴西的途中说自己"像荷马笔下那些英雄般倒下"

的评价，出自他写给许布施的一封信。茨威格夫妇在巴西受到的接待，普拉特取材自他巴西朋友们的信件和报道。阿尔贝托·迪内斯（Alberto Dines）发表在 Correio da Manhã 上的 "Death in Paradise"，在评价了茨威格的《巴西：未来之国》之外，还写到了巴西当代著名作家对茨威格作品的意见。文章中包含了茨威格在巴西时的许多重要信息，更详细的论述可以在迪内斯未被翻译成英文的作品 Morte no paraíso: a tragédia de Stefan Zweig（Círculo de Leitores，1981）中找到。戴维斯和马歇尔的 Stefan and Lotte Zweig's South American Letters 的导论中，对茨威格几次到访期间巴西的政坛和文化世界进行了恰当的综述，尤其是涉及难民和战争方面。更深层的背景资料，我主要参考的是罗伯特·M. 莱文（Robert M. Levine）和约翰·J. 克罗奇蒂（John J. Crociti）的 The Brazilian Reader: History, Culture, Politics（Duke University Press，1999），罗伯特·M. 莱文的 Father of the Poor? Vargas and His Era（Cambridge University Press，1998），杰弗瑞·莱塞（Jeffrey Lesser）的 Welcoming the Undesirables: Brazil and the Jewish Question（University of California Press，1995），达里尔·威廉姆斯（Daryle Williams）的 Ad perpetuam rei memoriam: The Vargas regime and Brazil's National Historical Patrimony, 1930–1945（Luso-Brazilian Review, 2004）和弗兰克·D. 麦卡恩（Frank D. Mccann）的 "Vargas and the Destruction of the Brazilian Integralista and Nazi Parties"（The Americas，1969 年 7 月）。茨威格对"默想的生活"的评价，出自他写给汉娜和曼弗雷德的一封信。茨威格在他编辑的《巴尔扎克》的附言中，加上了弗里德里克对他手稿的评价，由威廉（William）

和多萝西·罗斯（Dorothy Rose）翻译（Viking Press，1946）。茨威格关于在彼得罗波利斯的"沉默疗法"的说法，他对蒙田的重新探索发现，以及他无法分享那些嘉年华狂欢者的快乐，全都出自罗曼的"Derniers Mois et Dernières Lettres de Stefan Zweig"。茨威格写给菲特尔那封未发表的信件的打字版，现同许布施的文件一起保存在国会图书馆，本章从这封信里汲取了许多观点。珍珠港事件爆发后，茨威格在给维克多·威特科斯基的信里提到自己的世界已经毁灭的话语，以及维克多把瓦莱里的作品翻译成德文是一种英雄主义的行为，都出自普拉特的文章"Stefan Zweig"，被收录到施帕勒克和贝尔编辑的 Exile: The Writer's Experience 中。费德在自己的文章里写到了，茨威格在听到智利诗人加布里埃拉·米斯特拉尔（Gabriela Mistral）宣称她相信德国将入侵巴西时的反应，以及在收到杜·加尔来信后的激动之情，被阿伦斯收录。我同样还参考了费德对他和茨威格夫妇的嘉年华之旅更详细的讲述，包括茨威格在他们从彼得罗波利斯开车到里约途中发表的评价，出版时题目为"My Last Conversations with Stefan Zweig"，被收录到 Books Abroad（1943年冬）一书。

后　记

茨威格声称只有肉体才能被真正地感知，出自盖格尔。弗里登塔尔在"Stefan Zweig and Humanism"中说，茨威格渴望人际交往，被阿伦斯收录。茨威格在给罗曼的信里说他感到了济慈那种"声名书于水上"的感觉，被收入"Derniers Mois et Dernières Lettres de Stefan Zweig"。茨威格在发人深思的文章"Fame—and Oblivion"中写到了抵消人类创造力的神秘力量和作家、艺术家创造的具体物质的神奇消失，这篇文章发表在 1934 年 3 月 11 日的 *New York Herald Tribune*。具有讽刺意味的是，这篇文章下面的介绍里把茨威格描述为 *Marie Antoinette：The Story of an Average Woman* 和 *The Case of Sergeant Grischa* 的作者。后面这部书的作者其实是阿诺德·茨威格（Arnold Zweig），与茨威格没有任何关系。罗兰认为茨威格出于"想要获取各种生活的灼热欲望"而成为"一个飞翔的荷兰人"，引自 *New York Herald Tribune* 1942 年 2 月 24 日刊载的讣告 "Zweig and Wife, Refugees, End Lives in Brazil"。楚克迈耶描述自己对茨威格自尽的反应和之后发表的小册子《珍惜生命》，出自阿伦斯作品中收录的文章 "Did You Know Stefan Zweig？"。弗兰克和莫洛亚就茨威格的自尽发表的声明，都出自普拉特的作品。把纳粹看作是真正的流亡的匿名文章是 "One of the Dispossessed"，发表在 1942 年 2 月 25 日的《纽约时报》上。我和芭芭拉·弗里斯穆特是在 2013 年春季国际文学节的一个座谈会上认识的。在与会期间和会议结束之后我曾与她进行过多次交谈。她在我理解奥地利国内的茨威格遗产方面，发挥了至关重要的作用。她还协助我认识了战后奥地利年轻一代作家面临的范围更大的问题。我对她能抽出时间回答我的疑问充满了感激。关于茨威格谈论行动与潜在性之间关系的哲学，我尤其参考了他的《鹿特丹的伊拉斯谟》和文集 *Europäisches Erbe*（S. Fischer Verlag，1960），以及斯特曼的 "The Worm in the Rose"。斯特曼作品中的一个脚注引用了茨威格对兄弟之情的评价，这评价出自茨威格发表在 *Die Friedens-Warte* 第 20 卷（1918 年，7/8 月）上的 "Bekenntnis zum Defaitismus"。弗雷德·T. 马什（Fred T.Marsh）

在评论文章"Zweig, a Great European Story Teller"中将茨威格描述为"一个颓废的早期基督徒",发表在 1934 年 4 月 1 日的 *New York Herald Tribune* 上。茨威格谈到自己对失败者尤其感兴趣一事,出现在与柯蒂斯的访谈中。楚克迈耶在自传中描述了德奥合并后的维也纳。茨威格写于 1919 年的一封给弗兰斯·麦绥莱勒的信中将维也纳形容为一座"被诅咒的城市",出自普拉特的"Zweig and the Vienna of Yesterday"。茨威格在自传里描述了希特勒进入维也纳后城里的欢乐以及面具已经摘下。茨威格在给费利克斯·布劳恩的信中,在提到伊冈·福利得尔(Egon Friedell)的遭遇时说自杀是对德奥合并最有哲学意味的回应,达夫的作品中引用了这封信的内容。

评　论

　　"世界主义者"是一个丑恶的字眼，对于两次世界大战期间欧洲那些排外者、法西斯主义者和反犹分子来说，更是一个暗语。在所有拥护世界主义的人之中，维也纳作家和人道主义者斯蒂芬·茨威格是最有魅力的。当纳粹入侵奥地利后，茨威格被迫从自己的国家流亡；在上个世纪的世界文学中，茨威格应有的地位也随之流亡。在这部迷人而谨慎的传记中，乔治·普罗尼克终于将流亡者带回了故乡。

　　——朱迪斯·瑟曼，《伊萨克·丹森，一个小说家的生平》作者，美国国家非文学类图书奖得主

　　在对斯蒂芬·茨威格多敏多思、机智且看起来非常时髦的流亡的描述中，相较于我读过的同类作品的作者，乔治·普罗尼克成功地表达出战时流离失所带来的可怕的智力和情感上的代价。通过对茨威格令人辛酸的曲折历程一丝不苟的关注——从战前的维也纳到纽约北部的乡村，从1939年的世界博览会到茨威格最终了结余生的巴西的偏远小镇——《不知归处》细致地阐释了欧洲最伟大的文学名人之一变成被戈培尔轻蔑地称为"行尸走肉"的绝望流亡者的

过程。这本书中令人印象深刻的是作者巧妙地将自己家族的战时记忆转变为洞察视角,对大多数人来说这是难以想象的损失。这是一本充满了想象和灵魂共鸣的杰出传记。

——丹尼尔·曼德尔森,《消失的人》作者

乔治·普罗尼克彻底颠覆了文学传记中的那些陈规陋习,采用一种快节奏、充满张力的写法,几乎像小说一样对作家精神人格进行探索,这个作家就是在那个时代的德语作家中最饱经忧患、最为孤独的斯蒂芬·茨威格。这些都使得这部传记更加扣人心弦。

——劳伦斯·奥斯本,《宽恕》作者

凭借缜密的思维和实事求是的态度,普罗尼克向世人揭示了谜一般的茨威格的某一部分。这部分就是流亡,对某些作家来说仿若神灯的流亡对另外很多人来说却是致命打击,尤其是对逃避纳粹的迫害,最终却和妻子一起自杀的茨威格而言。这部传记构建于描绘茨威格世界的精致文章:新闻、咖啡馆文化、维也纳的势利、犹太人的势利。相应的,这些故事中也包含着普罗尼克自己的经历:他的家族在德奥合并后离开奥地利来到美国以及他在美国长大的日子。这部作品继承了 W. G. 西博尔德的传统。

——乔安·阿柯希娜,《纽约客》

《不知归处》带有一种神秘小说般的催眠力量,这部杰出的传记充满沉思,紧张地再现了一桩业已发生的罪行。普罗尼克的风格兼具了敏捷和深沉,他将言行乖僻的天才爱冒险的冲动与本雅明式的庄严困惑结合在一起。我总是为他悲剧性的终生漫游之下的博学和柔情而惊诧。

——韦恩·克斯坦鲍姆，诗人，评论家

乔治·普罗尼克在《不知归处》中用优美的笔触深入探析了昔日备受喜爱而今几乎被世人忘却的奥地利作家斯蒂芬·茨威格。普罗尼克的这部作品并非只是简单的传记，他还融入了自己家族流亡中的经历以及关于撰写一部诗意传记的思考。这是一部如茨威格的中篇小说一样既敏感又精致的传记作品。

——鲁斯·富兰克林，《新共和》特约编辑

这是一部令人兴奋的作品，涵括了文学、文化史和传记。《不知归处》以充满怜悯的视角、当代的眼光向世人揭示出被迫与自己的人生和家庭分离究竟意味着什么。普罗尼克在本书中不仅展示了20世纪三四十年代美国的精神生活，还带读者领略了茨威格所深爱的战前的维也纳。他在流亡造成的心理伤害方面尤其富有洞察力，在无家可归后面临的自我迷失、声名不再、无依无靠全都困扰着茨威格和那群杰出的维也纳和德国的艺术家、作曲家和作家。

——迈克·格林伯格，《心里住着狮子的女孩》《乞、借、偷》作者

本书笔触优美，感情深挚，讲述了一个真正的爱情悲剧。热爱欧洲文化的犹太作家，却惨遭孤立，最终才发现欧洲文化并不爱他，但已经为时已晚。除此之外，《不知归处》中还揭示出另一重

悲剧，茨威格将最好的自己献给了欧洲，而欧洲却回馈以最可怕的东西。在普罗尼克专业的视角之下，茨威格和妻子最终的自杀令人神迷又令人不安。

——乔纳森·罗宾森，*The Life of the Skies* 作者

这部极其感人的作品研究了一个曾参与铸造欧洲文化的作家挣扎着去适应欧洲以外文化的过程。在《不知归处》中，乔治·普罗尼克用自己家族流亡的经历去解析斯蒂芬·茨威格的人生与工作，创造出一幅充斥着失去、渴盼和绝望的多角度的画面。

——谢丽尔·蒂平斯，《二月的房间》《在梦境的宫殿中》作者

《不知归处》中除对纳粹时期世界文学史上一位重要的流亡作家进行了引人入胜的分析外，还对声名的特质、政治与文学的融合及流亡本身的状况进行了深奥的思考。在对茨威格人生中最后的那个动荡时期进行的追溯中，从维也纳到他最终自尽的巴西小村庄，普罗尼克对他的研究对象形成了一种极富同情却又非常严厉的态度，在此过程中塑造出的文学巨匠茨威格、人道主义者茨威格和魅力无穷又复杂难懂的茨威格是迄今为止我读过的作品之中最令人印象深刻的。

——詹姆斯·拉斯顿，《把你的一切都给我》作者

这部优雅而迷人的作品展示出了极其敏感的茨威格如何最终沦落到思想乏力、自我毁灭的境地。它既是一份兼具理智和个性的说

明,也是一幅现代欧洲最黑暗的那段岁月的逼真肖像。

——帕特里斯·伊戈内,哈佛大学法国历史学教授,《法国新教徒村庄的四百年变迁》作者

虽然成功逃离了希特勒统治下欧洲的疯狂,但从本质来说,斯蒂芬·茨威格仍经受了战争之苦,他在北美和南美寻找出路的时候不得不屈服于流亡带来的种种屈辱。在这部启发性的博学之作中,乔治·普罗尼克将茨威格人生中最后那段悲惨的时期喻为流亡本身。《不知归处》既是文学的传记,也是文化的历史,还包含对战争、艺术和死亡的冥想,令读者对茨威格悲惨又迷人的人生充满了热情。

——大卫·拉斯金,《家庭:进入二十世纪中心的三段旅程》作者

这部作品足以将斯蒂芬·茨威格从晦涩不当之中拯救出来,并向新一代读者展示出真真正正的茨威格。除此之外,乔治·普罗尼克在本书中走得更远:他从发人深省的视角重现了这位德奥合并前的文学巨人被迫在法国、英国、美国纽约和巴西的土地上绝望的流浪;他把茨威格渲染成一个白璧微瑕却又魅力无穷的英雄形象,茨威格的悲剧恰恰是那个时代剧痛的典型范例。凭借广博的知识,敏感的触碰,对逸事敏锐的发掘和自己家族移民过程的辛酸回顾,普罗尼克兼顾了各个领域各个维度,直至当下。他还为许多重大的问题贡献了崭新的视角,比如美国人的性格,犹太人的身份,维也纳的文化传承,艰难时期政治介入的重压,流

亡过程的残酷与漫长,等等。

——理查德·布罗迪,《纽约客》

"我无法凭借护照来证明自己的存在了",写这封信的人向往着他的故乡维也纳和罗马、巴黎、柏林那些著名的咖啡馆。茨威格由欧洲的名人沦为一个被迫在地狱中流亡的犹太人,一个只能在英国、美国和巴西以"客人"的身份生存的无名之人,这种情绪始终在他的头脑中徘徊不去。普罗尼克完美地讲述了这些忧郁的故事,故事结束在 1942 年 2 月,也正是在这一年,茨威格最后一部也是最苦涩的杰作《昨日的世界》得以出版。这位作家的研究非常广泛,文中时不时穿插的对自己家族历史的回想也恰如其分。虽然他构划的是一曲挽歌,但他书写的热忱同伟大的茨威格的作品一样出色,一样引人入胜。

——弗罗拉·弗雷泽,《波琳·波拿马:帝国的维纳斯》作者